종교의 바깥에서 의미를 찾다

무신론자를 위한 **인생 안내서**

A GUIDE FOR THE GODLESS

무신론자를 위한 **인생 안내서**

종교의 **바깥**에서 의미를 찾다

앤드루 커노한 지음 | 한진영 옮김

P 필로소픽

Meaning of Life 시리즈를 펴내며

알베르 카뮈는 《시지프 신화》에서 인생이 살 만한 가치가 있느냐 없느냐를 판단하는 것, 즉 삶의 의미에 관한 질문이야말로 단 하나의 진지한 철학적 문제라고 말한 바 있다. 그러나 말할 수 없는 것에 대해서는 침묵해야 한다는 비트겐슈타인의 주장 이후, 삶의 의미라는 주제는 형이상학적 문제로 치부되어 현대 철학의 진지한 탐구 대상에서 제외되었다.

철학이 삶에서 손을 놓은 가운데, 돈과 성공을 삶의 의미로 내세우며 자본주의 가치를 옹호하는 자기계발서가 한 시대를 풍미했다가, 성공의 전망이 흐려진 지금은 내면의 행복을 내세우는 대중 심리학 책들이 부상하고 있다. 신과 초월을 내세우는 종교적 주장 역시 꾸준히 명맥을 유지하고 있다. 그러나 과연 이들이 삶의 의미 전부를 대표하는 것일까?

이 시리즈의 기획의도는 우리 사회에 삶의 의미라는 화두를 다시 던져보려는 것이다. 아우슈비츠에서 생존한 심리학자 빅토르 프랑클은 인간을 의미를 추구하는 존재라고 규정했다. Meaning of Life 시리즈는 이 의견에 동의하면서 삶의 의미를 총체적으로 성찰하는 책들을 펴내고자 한다.

'인생이란 무엇인가?'라는 거대한 질문에 대해 종교적 초월에 호소하지 않고, 성공과 행복이 인생의 모든 의미인 양 과장하지도 않으면서, 지나치게 주관적이고 감성적인 인생론을 넘어설 필요가 있다는 것이 우리의 문제의식이다. 말할 수 없는 것에 대해서는 함부로 말하지 않고, 말할 수 있는 것은 최대한 명료하게 말하는 방식으로 인생의 전모를 살펴보는 것, 이를 통해 나와 세계 그리고 삶의 의미에 대해 조화롭고 균형 잡힌 체계를 세우는 것이 이 시리즈의 목표다.

| 차례 |

서문

　이 책에서 내가 목표로 한 것은 최근의 철학사상을 삶의 의미라는 오래된 문제에 적용하되, 일반 독자들이 이해하기 쉬운 방식으로 얘기하는 것이다. 내가 무신론자the Godless*가 된 것은 나를 키워준 종교를 더 이상 믿을 수 없다는 것을 깨달은 십대 때였다. 삶의 의미를 고민하던 나는 처음에는 철학에 끌렸다. 하지만 철학을 정식으로 공부하면서 나는 곧 다른 문제들에 관심을 돌리게 되었다. 일반인들이 생각하는 것과는 달리, 학계의 철학자들 중에서 삶의 의미에 대해 전문적으로 연구하는 사람은 극히 드물다. 최근 나는 철학의 다른 분야에서의 전문적 연구가 의미 있는 삶을 사는 데 뭔가 도움이 될 수도 있지 않을까 하고 생각하게 되었다. 이 책은 그 연구의 결과이다.

　내가 깨달은 바를 설명하기 위해서 나는 가치, 윤리, 정서, 인식론, 의미론, 실존주의, 정치까지 설명해야 한다. 그래서 이 책은 독자들에

＊ 우리말로는 'atheist'와 'godless' 둘 다 '무신론자'로 번역되지만, 영어에서는 미묘한 차이가 있다. 저자 설명에 따르면 atheist는 신의 존재를 믿지 않는 사람이며, godless는 신의 존재를 믿지 않거나 혹은 신의 존재는 믿되 신을 숭배하길 거부하는 사람을 가리킨다. 과거 사람들은 신앙심이 있는 사람만이 선할 수 있다고 생각했고, 이 때문에 godless라는 단어는 사악함의 뉘앙스를 띠게 되었다. 이 책의 원제 'A Guide for the Godless'는 'A Guide for Atheists'보다 약간 더 도발적인 제목이다. 마이모니데스의 유명한 저서 《The Guide for the Perplexed》에 빗댄 것이기도 하다. (편집자 주)

게 이러한 문제들의 안내서 역할도 할 것이다. 하지만 이 분야를 공정하게 소개한 것은 아니다. 이런 다양한 이론들은 내가 획득하게 된 관점을 설명하고 옹호하는 용도로 소개되었기 때문이다. 나의 관점을 대강 설명하자면 다음과 같다. 의미 있는 삶을 구축하려면 머리와 가슴이 모두 필요하다. 의미 있는 것을 찾기 위해서, 우리는 진정으로 중요한 것what truly matters을 찾아야 한다. 중요한 것을 뒷받침하는 증거는 우리의 정서적 반응에서 나오기 때문에 진정으로 중요한 것을 찾을 때는 우리의 가슴이 필요하다. 하지만 정서가 빠지기 쉬운 오류를 피하기 위해서는 우리가 처음 보이는 반응을 비판적으로 성찰해야 하기 때문에 우리의 머리도 필요하다.

이 책의 첫 일곱 장은 대부분 비판적인 내용이다. 내가 설명하는 주장들은 현대의 가치론에서 도출한 것이며, 이들은 삶에서 의미 있는 것, 소중한 것, 가치 있는 것에 대한 통념을 비판한다. 삶의 의미에 대한 나 자신의 관점은 8장부터 시작된다. 8장 이후부터는 정서적 판단을 통해 삶의 의미를 어떻게 찾을 수 있는지, 그런 판단들은 어떻게 내려지는지, 그런 판단들이 어떻게 참일 수 있는지, 그리고 그것들이 의미 있는 삶을 구축하는 데 어떻게 활용되는지를 설명한다. 더 구체적으로 소개하자면, 첫 네 장(의미, 목적, 죽음, 자아실현)은 삶의 의미를 탐색할 때 그 방향을 목적에서 진정으로 중요한 것으로 돌리게 한다. 다음 5장에서 7장(쾌락, 욕망, 이성)은 우리 사회에 만연한 가치이론, 즉 경제학자들의 욕구충족 이론을 비판한다. 8장과 9장(정서, 판단)은 삶에서 중요한 것으로 안내하는 최고의 지침은 정서라는 주장을 펼치고, 10장과 11장, 12장(전체론, 믿음, 진리)은 중요한 것에 대한 정서적 판단이 어떤 경우에 참일 수 있는지를 보여준다. 그다음 13장에서 15장(무의미함, 선택, 헌신)은 어떻게 하면 의미 있는 삶이 가능한지를 논의하고, 그런 삶을 구축하는 과정에서 자유와 정체성의 역할을 설명한다. 16장과 17장(정의, 문화)은 의미 있는 삶을 위해서는 다른 사람들을 위한 정의에 관심을 갖는 것과 잘못된 우리 문화를 개혁하는 것이 모두 필요하다는 내용이다. 마지막 장(행복)은 의미 있는 삶과 행복한 삶을 비교한다.

　이 책을 쓰는 데 많은 친구들의 조언과 지지를 받았다. 로니 드 소사, 데이비드 디젠하우스, 마이클 풀러, 케이트 폴린스비, 로키 야콥

센, 존 존슨, 앤 커노한, 마리 매클렐런, 랠프 마틴, 크리스 매키넌, 셰릴 미삭, 글로리아 페니, 루이 피노, 키란 퓨어, 가다 샤카위, 노하 샤카위, 론 셰라드, 웨인 섬너, 타리에이 테너슨이 그들이다. 특히 동료 앤 매클렐런에게 큰 도움을 받았으며, 이 책은 그녀에게 헌정하고 싶다.

이 책을 연구하고 집필하는 데 내 인생에서 16개월이 필요했다. 하지만 어떤 지원기관이나 학술연구소의 지원도 받지 않고 이 책을 끝냈다. 원래 내가 이 책을 쓴 것은 나 자신에게 답을 찾아주고 싶었기 때문이다. 하지만 내가 깨닫게 된 것을 독자 여러분과 나누고 싶고, 독자 여러분도 이 책이 가치 있다고 느끼기를 바란다.

1

의미

인생의 여정에서 나는 길을 잘못 들어

큰길에서 벗어나

어두운 숲속에 홀로 남겨졌지.

그 숲을 어떻게 설명할 수 있을까!

그토록 음울하고 그토록 악취가 심하고

그토록 험난한 숲은 본 적이 없다네.

그곳을 떠올리기만 해도

두려움이 나를 사로잡네.

죽음도 그보다 더 쓰라리진 않으리라!

하지만 다시 길을 찾았으니

거기서 내가 발견한 것들을 모두 얘기하겠노라.

—단테 알리기에리,《신곡》지옥편 [1]

때로 우리는 길을 잘못 들었거나 버림받은 듯한 기분에 빠진다. 단
테처럼, 우리도 나무가 앞을 가로막고 수많은 길이 사방팔방으로 뻗
어나간 낯선 숲에서 길을 잃는 것 같다. 어떤 길은 매혹적으로 보이고

어떤 길은 음침하면서 위험해 보인다. 어떤 길은 사람들이 많이 다니는 것 같고 어떤 길은 인적이 드문 것 같다. 우리는 어디로 가야 할지 갈피를 잡지 못한다. 설상가상으로 우리가 찾으려는 것이 무엇인지도 모른다.

한때는 우리도 단테처럼 종교의 안내를 받아들였는지 모른다. 그때는 우리가 갈 길을 안다고 생각했지만, 지금은 그런 믿음을 잃어버렸다. 우리는 무신론자the Godless가 되었으니, 우리가 갈 길을 우리 힘으로 찾아야 한다. 우리는 악한 사람들이 아니다. 다만 삶의 의미에 이르는 비종교적인secular 길, 신에 의지하지 않는 길을 진지하게 찾으려는 것이다.

의미를 탐색하는 우리의 여정은 인생에 대해 생각하기 시작한 순간에 시작되었다. 우리가 이 탐색을 자원한 것은 아니지만, 죽음에 이르기 전까지는 그 탐색을 거부할 수 없다. 원한다면 아무 생각 없이 다른 사람들을 뒤따라갈 수도 있다. 하지만 거기에 따르는 위험은 막대하다. 현재의 삶은 각자가 오직 한 번밖에 누릴 수 없기 때문이다. 우리는 진실로 중요한 것이 무엇인지를 찾아내야 하고, 그것을 바탕으로 삶의 방향을 설정해야 한다.

나는 여기서 현대 서양철학이 이 탐색에 기여할 수 있는 바를 설명해보려고 한다. 내가 다른 사람들의 인생의 의미를 안다고 주장하는 것이 아니다. 심지어 내 인생의 의미를 알고 있는지도 자신할 수 없다. 그럼에도 최근의 철학적 연구를 살펴보면 어떤 길이 아무 소득이 없는 길인지, 그리고 어떤 길이 우리가 찾는 가치의 본성을 가르쳐줄 수 있는 길인지 알 수 있다고 생각한다.

사람들은 이제 철학자들한테서 지혜를 구하지 않는다. 대신 영적인 스승, 자기계발 전문가, 정신과 의사에게 의지한다. 이들의 도움이 철학자들의 고답적이고 학술적인 저서보다 더 가까이 있고 삶과 더 직접적으로 연관되기 때문이다. 현대의 철학자들은 사람들에게 어떻게 살 것인가에 대해 조언하는 일을 팽개치다시피 하고 있다. 그렇긴 하지만 철학이라는 무미건조한 영역에서도 보석을 찾을 수 있다. 학계의 철학자들은 매우 명석하고 상상력이 풍부한 사람들이다. 그들은 인생의 의미를 추구하는 사람들에게 도움이 될 만한 재미있는 이론과 논증, 그리고 사고실험을 만들어냈다. 문제는 이 가운데 무엇이 유용한지를 알아내는 것이다.

그런데 무엇이 진정으로 중요한지를 찾다 보면 의외로 윤리학으로 흐르게 된다. 오늘날의 담론에서는 윤리학의 문제를 단지 개인 사이의 도덕 문제나 타인을 어떻게 대할 것인가 하는 문제와 동일시하는 경향이 있다. 하지만 과거에도 항상 그랬던 건 아니다. 전통적으로 윤리에는 두 분야가 있다. 하나는 다른 사람들에 대한 의무를 다루고, 다른 하나는 가치 있는 삶의 방식을 다룬다. 현대의 윤리철학은 후자의 문제, 즉 가치의 본성, 그리고 가치 있는 것들의 부류를 다루는 추세로 돌아왔다.

의미, 행복, 진리

의미 있는 삶이 항상 행복한 삶인 것은 아니다. 정신과 의사이자 《죽음의 수용소에서》의 저자인 빅토르 프랑클의 경우를 생각해보자.

그는 나치 집단수용소에 수감된 참혹한 경험 속에서도 삶의 의미를 발견했다. 그가 인간의 삶에서 의미를 찾는 것을 최우선에 두는 로고테라피라는 심리치료법을 개발한 것도 어느 정도는 이런 경험 때문에 가능했다. 하지만 집단수용소에서 보낸 그의 삶은 일반적인 의미에서 보면 아무래도 행복한 삶은 아니었다. 의미 있는 삶이 항상 행복한 것은 아니듯, 행복해 보이는 삶도 늘 의미 있는 건 아니다. 여유가 넘치는 부유함과 무분별한 쾌락을 큰 의미가 있는 삶으로 보는 사람은 거의 없을 것이다.

유의미함meaningfulness은 우리가 가장 중요하게 생각하는 가치이다. 거기에 행복까지 함께 누릴 수 있다면 금상첨화일 것이다. 하지만 의미와 행복이 항상 함께 있다는 보장은 없다.

의미와 행복 사이에 필연적인 연관성이 없기 때문에 생기는 장점도 있다. 그것은 불행하고 우울하고 삶이 절망스럽다고 해도 그것을 꼭 무의미한 삶으로 볼 수는 **없다**는 것이다. 어떤 사람이 불행하다면, 그것은 자신의 삶이 잘못되었거나 삶에 대한 자신의 사고방식이 잘못되었다는 것을 보여주는 분명한 증거다. 그렇긴 하지만, 자신이 불행하다는 느낌에서 자신의 삶이 무의미하다는 결론이 논리적으로 도출되는 건 아니다.

극심하게 우울한 사람은 보통 자신의 삶과 자신을 둘러싼 세계가 슬프고 지루하고 정서적으로 무채색이라고 생각할 것이다. 하지만 그 기분은 뇌의 신경전달물질 불균형이 원인이어서 약으로 해결할 수 있는 문제일 수도 있다. 그러므로 기분장애를 이유로 자신의 삶이 무의미하다는 결론을 도출해서는 안 된다. 이것은 나이가 들어 고주파음을 듣지 못하는 사람이 이제 새들이 노래하지 않는다는 결론을 도출해서는 안 되는 것과 같은 이치다. 마찬가지로, 조울증에 걸린 사람은 조증 상태에서 삶에 환희를 느끼고 세상이 매혹적이고 신나는 곳이라고 생각할 수도 있다. 다시 말하지만 그런 이유로 삶이 의미 있고 잘 굴러가고 있다는 결론을 내려서도 안 된다.

삶의 의미는 정신 상태로만 판단하는 것이 아니다. 치료 불가능한 우울증을 앓고 있는 사람은 결국 태어나지 말았기를 바랄 수도 있다. 하지만 이것은 극단적인 경우, 즉 극심한 우울증이 삶의 다른 축복까지 무력화시키는 경우일 것이다. 유의미함에 대한 판단은 우리의 활동과 우리가 살고 있는 이 세상이 가치 있고 귀중하다는 것이 **진리**인가 아닌가 하는 판단이다. 우리가 어떻게 느끼느냐 하는 문제만은 아니라는 것이다. 뇌의 화학반응과 심리적 건강상태가 감정을 왜곡할 수도 있기 때문이다.

불행한 기분이 유의미함의 판단에 영향을 주는 것처럼, 의미에 대한 부정확한 판단이 불행한 기분에 영향을 줄 수도 있다. 가장 성공률이 높고 가장 널리 실행되는 심리치료법은 우울증과 불안, 그 밖의 기분장애가 상당히 많은 경우 자기 자신과 주변 세계, 그리고 자신의 미래에 대한 왜곡된 시각 때문이라는 점을 전제로 한다. 어떤 사람들의 경우, 이러한 인지왜곡은 인생의 의미에 대한 잘못된 철학적 관점을 포함하기도 한다. 그런 사람들은 인생의 의미에 대한 잘못된 시각에서 벗어나면 기분이 나아질 수 있다.

'인생의 의미가 무엇인가?'라고 물을 때 우리는 그 답이 참일 것이라 기대한다. 또한 그 답을 이해하면 우리에게 뭔가 변화가 일어날 것이라 기대한다. 우리 삶이 더 소중해지고 절망감이 줄어들고 더 행복해지는 방향으로 말이다. 하지만 질문에 대한 답과 우리의 감정 상태는 별개다. 올바른 감정을 느낀다고 해서 삶의 의미를 묻는 질문에 답을 찾은 것은 아니다. 올바른 감정을 느낌으로써 우리는 단지 삶의 의미라는 질문의 긴박한 느낌을 누그러뜨릴 수 있을 뿐이다. 그 질문에 답하는 것은 심리학뿐 아니라 철학과도 관련이 있다.

이 말은 감정이 중요하지 않다는 뜻이 아니다. 옳은 답을 구하는 것이 가장 중요하긴 하지만, 그 답은 우리에게 중요한 것이어야 한다. 우리 삶이 객관적인 면에서 유의미해야 한다는 것으로는 부족하다. 그 답이 **우리에게** 의미가 있어야 한다는 것이다. 따라서 훌륭한 답은 우리가 관심을 두는 것, 정서적인 면에서 우리를 끌어들이는 것이어야 한다.

다양성, 다원성, 개별성

인생의 의미에 관한 의문은 성인기가 시작될 무렵과 중년, 말년에서 가장 큰 문제가 된다. 이 탐색은 10대와 20대 초반에 특히 긴급한 문제인데, 그 시기에 앞으로의 인생을 위해 의미 있는 일과 의미 있는 목표, 의미 있는 인간관계를 찾아야 하기 때문이다. 중년의 시기에는 그동안 자신이 선택해서 살아온 경험들을 재평가해서 변화해야 한다. 마지막으로, 말년에는 우리가 어떻게 살아왔는지를(가능하면 어느 정도 만족감을 느끼며) 되돌아봐야 한다.

청년기에는 대부분 인생의 의미가 무엇인지 간결한 답을 원한다.

삶의 **유일한** 의미를 찾으려 하고, 모든 질문에 답이 되는 유일무이한 실재를 발견하려 한다. 어떤 사람은 즐거운 경험을 추구하는 것이 답이라고 생각한다. 어떤 사람은 모든 걸 감싸주는 낭만적인 사랑의 위안과 황홀함이 그 답이라고 생각한다. 또 어떤 사람은 오랜 명상과 영적인 훈련을 하고 나면 궁극적인 진실로 인정할 수밖에 없는 실재를 발견할 것이라고 믿는다. 의식이 그 실재를 따라갈 것이고, 그것이 자신의 삶을 완벽하게 안내해주리라 믿는 것이다.

한때 나는 이 마지막 관점에 사로잡혔다. 하지만 이제 그렇게 단순한 답을 찾는 건 불가능하다고 생각한다. 우리는 인생의 **유일한** 의미에 해당하는 유일한 한 가지One Big Thing가 존재하지 않을 가능성을 직시해야 한다. 우리 탐색의 목표는 유일무이한 답을 찾는 게 아니다. 삶은 한 가지 유일한 방식으로만 유의미할 수 있는 것이 아니다. 삶이 여러 방식으로 의미가 있을 수 있다는 말이다.

첫째, 자유, 자아실현, 쾌락, 욕구충족, 고통 없음, 명상에서 오는 희열 등 하나의 목표가 진정으로 중요하고 유일한 목표가 될 필요는 없으며, 우리는 여러 의미, 유일하지 않으면서도 귀중한 여러 목표를 찾을 수 있다.

둘째, 이러한 목표들은 단 한 가지 획일적인 근거에서만 의미 있는 것은 아닐지도 모른다. 사람, 사물, 사건 들이 우리의 목표에 근거를 제공하는 방식은 매우 다원적일 수 있다. 어떤 것들은 아름답고 어떤 것들은 외경심을 불러일으킬 수 있다. 또한 어떤 사람들은 존경스럽고 어떤 사람들은 사랑스러울 수 있다.

셋째, 의미는 보편적이지 않아서 모든 사람에게 똑같지 않을 수 있다. 그래서 의미는 아주 개별적일 수 있다. 다양한 가치들이 다양하게 섞인 결과는 서로 다른 방식으로 귀중하므로, 잘 들어맞는 사람들도 다양할 것이다.

이렇게 간단한 답이 없다는 설명은, 어쩌면 중년과 말년에 있는 사람들이 더 쉽게 받아들일 것이다. 그 나이가 되면 삶의 미묘함과 복잡성을 좀 더 잘 감수할 수 있고, 낭만을 이상화하는 성향이 줄어들기 때문이다. 젊음과 힘이 특권을 누리던 중세시대와 달리, 오늘날의 의미 탐색에서는 나이가 이익이 될지도 모르겠다.

인생이라는 숲에는 수많은 길이 있다. 어떤 길은 죽음에 대한 공포 같은 장애물로 우리를 인도하는데, 그러한 공포를 극복하지 못하면 탐색은 절망으로 끝날 수도 있다. 또 어떤 길은 종교 같은 잘못된 친구에게 인도하기도 하는데, 종교의 허상이 주는 안락함은 우리의 여정을 영원히 지체시킬 수 있다. 또 어떤 길은 간단하고 불완전한 답으로 우리를 유혹할 수도 있다. 그런 달콤한 답은 우리를 한동안 그 자리에 붙잡아둘 것이다. 우리는 이 마지막 유혹에서 되도록 많은 것을 배워, 떠날 때 그 지식을 가지고 가야 한다. 우리가 기어이 떠나야 하는 이유는, 이 불완전한 답은 우리가 발견해야 할 좀 더 크고 좀 더 다양하고 좀 더 진리에 가까운 답의 일부에 불과하기 때문이다.

2
목적

책이나 종이칼 같은 공산품을 생각할 때, 우리는 그 물건의 개념 conception을 알고 있는 장인이 그것을 만들었다고 본다. (…) 그럼 본질(그 종이칼을 생산하게 만들고 그것이 무엇인지 정의하게 만든 형상과 질료의 총합)이 실존에 앞선 종이칼을 생각해보자. (…) 따라서 신의 머릿속에 있는 인간의 개념은 장인의 머릿속에 있는 종이칼의 개념에 비유할 수 있다. (…) 내가 대표로 설명하고 있는 무신론적 실존주의는, 신이 존재하지 않는다면 적어도 실존이 본질보다 앞선 하나의 존재, 어떤 개념으로 정의되기 전에 생긴 존재가 적어도 하나는 있으리라고 더 일관성 있게 단언한다. 그 존재가 인간이다.

−장폴 사르트르, 《실존주의는 휴머니즘이다》[1]

질문을 잘못 이해하면 그 질문에 대한 답이 나오지 않는다. 사람들은 흔히 인생의 의미에 관한 질문을 인생의 목적에 관한 질문으로 생각한다. 어떤 사람들은 인간은 내적인 목적을 가지고 태어났고 이 목적을 발견하는 것이 삶의 의미를 찾는 일이라고 믿는다. 또 어떤 사람들은 모든 사건은 다 이유가 있어서 일어난다고 믿는다. 그 이유를 이해하지 못하더라도 말이다. 신을 믿는 많은 사람들은 의미 있는 인생을 신의 목적을 완수하고 자신의 목적과 신의 목적을 일치시키려 노력하는 것이라고 생각한다. 하지만 많은 사람들은 숨겨진 내면의 목적이나, 알 수 없는 우주적 이유, 또는 인격신을 믿지 않는다. 그런데도 우리는 여전히 인생의 의미 탐색을 인생의 목적 탐색으로 잘못 생각하고 있다.

아리스토텔레스는 그가 살던 당시 기술의 기능과 목적에 영향을 받아 이런 목적 탐색의 틀을 어떻게 살 것인가에 관한 질문에 답하는 데 적용했다.

추측컨대 행복이 최고선이라는 주장은 상투적인 말인 듯한데, 행복이 무엇인가에 대한 더 명료한 설명은 아직 찾지 못했다. 그것은 우선 인간의 기능이 무엇인가를 알아내면 답이 나올지 모른다. 플루트 연주자나 조각가, 화가, 그리고 일반적으로 어떤 기능이나 해야 할 행위가 있는 모든 것은 그 기능 안에 선the good과 '잘함' the 'well'이 있는 것으로 생각할 수 있다. 그러니 인간에게도 기능이 있다면 그러하지 않겠는가. 목수와 무두장이도 나름의 기능이나 행위가 있는데 인간에게는 없겠는가. 인간이 기능 없이 태어났겠는가? 아니면 눈이나 손발 그리고 다른 신체부위에 기능이 있듯 인간에게도 분명히 나름의 기능이 있겠는가? 있다면 그것은 무엇이겠는가?[2]

고대에 아리스토텔레스가 쓴 개념의 틀, 철학자들이 '목적론적' teleological이라 이름 붙인 사고방식은 아직도 우리 안에 남아 있다. 하지만 앞으로 나아가기 위해서는 이 장의 첫머리에 나온 사르트르처럼 의미에 관한 이런 사고방식을 통째로 거부해야 한다. 그리하여 인생의 목적을 찾는 방식에서 벗어나 진정으로 중요한 것을 판단하는 법을 찾는 방식으로 방향을 전환해야 한다.

심리학적, 과학적, 신학적 목적

의심의 여지 없이 인간은 목적을 추구하는 존재다. 우리에게는 계획과 목표가 있다. 우리는 삶의 목적을 만들어내고 수정하기도 한다. 그리고 우리가 정한 행동방침들에 헌신하며 어떻게 살 것인가에 대한 계획을 세운다. 우리는 우리의 목표goal와 목적purpose을 이해함으로써 자신을 이해한다. 또한 다른 사람도 똑같은 조건에서 이해한다. 타인의 행동을 예측하기 위해 그들의 목표와 목적에 관한 지론을 체계화하고 거기에 맞춰 우리의 행동을 조정하는 것이다. 우리가 매일 인간 심리를 이해하는 일은 아주 사소한 부분까지 목적의식적이다.

인간 심리에 대한 이런 시각은 아무 문제가 없다. 하지만 인간을 이해하는 이런 방식을 우주에 투사하려 하면 문제가 생긴다. 고대인들은 그들을 둘러싼 세계보다는 자신과 동료들을 더 잘 이해했을 가능성이 크다. 그래서 그들이 인간 심리에 대해 이해한 것을 자연세계에 투사했을 것이다. 그들은 이 세계를 애니미즘의 시각으로 보고, 정령이나 여러 신의 계획과 목적을 통해 계절의 변화나 날씨, 주위의 세계를 설명했다. 자신들의 목적을 충족시키기 위해 공예품을 만들듯이 조물주의 목적을 위해 이 세계가 만들어진 것으로 이해했던 것이다.

우리가 인간 심리를 우주에 투사하는 일을 중단하고 이런 애니미즘적인 세계관을 폐기한 지는 몇백 년밖에 되지 않는다. 갈릴레오와 뉴턴의 물리학, 그리고 다윈의 진화론이 2천 년 동안 통용되던 아리스토텔레스의 목적론적 '과학'을 대신하게 되면서, 과학에서는 목적을 탐색하려는 시도가 종지부를 찍은 것이다.

하지만, 우주의 목적을 찾던 고대인의 탐색은 우리의 사고방식에 유물을 남겼다. 아직도 사람들은 삶에 대해 생각할 때 그러한 사고방식에서 탈피하지 못하고, 인생의 의미를 탐색하는 일을 인생의 목적을 탐색하는 일과 동일시하는 것이다. 그들은 탐색 대상을 그들의 삶을 일치시킬 모종의 원대한 목적으로 인식한다. 그리고 이 외부의 목적에 그들의 삶을 일치시키면 삶에 의미가 생기리라 믿는다.

신을 두려워하는 사람들은 우주의 목적, 즉 어떤 우주 대영universal spirit이 그들을 창조한 목적을 찾으려 한다. 우리의 탐색을 이렇게 인식한다면 두 가지 문제에 부딪친다. 첫째는 그런 우주의 목적이 없다는 것이다. 이 우주를 어떤 지적 설계자의 산물로 보는 시각은 순전히 허구다. 둘째 문제는 설령 지적 설계자가 정한 우주의 목적이 있다 하더라도 그 목적이 타당한지를 우리가 평가해야 한다는 것이다. 우리는 그것이 가치 있는 목표인지 의문을 품어야 한다. 우리의 삶을 외부의 목적에 일치시키는 것은, 그 목적이 정말로 중요한 것이 아닌 이상 우리 삶에 의미를 주기에는 부족하다. 그것이 지적 설계자의 목적이라 할지라도 말이다. 우리가 이 판단을 내리기 위해서는 정말로 중요한 것의 원천을 알아야 한다.

과학에서의 목적

목적이라는 관점에서 답을 구하는 목적론적 사고방식은 시대에 뒤떨어진 방식이다. 그것은 과학, 도덕, 정치 이론 분야에서 모두 폐기되었다. 앞으로 나아가기 위해 우리는 그런 시각에서 벗어나야 한다.

다윈의 진화론을 잘못 이해하는 관점 중 하나는 다음과 같다. '적자생존은 역사의 발전을 이끌었다. 새로 출현한 종은 경쟁에서 뒤진 종보다 우수하다. 이러한 진화론의 진행에서 정점에 있는 존재가 인간이다. 따라서 진화의 목적은 인간이다.' 하지만 진화론을 이렇게 해석하는 것은 오류다. 진화의 종착지는 없다. 인류의 문명을 진화의 목적으로 보려는 시도는 어떤 것도 과학적으로 의미가 없다. 개별 유기체는 다양한 환경에서 다른 유기체의 뒤를 잇고, 어떤 개체는 유전 물질을 다른 개체보다 더 성공적으로 후세에 전달한다. 그게 전부다. 물론 대개는 복잡성이 증가하는 방향으로 바뀐다. 하지만 목적은 없다.

우리 시대의 유명한 진화론자이자 《이기적 유전자》의 저자인 리처드 도킨스는 그의 책에서 다음과 같이 썼다.

우리 인간은 뇌에 목적을 가지고 있다. 그래서 어떤 사물을 보면 그것의 존재 '이유'나 동기, 또는 그 배후에 있을지도 모를 목적이 궁금해질 수밖에 없다. 무엇에서든 목적을 알아내려는 욕구는 기계나 예술 작품, 도구, 그 밖의 인공 구조물에 둘러싸인 동물에게 자연스러운 것이다. 게다가 인간은 깨어 있는 시간의 생각이 자신의 목표에 좌우되기 때문에 더더욱 그렇다. 하지만 자동차나 깡통따개, 드라이버, 쇠스랑에 대해서는 모두 '목적이 무엇인가'라는 질문이 타당하지만, 질문을 생각해내는 것이 가능하다고 해서 그런 질문을 하는 것이 타당하거나 합리적인 것은 아니다. (…) 아무리 마음속에서 우러났다 하더라도 그야말로 부적절한 질문이 있을 수 있는 것이다.[3]

인간은 과학기술의 세계, 자신의 목적에 맞는 정교한 도구를 쓰는 세계에 살기 때문에 자연스럽게 이 세계를 해석하는 데 '목적'을 끌어들인다. 그래서 이 틀을 이 세계에 투사하는 것을 자연스럽게 여긴다. 하지만 '삶의 목적이 무엇인가?'라는 질문은 타당하지도 적절하지도 well-framed 유익하지도 않은 질문이다.

물리학자들은 목적에 호소하는 설명을 이미 폐기했다. 고대인들은 떨어지는 물체는 항상 자연 속에서 그것이 가야 할 위치, 즉 지구의 표면에 있으려 한다고 생각했다. 그러한 목적론적 설명은 과학발전에 아무런 도움이 되지 않았다. 오늘날 우리가 알고 있는 현대물리학은 그런 방식의 설명을 버린 뒤에야 발전할 수 있었다. 갈릴레오와 뉴턴 덕분에 과학자들은 운동과 중력의 법칙을 완전히 다른 방식으로 생각하게 된 것이다.

생물학자들도 목적에 호소하는 설명을 포기했다. 심장의 목적을 간단히 말하면, 피를 퍼 올리는 것이지만 그렇게만 말하면 발전할 여지가 별로 없다. 현대의학의 수준 높은 치료법은 심장에 관한 생리학과 생화학 분야의 훨씬 정교한 지식을 바탕으로 해서 개발되었다.

정치사상도 목적에 호소하는 설명을 포기했기를 바란다. 전체주의 정권에서 개인은 오직 사회의 한 역할을 완수하는 한에서만 중요하다. 개인에게 목적은 있지만, 그것은 국가의 이익에 이바지하는 것이다. 반면 민주주의 정부에서 개인은 그 자체로 중요하며, 개인에게는 정치적 권리가 내재한다. 개인의 가치는 도구적이지만은 않다. 즉 국가의 목적을 달성하기 때문에 개인이 중요한 것이 아니다. 개인 자체가 본질적으로 소중하다는 것이다.

마찬가지로 인생의 의미에 관해 생각할 때도 우리는 목적을 탐색하는 태도를 버려야 한다. 그렇지 않으면 다음과 같은 추론에 걸려들게 된다. '인생의 의미는 인생의 목적이다. 인생에는 아무 목적도 없다. 그러므로 인생에는 아무 의미가 없다.' 우리는 도구적 의미를 찾는 일을 멈춰야 한다. 우리의 삶이 더 높은 목적에 이바지하는 재료가 아니기 때문이다. 오히려 내재하는 의미, 인생 그 자체가 품고 있는 의미를 찾아내야 한다. 어떤 것이 목적이 있다고 해서 그것을 의미가 있는 것으로 생각하는 것이 아니라, 그것이 본질적으로 가치가 있을 때, 즉 진정으로 중요할 때만 의미 있다고 생각해야 한다.

물론 이것도 우리 질문에 대한 답은 될 수 없다. 뭔가가 중요하다는 것이 **참**인지 우리로서는 아직 알 수 없기 때문이다. 그것을 모르면 진정으로 중요한 것을 찾아낼 수 없다. 심지어는 진정으로 중요한 것이 있기는 한지 그것도 확신할 수 없다. 하지만 최소한 이제는 잘못된 방향을 탐색하지는 않을 것이다.

신학에서의 목적

유대교, 기독교, 이슬람교의 전통에서, 목적을 찾다 보면 궁극적으로 최고선이자 모든 질문에 대한 답이라는 신에게 이른다. 중세시대

신학자 토마스 아퀴나스가 쓴 〈이교도에 대한 반론〉 3권에 이런 추론을 설명하는 내용이 나온다.

> 그렇다면 선은 그 자체로 목적이다. 결국 최고의 선은 최고의 목적이다. 최고의 선은 오직 신뿐이다. (…) 그러므로 모든 존재는 최고의 선, 즉 신을 그들의 목적으로 삼게 된다.[4]

아마 인생의 목적은 신을 알고 신을 찬양하고 신의 명령을 따르는 것, 말하자면 신의 목적을 완수하는 것이라는 뜻인 것 같다. 그런데 우리가 신을 믿지 않는데 이런 방향의 추론을 계속하게 되면 큰 난관이 기다리고 있다. 신이 없으면 인간의 삶은 목적이 없고 그래서 의미도 없기 때문이다.

종교적 배경이 다신교인 사람들은 신의 목적을 답으로 기대할 수 없으리라는 사실에 주목하자. 예를 들어 고대 그리스인들은 수많은 신을 믿었는데 그 신들은 서로 싸우고 잔치를 벌이고 서로 연인이 되었다. 그리스 신들은 각자의 목적이 서로 부딪치는 경우도 많았다. 그래서 그리스 신들은 그리스인들이 인생의 의미로 생각할 만한 일관성 있는 목적들을 제시해주지 못했다. 이런 다신교 전통에서 의미를 찾기 위한 자연스러운 지점은 다름 아닌 인간의 삶 내부였다. 그리스인들이 여러 신에게 호소한 것은 신들이 강하다고 생각해서였지 신들의 목적이 선하다고 생각해서가 아니었다. 그리스인들은 자신들이 이미 인간의 기준에 비추어 가치 있다고 판단한 목표와 대의를 위해 신들의 도움을 구했다. 그러니 유일신 전통에서만 신의 목적이 삶의 의미가 될 것 같다.

우리 무신론자들은 유일신을 믿지 않으므로 다른 길을 찾는다. 신에게 가는 길은 모두 막다른 길이기 때문이다. 하지만 앞으로 나아가기 위해서 신에 대한 믿음을 버리는 것으로는 부족하다. 아퀴나스의 추론에 전제가 되는 목적지향적인 사고방식도 버려야 한다. 우리는 삶의 '유일한' 목적이 무엇이냐고 물을 것이 아니라, 어떻게 해야 삶에서 의미와 가치를 찾을 수 있느냐고 물어야 한다. 의미는 삶의 외부에 있는 것이 아니라 삶 안에 내재하기 때문이다.

어쨌든 의미를 묻는 질문에 대한 답을 신으로부터 얻을 수 있을지는 지극히 불확실하다. 그리고 인생의 의미를 신의 목적에서 찾으려는 것도 신의 목적이 진정으로 선할 때만이 합당하다. 버트런드 러셀은 〈한 자유인의 숭배〉라는 글에서 흥미로운 사고실험을 제시했다.[5] 러셀은 신의 목적이 영향을 미치지 못하는 머나먼 세계를 상상해보라고 권한다. 천사들의 끊임없는 찬양에 점점 질리기 시작한 신은 자유의지를 지닌 생명체가 진화하게 될 태양계를 하나 창조했다. 신은 그 생명체도 결국 자신을 숭배하게 될지 보고 싶었던 것이다. 결국 그곳의 생명체들도 스스로 신의 이름으로 세상의 쾌락을 거부하며 신을 숭배하게 되자, 그들은 신의 놀이 대상으로서 가치를 잃어버렸다. 그러면 신은 그 태양계를 파괴하고 곧바로 세상 만들기 놀이를 다시 시작했을 것이라고 러셀은 냉소적으로 상상한다. 이 이야기가 사실이라면, 그 태양계의 생명체처럼 신을 진심으로 숭배할 사람이 있을까?

단순히 재미를 위해 인간을 창조한 신을 우리가 숭배하지 않는다면, 신의 목적만이 삶의 의미를 묻는 질문의 답이라고 할 수는 없다.

단지 전능한 신의 목적을 완수하는 것이 우리가 특정한 방식으로 살아야 하는 거부할 수 없는 윤리적 이유가 될 수는 없는 것이다.

그런데 어떤 독립적인 선악의 기준을 근거로 신의 목적을 평가해야 한다면, 신의 목적은 의미의 원천이 아니게 된다. 대신 신마저 따라야 하는 독립적인 기준들이 의미의 원천이 될 것이다. 그리하여 신의 목적은 등식에서 탈락한다. 신의 목적까지 지배하는 윤리적 기준들에 우리의 질문에 대한 답이 포함되어 있다. '삶의 의미가 무엇인가'에 대한 답이 되려면 단지 어떤 목적이라는 것만으로는 불충분하다. 그것이 신의 목적이라 할지라도 말이다. 우리는 항상 어떤 목적이 가치가 있는지 없는지를 평가해야 한다. 진정으로 가치 있는 목표를 찾는 법을 배우는 것이 우리의 중요한 과업이기 때문이다.

신이 심판할 것이라는 위협은 신의 목적에 복종할 현실적인 이유가 될 수는 있다. 그렇다 하더라도 그것은 우리의 질문에 대한 대답으로는 전혀 만족스럽지 않다. 심판은 어쩔 수 없이 복종하게 만들긴 하지만, 그렇다고 해서 복종에 가치가 부여되는 것은 아니다.

신이 답이 되려면, 신이 어떤 식으로든 목적의 자기입증적self-validating 원천이어야 한다. 신 자신이 기준을 정하는 동시에 그것을 따라야 한다. 신의 본성과 관련한 뭔가가 신의 목적이 가치 있는 것이라는 것을 보여줘야 한다. 신학자들은 이런 식으로 추론할 것이다. '어떤 것이 신의 명령과 조화된다면 그것은 선한 것이다. 신에게는 궁극적인 의지의 자유가 있으므로 스스로의 목적을 명한다. 신이 명하는 것은 무엇이든 선하고, 신의 목적은 신이 명하므로 신의 목적은 선하다고 할 수 있다.' 그렇지만 이런 신학적인 주장은 순환논리이다. 신학자라면 더 나아가 신의 무한한 본성의 무한한 완전성에 호소할 수도 있을 것이다. 하지만 당연히 유한한 존재인 우리는 그것을 이해하지 못한다. 인생의 의미에 대한 그런 신학적인 대답, 순환적이거나 이해할 수 없는 대답은 우리의 탐색에 거의 도움이 되지 못한다.[6]

무신론자가 된 이유가 무엇이든, 우리는 종교에서 답을 구하려다 실패한 예에서 뭔가 교훈을 얻어야 한다. 그 교훈이란 이것이다. 삶의 의미를 묻는 질문에 대해 종교적인 답을 버린다면 그것을 받치고 있는 개념적 틀도 버려야 한다는 것이다. 우리는 삶의 목적을 찾는 것을 멈추고, 대신 진정으로 중요한 것을 찾고 그 지식을 이용해 개인의 목표를 설정해야 한다.

우주의 목적을 찾는 것을 포기하고, 진정으로 중요한 것을 찾는다고 해서 목적이 없어지는 것은 아니다. 여전히 우리에게는 인생의 가치 있는 목표와 궁극적인 목적이 있을 수 있다. 그 목표와 목적은 추상적이거나 우주처럼 광대하지는 않지만 진정으로 중요할 수 있다. 우리는 모든 사람에게 적용되는 우주의 유일한 목적을 찾아 헤매지 않을 것이다. 그 대신 특정 개인들에게 적용되는 의미의 다원성plurality을 찾을 것이다. 우리 삶의 궁극적인 목적은 외부의 원천에서 얻는 것이 아니다. 그것은 우리가 자신에게 진정으로 중요한 것이 무엇인지 숙고한 끝에 발견하게 될 목표이다.

3
죽음

'내가 왜 살아야 하는가? 왜 내가 뭔가를 기대해야 하는가? 왜 내가
뭔가를 해야 하는가?' 이 말은 즉 '나를 기다리고 있는 죽음에도 파괴
되지 않을 인생의 의미가 있는가?'라는 질문이다.

—레오 톨스토이, 《고백록》[1]

운이 좋으면, 우리의 죽음은 쉬울 것이다. 운이 나쁘면, 우리의 죽
음은 힘들 것이다. 하지만 어떤 식으로 다가오든 죽음은 삶의 종말이
다. 삶이 끝나는 것이다. 우리는 더 이상 존재하지 않는다. 더 이상 가
능성도 없고 의식도 없고, 남은 거라곤 명백한 비존재non-being뿐이다.
세상은 우리 없이 굴러간다. 태양은 여전히 빛나고, 자연은 여전히 아
름답고, 아이들은 여전히 뛰논다. 하지만 우리는 거기에 없다. 죽음은
끝이다.

죽음은 누구에게나 닥친다. 우리 중 누구도 예외는 없다. 어떤 기적
도 일어나지 않는다. 어떤 우주적 힘도 우리를 구원하지 않을 것이다.
우리 부모님이나 배우자라면 구해주고 싶겠지만 우리 대신 죽어줄 수
있는 사람은 없다. 불가피하게, 우리는 존재하기를 멈출 수밖에 없다.

죽음은 피할 수 없다는 말이다.

그렇다면 죽음은 의미의 궁극적인 적일까? 죽음은 삶의 의미를 찾는 탐색을 실패의 나락으로 떨어뜨리는 이길 수 없는 괴물일까?

죽음과 영원

우선 죽음과 죽는 과정을 구분해야 한다. 죽는 과정으로는 부상이나 쇠약함 또는 질병이 있다. 어느 질병에나 육체적 고통과 굴욕은 따르게 마련이다. 하지만 허약한 몸이 항상 삶의 의미를 파괴한다고 말할 수는 없을 것이다. 극심하고 오래 지속되는 고통이 삶의 다른 모든 가치를 압도할 가능성은 있다. 그러한 삶은 지속할 만한 가치가 없을 수도 있다. 하지만 그런 삶은 예외적인 경우다. 유의미함은 고통이 없다는 것과는 다른 뜻이다. 그렇다면 삶의 의미의 적은 죽는 과정이 아니라 죽음인 것으로 보인다.

죽음과 죽음의 결과도 구분해야 한다. 우리가 죽으면 우리를 사랑하던 사람들은 슬퍼하고, 우리가 하던 일은 미완성으로 남을 것이고, 아이들은 더 이상 우리의 보살핌을 받지 못할 것이다. 이런 일들은 행복한 미래는 아니다. 그렇지만, 그런 일들이 삶의 의미를 파괴하는 것은 아니다. 우리가 사랑하는 사람들이 슬퍼하는 것은 우리의 삶이 가치 있고 귀중했다는 표시가 아닐까? 우리의 삶이 의미 없었기 때문이 아니라 의미 있었기 때문에 우리가 사랑하던 사람들이 슬픈 것이다. 우리가 끝내지 못한 일과 완수하지 못한 계획이 우리가 끝낸 일과 완수한 계획의 가치를 파괴하는가? 우리의 죽음이 그동안 우리가 아이들에게 준 애정을 가치 없게 만드는가? 이렇게 볼 때 삶의 의미의 적은 죽음의 결과가 아니라 죽음인 것 같다.

우리가 죽으면 우리는 존재하는 것을 멈춘다. 우리는 무無가 된다. 이 비존재의 어떤 점이 의미를 파괴하는 것 같은가? 죽음은 즐거움이든 고통이든 모든 경험을 끝내기 때문에 죽은 후에는 고통을 겪지 않는다. 에피쿠로스는 〈메노이케우스에게 보내는 편지〉에서 이 점을 지적한다.

죽음은 우리에게 아무것도 아니라는 믿음에 익숙해지게. 모든 선악은 감각으로 이루어지는데, 죽음은 감각을 앗아가기 때문이네. (…) 그래서 질병의 가장 무서운 형태인 죽음은 우리에게 아무것도 아니네. 우리가 존재하는 한 죽음은 우리와 함께 있지 않고, 죽음이 왔을 때 그때는 우리가 존재하지 않기 때문이지. 죽음은 산 자에게도 죽은 자에게도 영향을 미치지 않는 것이네. 산 자에게는 죽음이 없고 죽은 자는 이미 존재하지 않기 때문이지.[2]

고통을 당하려면 고통을 경험해야 한다. 그런데 죽음은 모든 경험을 끝낸다. 극심하고 오랜 고통은 인생의 의미를 파괴할 수도 있겠지만, 죽음 자체가 인생의 의미를 파괴할 수는 없다.

보통은 어떤 것이 끝난다고 해서 그것의 가치가 파괴되는 것은 아니다. 파티가 밤 12시에 끝난다는 이유로 파티에 가지 않겠다는 사람은 없을 것이다. 두 시간이 지나면 영화가 끝난다는 이유로 영화를 안 보려는 사람은 없을 것이다. 또한 일정한 양만 먹을 수 있다는 이유로 맛있는 식사를 사양할 사람도 없을 것이다. 우리 삶이 언젠가는 끝난다는 이유만으로 태어나지 말았으면 하고 진심으로 바라는 사람이 있을까? 우리의 삶이 끝날 것을 걱정하고, 그런 생각 때문에 우리가 초조하고 슬픈 것은 아주 당연한 일이다. 그렇지만, 인간은 누구나 삶에 종말을 고한다는 사실이 정말로 우리의 삶을 무의미하게 만들까?

우주는 150억 년 전에 생겼다. 그 150억 년의 거의 전부에 해당하는 시간 동안 우리는 존재하지도 않았다. 그런 사실 때문에 우리가 근심에 빠지지는 않는다. 그런 사실이 우리 삶을 무의미하게 만들 위험도 없다. 그런데 왜 우리가 존재하지 않게 된 후로도 우주가 150억 년 동안 존재하리라는 사실 때문에 우리 삶이 무의미해져야 한단 말인가? 에피쿠로스학파였던 로마의 루크레티우스는 〈사물의 성질에 대하여〉에서 독자들을 이렇게 일깨운다.

우리가 태어나기 전에 지나가버린 영원 같은 태고의 시간이 우리에게 아무 것도 아니라는 사실도 생각해보라. 그러면 우리의 탄생 이전에 흘러갔던 영원의 시간은, 우리의 죽음 이후에 펼쳐질 시간을 보여주는 거울과도 같다. 여기에 두려워할 게 있는가? 슬퍼할 게 있는가? 잠을 자는 것과 무엇이 다르단 말인가?[3]

우리가 태어나기 전에 지나간 150억 년의 시간이 얼마나 빨리 흘러간 것 같은지 생각해보라. 우리는 그런 시간을 의식하지도 않았다. 그때 존재하지 않았기 때문에 의식하지도 않았던 것이다. 우리의 죽음 뒤에 올 영원에 가까운 시간도 우리에게는 그만큼 빨리 지나갈 것이다. 우리 삶의 의미, 가치, 소중함은 우리가 태어나지 않아 실재하지 않았던 150억 년에 의해 파괴되지 않았다. 그런데 왜 우리가 죽어 실재하지 않을 무한한 시간에 의해서 우리 삶의 의미가 파괴되겠는가?

죽음과 목적

2장에서 우리는 목적을 찾으려는 사고방식을 모두 버려야 하는 이유를 알았다. 그런 사고방식은 우리 자신의 심리를 우주에 투사하는 것이다. 그런 식으로 생각하면 죽음에 대한 성찰에서도 잘못된 길로 빠지게 된다. 우리가 계속 목적을 의미의 원천으로 이해한다면 죽음이 삶을 무의미하게 만드는 것처럼 보이는 것이다.

설명을 쉽게 하기 위해 어떤 활동의 의미의 원천이 늘 그 활동이 성취해야 하는 목적이라고 해보자. 목적이란 그 활동이 성취해야 할 어떤 목표이다. 일반적으로 어떤 활동의 목표는 그 활동의 결과이므로 시간이 지나 그 활동이 끝난 후에 나타난다. 그래서 어떤 활동은 미래의 목표를 성취했을 때만이 의미를 갖게 된다.

하지만 모든 목표가 그 활동을 의미 있게 만들어주는 것은 아니다. 예를 들어 어떤 사람의 목표가 바닷가에 있는 모래알갱이를 모두 세는 것이라면, 그것은 평생이 걸릴 목적이다. 이것은 무의미한 목적이다. 내가 옹호하는 의미 찾기 방법은 각 목표들의 더 근원적인 목적을 묻는 것을 중지하고, 목표 자체의 중요성만을 가지고 평가한다. 그리고 이렇게 질문한다. "이 목표를 성취하는 것이 정말로 중요한가?" 우리는 아직 이 질문에 대한 답을 살펴보지는 않았다. 하지만 적어도 그 대답이 더 근원적 목적, 즉 목적의 목적을 찾는 것이 아니라는 것은 알고 있다.

하지만 목적론적 사고방식은 여기서 멈추지 않는다. 목적론적 사고방식은 목적들을 평가할 때, 그 목적들이 가진 더 근원적 목적의 관점에서 살펴볼 때에만 의미 있다고 평가할 수 있다. 그래서 목적론적 사고방식은 계속해서 이렇게 묻는다. 이 목적을 달성함으로써 이루고자 하는 더 근원적 목적은 무엇인가? 이 목적 달성의 목표는 이제 이 달성을 발판으로 한 다른 의미 있는 목적이 될 것이다. 이 두 번째 목적 자체는 더 크고 더 의미 있는 목적, 미래에 훨씬 더 깊은 의미가 있을 세 번째 목적을 도와줄 때만이 의미를 갖게 될 것이다. 그리고 이런 식으로 계속된다. 우리는 목적론적인 사고방식이 우리를 무한히 이어질 목적의 사슬로 이끈다는 것을 예측할 수 있다.

결국 미래의 목적으로 이어진 사슬은 그 활동을 시작한 인간의 수명을 넘어설 것이다. 우리가 영원히 살아야만 본질적으로 의미 있는 뭔가를 성취할 수 있는 것이다. 영원히 살 수 없다면, 우리가 하는 모든 일은 지금 의미 있는 것이 아니라 미래에 의미 있는 뭔가를 이루기 위한 도구에 지나지 않을 것이다. 그렇다면 의미의 원천은 항상 우리의 죽음 이후에 생기는 어떤 것이 된다. 죽음은 이런 목적의 사슬에서 우리의 참여를 끝내는 셈이고, 그렇게 되면 죽음은 인생의 의미를 끝내는 사건이 되어버린다.

인생의 의미를 인생 외부에 있는 어떤 목적으로 생각하면 이런 지적인 덫intellectual trap에 걸린다. 목적론적 시각은 신학적 관점의 잔해이다. 만약 신이 존재한다면, 계속되는 목적의 사슬을 끊을 수 있게 된다. 하지만 우리는 목적론이라는 사고방식을 검토한 결과, 앞으로 나아가기 위해서는 그것을 버려야 된다는 결론을 내렸다. 우리가 죽기 전에 성취할 수 있는 목표와 프로젝트로 범위를 좁힌다면 그 덫에서 빠져나오게 된다. 우리가 참여하는 많은 프로젝트가 현재 또는 가까운 장래에 달성되고, 어떤 프로젝트는 우리가 죽으면서 미완으로 남는다. 하지만 그렇다고 해서 우리가 완수한 진정으로 중요했던 프로젝트들이 무의미해지는 것은 아니다.

때로는 인생에서 개별적인 활동이나 경험, 인간관계가 의미가 있다 해도 전반적인 인생은 그렇지 않게 느껴질 때가 있다. 우리의 활동과 경험, 그리고 인간관계 하나하나는 전체에서 일부일 뿐이고, 삶 전체는 아무 소용이 없는 것처럼 보이는 것이다.[4] 우리가 삶의 일부를 사회적 대의에 바친다면, 그 대의가 가치 있을 때만이 의미가 있다. 그 대의가 잘못된 것으로 밝혀지면 시간을 낭비한 것이다. 우리의 노력은 그 대의의 일부였으므로 그 노력이 의미를 가지려면 전체가 의미를 가져야 하는 것이다.

하지만 모든 가치가 이처럼 도구적인 것만은 아니다. 어떤 활동, 경험, 인간관계 들은 그것들이 속한 전체가 가치 있어야 하는 게 아니라 그것들 자체에 가치가 있다. 예를 들어 어떤 사람이 자녀들과 갖는 관계는 자녀들의 성장에 중요하긴 하지만, 그 자체만으로도 가치가 있다. 어떤 것들은 그것으로 성취되는 다른 목표 때문에 중요한 것이 아니라 그냥 그 자체로 중요한 것이다. 앞에서 말했듯 의미를 목적으로 이해하면 잘못된 방향으로 가게 된다.

목적론적 사고방식에 전념하는 태도는 죽음 때문에 인생이 무의미하다는 톨스토이의 불만에도 스며 있다. 우리는 편리하긴 하지만 잘못된 이 사고방식을 폐기하고, 대신 그 자체로 중요한 가치를 찾아야 한다.

우주의 광대함

사람들은 인간의 유한성과 연관된 여러 이유 때문에 삶의 의미를 찾을 수 없다고 믿게 된다. 이런 믿음들은 우리의 탐색을 방해하는 인지왜곡의 예로서 모두 잘못된 것이다. 다음 예를 보자.

첫째, 사람들은 그들 자신이 죽을 뿐 아니라 우주 자체도 사라질 거라는 사실에 크게 영향을 받는다. 수십억 년이 지나면 태양과 별들이 초신성이 되고, 그다음에는 붕괴해서 블랙홀이 될 것이다. 수십억 년의 몇백 배의 시간이 지나면 그 블랙홀은 스스로 에너지를 발산할 것이고 현재의 암흑우주는 광활하고 희박한 중성미자로만 이루어질 것이다. 인간들이 완성한 모든 프로젝트의 기록은 사라질 것이다. 인류가 살아온 방식을 소중히 여길 존재, 혹은 궁금해할 존재는 전혀 남아 있지 않을 것이다.

하지만 수십억 년 후 우주의 종말이 불가피하다 할지라도 이것 때문에 우리 삶의 의미와 가치가 박탈되는 것은 아니다. 우주의 종말이 보여주는 거라곤 우주적 목적의 탐색이 실패하리라는 사실뿐이다. 우리는 이미 다른 이유로 우주적 목적을 찾는 일을 그만두었다. 우주의 죽음은 개인의 죽음과 마찬가지로 삶의 유의미함에 아무런 문제가 되지 않는다.

둘째, 사람들은 흔히 측정할 수 없는 우주의 무한한 공간과 우주가 존재하는 수십억 년의 시간에 압도된다. 우리 은하에는 태양 같은 별이 수억 개나 존재한다. 천문학자들이 지금까지 조사한 우주의 극히 일부 공간에 존재하는 은하만도 수억 개에 달한다. 우주에서 먼지보다 더 작은 공간과 시간을 차지하는 인간의 삶이 어떻게 사소한 의미라도 가질 수 있단 말인가?

하지만 우주에서 차지하는 공간이 조금 더 커지고 조금 더 오래 산다고 해서 그 삶이 더 유의미해진다는 보장은 없다. 현재의 처지와 반대로 생각해봐도 이 주장은 통한다. 대략 70년을 사는 우리의 삶이 무의미하다고 해보자. 우리가 영원히 살고 전 우주를 차지하고 살면 우리의 삶은 무한한 의미를 갖게 될까?[5] 더 넓은 공간을 차지하고 더 오래 산다고 해서 그 자체가 우리 삶을 더 의미 있게 만들어주는 것은 아니다.

셋째, 사람들은 가끔 자신이 지금 하는 일이 천 년 후의 사람들에게 아무 의미가 없으리라고 생각한다. 우리가 천 년 전의 조상을 기억하지 못하듯, 천 년 후의 우리 후손들은 우리를 기억하지 못할 것이다. 우리가 한 일은 다 사라졌을 것이고, 사람들은 우리가 쓴 책을 읽지도 않을 것이다. 우리가 지금 아무리 유명하다고 해도, 그 업적은 알려지지 않은 역사책의 각주에서나 잠깐 언급될 것이다.

하지만 이 주장은 반대로 생각해볼 수 있다. 어떤 사건이 천 년의 시간만큼 떨어져 있는 사람들에게 중요하지 않을 것이라는 내용을 보자. 이 천 년의 시간은 과거와 미래 양쪽으로 뻗어 있다는 것에 주목하라. 예를 들어 우리가 살고 있는 현대의 특정한 삶이 천 년 이전의 조상들에게는 별로 중요하지 않았다. 어떤 일이 천 년 전에 일어났다는 이유로 우리에게 중요하지 않다면, 그렇다면 똑같은 추론에 의해 천 년 후에 일어날 일도 우리에게 중요하지 않아야 한다. 미래에 일어날 한 가지 분명한 사실은 우리의 삶이 후손들에게 중요하지 않으리라는 것이다. 하지만 천 년 후의 일이기 때문에 우리는 그 사실에 개의치 않는다. 우리의 삶이 미래에 후손들에게 중요하지 않다는 것이 현재의 우리에게는 중요하지 않다는 것이다. 우리의 삶이 후손들에게 중요하든 중요하지 않든 우리가 상관할 일은 아니다. 그리고 이 주장은 과거와 미래 양쪽으로 똑같이 적용된다.[6] 삶의 유의미함은 미래의 결과에서 찾아야 하는 것은 아니다. 그 의미는 현재의 삶에 내재한 어떤 것이다.

넷째, 사람들은 소중한 것들도 끝을 맞이하고 사라지기 때문에 이런 속성이 그들의 가치를 파괴한다고 생각한다. 우리의 활동들은 끝나고, 좋은 경험도 언젠가는 사라지고, 인간관계도 끝난다. 세상의 좋은 것들은 항상 사라지기 마련이고, 그와 함께 거기에 담긴 의미도 사라지는 것처럼 보인다.

하지만 소중한 것들이 사라져도 그것들이 소중했다는 사실은 남는다. 잔디는 작년 봄에 파릇파릇했고 생생했다. 그런데 겨울이 되자 갈색으로 변했다가 죽어버리고 결국 눈으로 덮인다. 초록색의 잔디는 사라졌지만, 겨울인 지금도 그 잔디가 지난봄에는 파릇파릇하고 생생했다는 사실은 그대로 남아 있다. 모든 것은 사라진다. 하지만 그것들이 한때 소중했다는 사실은 사라지지 않는다. 우리가 사랑했지만 지금은 돌아가신 부모님이나 조부모님, 또는 가족을 생각해보라. 그들의 삶은 소중하고 가치 있었다. 그분들이 돌아가신 것은 슬프다. 하지만 죽음이 그들이 살았던 삶의 가치를 파괴했는가? 바위는 거의 영원토록 변함이 없고 장미는 기껏해야 일주일만 핀다고 해서 바위가 장미보다 더 가치 있다고 할 수 있는가?

우주의 시점

사람들은 가끔 자신에게는 무척 소중해 보이는 삶도 영원이라는 면에서 보면 거의 무의미하다고 생각한다. 우주의 시점perspective에서 보면 우리의 일상적인 삶은 시시해 보이고, 우리의 관심사는 하찮아 보이고, 우리의 삶은 무의미해 보인다는 것이다. 게다가 우리는 자기 삶을 관찰할 때 자기중심적이고 오만한 보통의 시점과 우주의 시점 두 가지를 취할 수 있다. 동시에 이 두 가지 시점으로 볼 수 있다는 것은 가혹하고 비극적인 일이다. 묘하게도 우리는 자신을 중요한 존재로 보면서도 한편으로는 하찮은 존재로 보게 되는 것이다.[7]

하지만 우주의 시점을 취한다는 것은 생각보다 쉽지 않다. 온전히 그 시점을 취할 수 있다고 할 때, 그것은 대체 누구의 시점인가? 우주의 시점으로 봤을 때 중요한 것이 하나도 없으려면 우주는 완벽해야 하고, 그러면서도 아무런 정서적 개입 없이 상황을 인식하고 총체적으로 봐야 할 것이다. 그것은 신의 시점일 것이다. 하지만 이런 주장은 오류이다. 대부분의 책에서 신은 인간의 삶에 관심이 많은 존재로 등장하기 때문이다. 인간들이 살아가는 방식은 신에게 중요한 문제라는 것이다. 하지만 어쨌든 신은 존재하지 않는다. 따라서 신의 시점이라는 것도 있을 수 없다. 우주의 시점은 곧 과학의 시점이라고 생각할 수도 있다. 하지만 과학이란 이론들의 집합이고, 비유가 아닌 이상 이론들에게 시점이 있을 리는 없다. 그러면 그 시점은 직업과학자들의 시점일까. 하지만 과학자들의 시점은 우리의 시점과 별로 다를 바가 없다. 그들도 가족이 있고 직업이 있고 우리처럼 강박관념이 있다.

우주의 시점은 우리의 시점과 같으면서 정서적인 개입만 없는 시각을 비유적으로 표현한 말에 불과하다. 우리가 그 비유대로 실제로 해보려고 하면 그렇게 안 된다는 것을 알 수 있다. 어떤 식으로도 정서적으로 움직이지 않으면서 세상을 본다는 것은 어떤 걸까? 이런 시점은 정서 불능인emotionally blind 사람의 시점일 것이다. 생각할 수 있는 예는 뇌에서 정서적 반응을 처리하는 부분이 훼손되거나 수술로 제거된 사람일 것이다. 그런 훼손을 당하거나 제거수술을 받으면 정서적인 반응이 일어나지 않을 수 있다. 대니얼 골먼은 《감성지능》이라는 책에서 정서적 반응을 처리하는 편도체가 제거된 청년에 대해 묘사했다. 그 청년은 대화를 할 수는 있었지만, 혼자만 조용히 있으려 하며 친척들에게 아무 관심을 보이지 않았으며 "그의 무관심에 친척들이 슬퍼해도 무심했다. 편도체가 없기 때문에 아무 감정도 인식하지 못할 뿐 아니라 감정에 대한 판단도 모두 잃은 듯했다. 편도체는 정서 기억의 저장고 역할을 하므로, 그것 자체로 중요하다. 편도체 없는 삶은 개인적인 의미가 박탈된 삶이다."**8**

이제 문제는 다음과 같다. 정서 불능인 사람에게 충분한 정보를 준다고 해서 그에게 삶이 의미가 있는지 없는지 물어보는 게 효과가 있을까? 시각을 잃은 맹인에게 어떤 그림의 예술적 미덕에 대한 의견을 묻는 사람은 없을 것이다. 그 맹인이 대답을 할 수 있을지는 모르지만, 그것은 틀림없이 어디선가 들은 이야기일 것이다. 또한 농인에게 음악작품에 대한 의견을 묻는 사람도 없을 것이다. 그렇다면 왜 정서 불능자에게 뭔가가 의미가 있는지 없는지를 물어봐야 한단 말인가? 정서 불능은 우주의 시점을 이해하기에 가장 가까운 비유이다. 하지만 곰곰이 생각해보면 우리가 우주의 시점에 관심을 가질 이유는 전혀 없다. 우주의 시점은 우리에게 별로 중요하지 않기 때문이다. 중요한 것은 인간의 시점이다.

죽음에 합당한 의미 부여하기

사람들은 흔히 자신의 개체성individuality을 상실했다고 느낄 때 삶의 의미를 잃는다고 생각한다. 예를 들어 점심시간에 고층 사무실 건물에서 쏟아져 나온 거대한 군중 속에서 우리는 우리와 비슷하게 생긴 수많은 사람들을 보며 충격에 빠질지도 모른다. 그들은 모두 우리와 똑같이 자신의 가족이나 성생활, 의복, 직업에 대해 신경을 쓸 것이다. 우리와 그 사람들 사이의 차이는 아주 사소한 부분에 지나지 않는다. 우리는 때로 이렇게 특별함 없는 상황을 의미가 없는 상황으로 받아들인다.

하지만 우리는 이런 감정이 옳지 않다고 맞서야 한다. 우리가 살면서 하고 있는 일이 중요하다면, 다른 사람들이 하는 일이 똑같다고 해서 우리의 일이 덜 중요해지는 것은 아니다. 다른 사람들의 삶이 비슷하다고 해서 우리 삶의 의미가 영향을 받는 것은 아니라는 것이다. 다른 사람들의 삶도 의미가 있다면 그들에게도 그만큼 좋을 일이다.

그럼에도 특별함의 상실은 중요한 문제를 부각시킨다. 실존주의 심리치료사들은 많은 사람들이 죽음이라는 현실을 부인함으로써 죽음의 걱정으로부터 자신을 방어한다는 것을 발견했다. 방어기제로서의 부인은 두 가지 형태로 나타난다. 첫째, 이유는 알 수 없지만 마음 깊은 곳에서 자신이 알 수 없는 어떤 면에서 특별한 존재라서 다른 사람들은 모두 죽더라도 자신은 죽지 않으리라고 믿는 경우이다. 둘째는, 마찬가지로 다른 사람들의 운명과 달리 자신을 마술처럼 구해줄 드러나지 않는 초월적인 구원자가 있으리라고 몰래 믿는 경우이다.[9]

고층 사무실 건물의 거대한 군중 속에서 우리는 자신이 특별하지 않다는 사실, 그리고 죽을 수밖에 없는 운명을 직면한다. 이것은 바람직한 것일 수도 있다. 죽을 운명을 마음에 새기는 것은 옳은 일이다. 죽을 운명을 잊고 아무 관심을 두지 않는 태도는 우리의 삶을 참되지 않게 만들기 때문이다. 우리가 절대 죽지 않을 것처럼 삶을 살아갈 수는 없다.

이와는 반대로, 죽음에 집착하는 것도 정상적인 삶에 방해가 될 수 있다. 어떤 사람들은 자신이 죽을 것이라는 운명을 심각하게 깨닫고 나서 죽음에 관한 생각을 떨치지 못한다. 그들은 죽음에 대해 너무 깊이 생각하느라 정상적인 생활을 하지 못한다. 이런 태도도 옳지 않다. 죽음은 우리의 삶에 한계를 짓지만 우리는 한계라는 것이 낯설지 않다. 누구도 원하는 만큼 오래 살 수 없는 것처럼 누구도 원하는 만큼 잘생기거나 재능이 뛰어나지 않다. 그렇다고 해서 외모나 재능의 한계에 집착하는 것은 올바른 태도가 아니다. 우리는 그것을 감수하고 최선을 다해 살아가야 한다.[10] 죽음의 실재를 부인하지 않는 것은 중요하다. 하지만 죽음에 대한 집착으로 삶이 흔들리지 않게 하는 것도 그만큼 중요하다. 그러므로 부인과 집착 사이에서 중용을 찾아야 한다.

우리가 언젠가는 죽으리라는 것은 진정으로 중요한 것을 찾으려는 탐색과 항상 연관되는 기본적이고 근본적인 사실이다. 어빙 얄롬은 《실존주의 심리치료》라는 책에서 이렇게 썼다.

개인적인 죽음에 직면하는 것은 (…) 이 세상을 살아가는 방식에 중대한 변화를 가져올 수 있다. "죽음의 물리적 현실physicality은 한 개인을 파괴하지만, 죽음에 대한 '생각'은 그를 구원할 수도 있다." 죽음이 인간을 존재의 어떤 상태에서 더 높은 상태로 고양시켜주는 촉매 역할을 하는 것이다. 즉 세계가 어떻게 돌아가는지를 궁금해하는 상태에서 세계가 존재한다는 사실을 경이로워하는 상태로 변화시켜준다. 죽음을 인식하는 인간은 사소한 고민에서 벗어나고 삶에 깊이와 날카로움, 완전히 다른 차원의 시각을 부여하게 된다.[11]

죽음을 인식하면 무엇이 중요하고 가치 있고 소중한지를 명확하게 알고 적절하게 평가할 수 있게 된다. 인생에서 무엇이 진정으로 의미 있는지를 알기 위해서는 죽음을 마음에 새겨야 한다.

나는 우리들 각자에게 죽음이 다가왔을 때, 그 죽음이 우리뿐 아니라 이 세상 사람들에게도 상실이기를 기대한다. 우리가 이런 상실을 예상할 때 걱정되고 슬픈 것은 지극히 당연한 일이다. 하지만 우리가 할 수 있는 일은 제대로 잘 살면서 죽음을 의연하게 받아들이는 것이다. 하지만 기억하자. 죽음은 삶의 의미를 파괴하지 않는다는 것, 그리고 죽음을 마음에 새긴다면 삶의 의미를 찾는 데 도움이 된다는 것을. 죽음에 합당한 의미를 부여하자. 그 이상은 부여하지 말자.

4

자아실현

인류에게 공통된 본성 외에, 각 개인은 그의 영혼과 성격을 결정짓는 독특한 기질을 갖고 태어난다. 훈육을 통해 이 기질을 변화시키거나 억제하여 완벽함에 이르게 할 수 있다는 것은 분명하다.

−장자크 루소, 《누벨 엘로이즈》[1]

인간의 잠재력을 개발하면 분명히 우리 삶이 유의미해질 것이다. 우리의 잠재력은 인류라는 종의 구성원들이 모두 가지고 있는 공통적인 잠재력일 수도 있고, 각 개인에게 고유한 잠재력일 수도 있다. 우리의 잠재력을 깨닫는 것은 우리에게 중요한 모든 것들의 원천일지도 모른다.

인간의 잠재력 평가하기

먼저 인류 공통의 잠재력을 개발한다는 생각을 살펴보자. 의미를 찾기 위한 이 경로에는 수많은 갈림길이 나 있다. 각 길은 인간의 본성과 그에 따른 잠재력을 상징한다. 예를 들어 아리스토텔레스는 이성이 인간의 특성이라고 생각하여, 의미 있는 삶은 잠재력을 개발하여 이성을 완성시키는 것이라고 보았다. 마르크스는 협동조합을 바탕으로 재화를 생산하는 능력이 인간의 가장 중요한 본성이고, 공산주의가 이런 잠재력을 완성시킬 것이라고 생각했다. 오늘날 인간 잠재력 개발운동의 어떤 분파에서는 명상이나 향정신성 약물을 통해 개인의 한계를 초월한 의식에 이르러야 한다고 주장한다. 이 분야의 또 다른 부류는 심리치료법을 통해 자연스럽고 진실한 정서적 반응을 끌어내야 한다고 주장한다.

인간 잠재력 개발운동의 다양한 분파에는 공통된 구조가 있다. 먼저, 인간 본성에 관해 사실에 입각한 이론을 제시한다. 위에 나온 예들은 인간의 본성을 각각 이성적인 존재, 생산력이 있는 존재, 번민하는 의식적 존재, 또는 정서적인 존재로 다르게 인식한다. 둘째, 이 본성에 내재한 잠재력에 관해서도 이성을 완성하는 것, 사회적 생산을 완성하는 것, 의식을 개발하는 것, 또는 진짜 감정에 접하는 것 등 사실에 입각한 이론을 제시한다. 셋째, 이들은 함축적으로 가치평가를 내린다. 모두 모종의 잠재력을 개발하는 것이 인간의 삶에서 진정으로 중요하다고 보는 것이다.

자아실현 이론은 항상 이 세 번째, 즉 평가적 요소를 포함하고 있다. 위에 나온 각 이론은 인간 본성과 개발해야 할 잠재력에 관해 매력적인 주장을 펼친다. 하지만 우리는 신중해야 한다. 인간 본성에 관한, 사실에 입각한 이런 주장을 받아들이면 우리는 그들이 권하는 잠재력을 개발하는 것이 우리 삶에 의미를 준다는 가치판단까지 쉽게 받아들일 수 있기 때문이다. 어떤 잠재력을 개발할지를 결정하는 것은 곧 가치판단을 내리는 것이다.

위에 있는 모든 이론뿐 아니라 그 외의 이론도, 인간의 실제 잠재력을 설명한 것은 사실이다. 인간은 실제로 이성, 생산력, 의식수준, 감정을 느끼는 능력을 개발할 수 있다. 그런데 어떤 잠재력을 개발할 것인가를 선택하려면 평가를 해야 한다. 무엇이 중요하고 가치 있는지를 별도의 기준에 비추어 우리의 선택을 심사해야 하는 것이다.

원래 인간은 개발할 가치가 없는 수많은 잠재력을 가지고 태어난다. 우리는 힘, 체중, 머리카락 길이, 그 밖의 여러 가지 기질을 발달시킬 능력이 있다. 물론 이런 종류의 잠재력을 발달시킨다고 해서 삶에 의미가 생기지는 않을 것이다. 어떤 잠재력은 하찮지만 어떤 잠재력은 개발할 만한 가치가 있다. 하지만 문제는 우리가 사실상 항상 가치판단을 내린다는 것이다. 잠재력을 개발하려면 우리는 늘 어떤 잠재력이 다른 잠재력보다 상대적으로 중요하다는 판단을 내려야 하기 때문이다.

다른 예를 보자. 모든 인간은 잠재적으로 죽음을 안고 태어난다. 이 잠재력을 적극적으로 개발함으로써 우리는 좀 더 빨리 죽을 수 있다. 하지만 더 빨리 죽는 것이 우리 삶을 의미 있게 만들어주리라 생각하는 건 어처구니없는 생각이다. 죽음을 재촉하는 것은 진정으로 중요한 일이 아니기 때문이다. 그렇지만, 이처럼 더 빨리 죽는 것이 개발할 만한 잠재력이 아니라고 판단하는 것은 함축적으로 가치판단을 내리는 것이다.

변별성

잠재력 개발이론에 가치판단을 적용하는 한 가지 방법은 인간 **고유**의 본성만 개발하는 것이다. 모든 생명체는 죽는다. 그래서 죽음은 인간의 고유한 잠재력이 아니다. 동물들도 힘을 기를 수 있고 체중을 늘리고 털을 기를 수 있다. 그래서 이런 특성도 인간의 고유한 잠재력이라고 할 수 없다. 반면 이성, 사회적 생산, 초연함detachment, 그리고 초월의식transcendent consciousness은 인간만이 갖고 있는 잠재력이다.

하지만 잠재력 개발을 위해 인간에게만 있는 특성을 선택하는 것은, 자아실현을 위한 지나치게 배타적인 방식이다. 식물들은 본래 성장하고 번식할 잠재력이 있다. 동물들은 본래 크기, 힘, 속도, 민첩함 등의 잠재력이 있고, 심지어 고통을 겪을 잠재력도 있다. 생태계는 조화를 이루고 항상성을 유지할 잠재력이 있다. 변별성distinctiveness 전략은 인간이 본래 가지고 있는 잠재력에만 가치를 둠으로써 사실상 다른 생물들이 가진 잠재력의 가치를 낮게 보는 것이다. 만일 인간의 번성만이 중요하다면, 다른 생물들의 번성이 어떤 희생을 치르더라도 우리는 인간의 번성만을 추구해야 할 것이다. 변별성 전략이라는 세련되지 못한 종種차별은 거기에 내포된 가치판단을 더욱 두드러지게 할 뿐이다.

또 인간에게 고유한 어떤 잠재력은 결코 삶에 의미를 주지 않는다는 것도 명심하자. 유머감각은 오직 인간에게만 있다. 그렇다면 농담을 하는 것이 삶의 의미라고 할 수 있는가?[2] 물론 아니다. 그렇지만 유머가 인생의 의미가 되기에는 너무 하찮다고 결정하는 것도 역시 가치판단이다. 인간은 재미로 살생을 하는 유일한 종이다. 그렇다면

쾌락을 위한 파괴를 삶의 목적이라고 할 수 있을까?[3] 아니다. 이유 없
는 파괴는 죄악이다. 이런 결정은 논란의 여지가 없을지도 모르지만,
그래도 역시 가치판단이다. 어떤 잠재력을 개발하는 것은 오직 인간
에게만 가능하다는 것을 보여줄 수 있다고 해서 그 잠재력의 개발이
삶의 의미라고 할 수는 없다. 우리는 항상 더 상위의 가치의 원천에
호소해야 한다. 그러므로 정말 중요한 것을 찾으려면 다른 방향으로
눈을 돌려야 한다.

　다음의 사고실험도 생각해보자. 어떤 잠재력이 인간에게만 고유하
다는 것은 인간에게는 이 잠재력이 있고 인간 외의 동물은 없다는 말
이다. 현재는 인간만이 명상이나 그 밖의 영적인 훈련을 통해 일상의
의식을 초월할 수 있는 잠재력을 갖고 있다고 해보자. 현재로서 일상
의 의식을 초월하는 것은 인간에게만 있는 잠재력이다. 그런데 미래
에 침팬지의 잠재력이 진화해서 명상을 통해 일상의 의식을 초월할
수 있게 되었다고 해보자. 그래서 일상의 의식을 초월하는 것은 이제
인간 고유의 잠재력이 아닌 상황이 되었다. 이 시점에서 의식의 초월
상태에 도달하는 것은 갑자기 그 가치를 잃게 될까? 명상 수행자들은
인간의 삶이 의미를 가질 잠재력이 없어지는 것이 아니라 침팬지의
삶이 의미를 가질 잠재력이 생긴 것이라고 판단할 것이다. 그러므로
초월의식이 중요한 것은 그것이 인간에게만 있는 잠재력이기 때문은
아닌 것이다.

　변별성 방식은 삶의 의미를 외부의 특성, 즉 인간의 특성이 아니라
동물의 특성에 의지하게 만든다. 그래서 묘하게도 인간의 삶의 의미
는 인간이 어떠한가가 아니라 다른 동물들이 어떠하지 않은가에 따라

달라진다.[4] 특성의 변별성은 다른 종도 그 특성을 갖고 있느냐의 여부에 달려 있으므로 항상 외부에 의존할 수밖에 없다.

본질

우리는 인간 잠재력 개발 이론에 가치판단을 적용할 더 나은 길을 찾아야 한다. 한 가지 방법은 인간의 본성 중 **본질적인** 면을 선별하여 개발하는 것이다. 예를 들어 금의 원자가 원자핵에 정확히 79개의 양자를 갖고 있는 것은 금의 본질적인 특성이다. 양자수가 79라는 것은 다른 원소의 원자가 아니라 금의 원자를 결정짓는 특성이다. 예를 들어 어떤 원자의 양자수가 82라면 그것은 절대 금의 원자가 아니고 납의 원자이다. 원자핵에 79개의 양자를 갖고 있다는 사실은 다른 원소들과 비교해서 금을 구별해주지만, 그것은 금 고유의 특성이다. 금 원자가 갖고 있는 양자의 수가 금 고유의 특성인 이유는 다른 원소들의 본성에 따라 이 사실이 달라지지 않기 때문이다. 인간의 본성에도 잠재력을 결정하는 그와 같은 본질적인 특성이 있을지도 모른다.

하지만 명심할 것은 인간은 금의 원자보다 훨씬 복잡한 존재라는 것, 그래서 인간성humanity의 본질을 결정짓는 일은 그만큼 어려울 거라는 사실이다. 인간의 본질로 가장 가능성 있는 후보는 인간의 유전자 구조이다. 인간과 똑같은 유전자 구조를 가진 존재는 모두 인간이다. 하지만 과학자들이 인간의 본성에 핵심이 되는 유전자들을 발견한 건 사실이지만, 그래도 우리는 어떤 것이 중요한지를 판단해야 한다. 인간의 유전자 구조와 잠재력 사이의 관계는 복잡하다. 인간이 공통적으로 갖고 있는 유전자 구조에 의해 우리는 수많은 잠재력을 개발할 수 있다. 이성과 협동적인 사회적 생산뿐 아니라 유머감각, 또는 쾌락을 위한 살인도 가능하다. 따라서 수많은 잠재력 중 어느 것이 하찮고 어느 것이 죄악이고, 어느 것이 개발할 만한 가치가 있는지를 결정해야 한다. 이것을 보면 어떤 특성이 인간에게 본질적이라고 해서 그 특성에서 나온 잠재력이 의미 있는 것이라고 단정할 수는 없다는 것을 알 수 있다. 어떤 잠재력이 개발할 만한 가치가 있음을 보여주기 위해서는 항상 가치의 더 깊은 원천에 호소해야 한다.

개인의 잠재력

지금까지 우리는 인간이라는 종에게 고유한 혹은 본질적인 특성들을 살펴봤다. 하지만 자아실현은 인류 공통의 잠재력이 아니라, 이 장의 앞머리에서 인용한 루소의 말처럼 독특한 기질을 개발하는 것일지도 모른다. 그렇다면 우리는 개인에게 고유한 혹은 본질적인 잠재력을 생각해봐야 하는 것 아닐까. 각자가 가진 어떤 잠재력을 활성화함으로써 삶의 의미를 찾을 수 있을지도 모르기 때문이다. 가치의 더 깊은 원천에 호소하지 않고서도 개인 잠재력을 개발하는 일에서 유의미함을 발견할 수 있을지도 모르기 때문이다.

각 개인을 독특하게 해주는 것은 무엇일까? 각자의 유전자 구조가 우리를 다른 사람과 구별해줄 수도 있다. 그렇다면 유전자가 부여한 독특한 능력이 우리의 삶을 의미 있게 만들어줄 것이다. 하지만 일란성 쌍둥이는 유전자 구조가 똑같기 때문에 자아실현을 위한 독특한 잠재력이 없다. 그러면 일란성 쌍둥이는 독특한 본성이 없기 때문에 의미 있는 삶을 살 수 없다는 희한한 결론이 나온다.

우리 각자의 본질이란 무엇일까? 우리는 특정 정자와 특정 난자의 조합에 의해 생겨났다. 그런 조합으로 인해 우리는 개별적인 유전자 구조를 갖게 되었다. 어쩌면 이것들이 우리의 본질적인 성질이고 이것이 우리가 개발해야 할 선천적인 잠재력을 가리키는지도 모른다. 하지만 유전자에 의해 결정된 능력이 큰 수를 암산하거나 사람을 죽이는 것 같은 사소하거나 비도덕적인 능력일 수도 있다. 이런 능력을 개발한다고 해서 우리 삶에 의미가 생기는 것은 아닐 것이다.

게다가, 어떤 재능과 능력을 개발해야 할 것인가는 본질적인 유전적 자질뿐 아니라 우리 삶을 둘러싼 환경에 의해서도 좌우된다.

> 글쓰기보다는 음악에 재능이 있는 학생이 있다. 그런데 이 학생은 훌륭한 글쓰기 교사를 만나 자신이 음악보다는 글쓰기에서 더 많은 것을 성취할 수 있다는 것을 알게 되었다. 그래도 그 학생은 자신의 타고난 재능을 중시해서 글쓰기보다 음악에 더 많은 시간을 바쳐야 할까? 개인의 본질을 중시하는 시각으로는 그렇다고 하겠지만 우리는 대부분 당연히 아니라고 할 것이다.[5]

특정 잠재력을 개발하는 것은 그 사람의 환경이 적절할 때만이 가치가 있는 것이다. 개인의 유전자에 의해 잠재력이 결정된다고 해도 반드시 그 능력을 개발해야 하는 것은 아니다.

어쩌면 우리 개인의 본질은 유전적인 것이 아니라 정서적인지도 모른다. 저마다의 각자 독특한 기질과 양육에 의해 결정된 진짜 정서적 반응은 일상적 자아의 수면 아래에 있다. 우리의 과제는 이런 진짜 정서적 자아를 만나 그것을 개발하는 것이다. 물론 우리의 감정과 만나는 것은 중요하다. 하지만 저 깊은 곳에서 우리 마음이 노여움과 분노에 가득 차 있다는 것을 알게 되면 어떻게 될까? 이 사실을 발견하는 아는 것은 중요한 일이다. 하지만 이런 감정을 행동으로 발전시키지 않는 것도 중요하다. 이런 감정은 진짜이지만 그 잠재력을 개발하지 않아야 하는 것도 마땅하다. 앞의 예들과 마찬가지로 이 마지막 예에도 가치판단이 함축되어 있다.

무엇이 중요한가

이 논의의 요지는 자아실현이 그 자체로는 삶의 의미의 원천이 아니라는 것이다. 우리는 어떤 사람의 잠재력이 애써 개발할 만한 목적인가를 판단할 때마다 무엇이 진정으로 중요한가를 미리 판단해야 한다. 그러므로 중요한 것의 원천을 찾는 것이 우리 탐색의 적절한 목표이다.

자아실현이라는 길이 부적절한 이유는 그것이 계속해서 의미와 목적을 같은 것으로 간주하기 때문이다. 사람들은 다른 사람들을 해석하기 위해 목적과 목표라는 사고방식을 이용하는데 이것은 아주 당연한 일이다. 하지만 이런 사고방식을 생물들의 번식을 해석하는 데 적용하는 것은 옳지 않다. "도토리의 목적은 떡갈나무를 생산하는 것이다"라고 하는 것이 그런 실수다. 도토리는 떡갈나무가 될 잠재력이 있지만, 그렇다고 해서 도토리의 목적이 떡갈나무로 성장하는 것이라고 할 수는 없다. 그렇게 말하는 것은 모두 비유법이다. 멋진 비유법이기도 하고, 목적론적인 생물학적 사고방식이 마음을 끄는 것도 사실이다. 하지만 앞으로 나아가기 위해서는 앞에서 우주적 목적이라는 틀을 버렸듯이 생물학적 목적론이라는 틀도 버려야 한다.

인간의 다양한 잠재력을 깨닫는 것은 소중한 일이지만 그것만이 소중한 일은 아니다. 인간의 본성을 이해하는 것은 중요하다. 인간의 본성이 유의미한 인생이 무엇인지 확정해주진 않지만, 유의미한 인생에 무엇이 포함될 수 있는지는 알려주기 때문이다.[6] 어쨌든 우리는 의미의 진정한 원천을 찾기 위해 다른 곳을 찾아봐야 한다.

5
쾌락

A Guide for the Godless

쾌락, 그리고 고통으로부터의 자유는 유일하게 바람직한 목표이다. 그리고 (…) 모든 바람직한 것들은 (…) 그 안에 쾌락이 내재하기 때문에 또는 쾌락의 증진이나 고통의 방지를 위한 수단이기 때문에 바람직한 것이다.

-존 스튜어트 밀, 《공리주의》[1]

즐거운 경험이 의미 있는 삶에 이르는 경로라는 밀의 원칙은 우리의 마음을 끈다. 이와 유사한 것으로서, 고통과 괴로움이 없는 상태가 삶의 의미라는 입장도 마찬가지다. 이 원칙이 우리의 마음을 끄는 이유는 즐거운 경험은 그 자체로 우리에게 중요하기 때문이다. 그러나 이 원칙은 즐거운 경험만이 그 자체로 가치 있다고 주장한다는 점에서 위험하다. 뒤에 다루겠지만 쾌락을 추구하고 고통을 피하는 것은 우리 삶에서 유일하게 중요한 것이 아닐 뿐 아니라 유의미함의 원천도 아니다.

쾌락주의

사실 터무니없는 쾌락주의에 혹하는 사람은 거의 없다. 의미 없는 삶의 전형으로 제시되는 것이 이기적인 육욕 탐닉으로 이루어진 삶이다. 대부분의 사람들은 젊을 때 즐거운 경험을 추구하려는 성향에 빠졌다가, 그것의 한계를 깨달으면서 삶의 의미에 위기를 느끼는 경우가 많다. 하지만 미묘한 쾌락주의는 교양 있는 사람들까지 사로잡는다. 어떤 사람들은 더할 나위 없이 로맨틱한 관계의 기쁨을 경험할 수만 있으면 삶에 의미가 생길 것이라고 믿는다. 또 어떤 사람은 초월의식 상태의 환희에서, 또는 이 세상과의 거대한 합일감에서 삶의 의미를 찾는다. 고통을 피하는 데 역점을 두는 쾌락주의 유형도 우리의 마음을 끈다. 고대 그리스의 에피쿠로스학파는 세속적 쾌락의 욕구를 이성으로 통제함으로써 얻는 평온함을 추구했다. 부처는 인생은 고행이라 가르쳤고, 고행에서 벗어나는 길을 가르쳤다.

이런 시각들은 공통적으로 모종의 심리상태에 이르는 것에 의미를 두었다. 그들은 중요한 것은 어떤 것 자체가 아니라 그것에 대한 심리적 반응이라고 주장한다. 심리상태만이 본질적으로 가치 있거나 본질적으로 해롭다는 것이다. 그들은 바다의 멋진 풍경에 기쁜 마음으로 반응할 때 본질적으로 가치 있는 것은 바다나 바다의 아름다움이 아니라 그것이 불러일으키는 기쁜 마음상태라고 주장한다. 그렇다면 우리 마음 외부의 세계는 도구적인 가치밖에 없고, 세상에 존재하는 대상은 인간에게 불러일으키는 심리적 반응을 위해서만 가치를 지닌다. 중요한 것은 오직 의식적인 경험뿐이다.

한편으로 생각해보면, 이것은 쾌락주의 이론의 강점이다. 의미를 탐색하는 여정을 끝내면서 찾은 그 답이 객관적으로 중요할 뿐 아니라 주관적으로도 중요하다면 정말 환상적일 테니까 말이다. 즐거운 경험이나 고통스러운 경험이 사람들에게 중요하지 않다고 상상하기는 어렵다. 만일 즐거운 경험이 객관적으로 인생의 의미라는 것이 사실로 밝혀진다면, 그것은 즉시 우리에게 주관적으로도 유의미한 것으로 인식될 것이다. 즐거운 경험은 우리에게 항상 중요한 일이기 때문이다.

이런 면에서 우주적 목적과 자아실현 이론은 약점이 있다. 예를 들어 마르크스가 옳았고 사회적 공동생산이 인간의 진정한 잠재력, 혹은 그의 말대로 '유적 존재species-being'라고 해보자. 그리고 다음에는 어떤 위원회의 일원으로서가 아니라 혼자서 시 쓰는 일을 좋아하는 개인주의자를 생각해보자. 그녀는 마르크스가 인간의 진정한 잠재력이라고 하는 데서 아주 동떨어져 있는 셈이다. 공동생산이라는 잠재력을 개발하는 것은 그녀에게 중요하지 않다. 마르크스가 인생의 의미에 대해 한 말을 그녀가 믿는다 하더라도, 마르크스의 답은 그녀에게 의미 있게 느껴지지 않을 것이다. 모든 목적론적 이론도 이런 약점을 갖고 있다. 우리가 이성적인 사고를 통해 인생의 목적을 발견했다 하더라도 그것이 왜 우리에게 중요한지 의문이 들 가능성은 항상 있는 것이다.

이런 문제에도 불구하고, 자아실현 이론은 자기계발에서 오는 즐거움과 무관한 이유로 자신의 잠재력을 개발하는 사람이 많다는 점에서는 옳다. 운동선수들은 한순간의 승리를 거머쥐기 위해 무산소운동을 견딘다. 예술가와 작가는 쾌락 때문이 아니라 그 일이 가치 있다고 생각하기 때문에 고뇌를 통해 작품을 만들어낸다. 프로 운동선수와 장인은 자신의 기술 연마를 즐기고 자신이 벌어들이는 돈도 즐긴다. 하지만 그 일 자체의 소중함 때문에 자신이 하는 일에 가치를 둔다. 반대로 자신이 가치를 두지 않는 활동에서 쾌락을 얻는 사람들도 있다. 게임 중독자는 게임이 쓸데없고 시간을 낭비하는 활동이라는 것을 알면서도 게임 화면을 보며 쾌락을 얻는다. 이런 예를 볼 때 사람들이 오직 쾌락만을 위해 행동한다고 말하는 것은 인간의 동기를 너무 하찮게 보는 것이다.

가짜 경험

인생의 의미를 탐색하는 일은 두 가지 방향으로 진행된다. 의미 있게 느껴지는 일을 찾는 것과 진짜 의미 있는 일을 찾는 것이다. 의미 있게 느껴지는 것만으로는 부족하다. 뭔가가 진짜 중요하려면 진짜 의미가 있어야 한다. 쾌락의 경험이 아무리 의미 있게 느껴지더라도, 그것 외에 중요한 가치들은 수도 없이 찾을 수 있다.

쾌락중추 뇌의 시상하부 근처에 있는 좁은 지점에 전기자극을 주면 강렬한 쾌감이 일어난다. SF 작가들은 원할 때 스스로 자극을 받을 수 있도록 '쾌락중추'에 전극을 이식한 사람인 '와이어헤드'를 상상해냈다. 와이어헤드가 되었다고 생각해보자. 그럴 경우 우리가 무엇보다도 그 자극에 집착하게 되리라는 것을 쉽게 예측할 수 있다. 하지만 우리는 그 와이어헤드의 삶을 의미 있는 삶으로 생각할 수가 없다.

프로이트의 고통　이론적으로는 쾌락의 중요성을 역설하는 사람들도 쾌락만을 가치 있다고 보지 않는다. 프로이트는 쾌락원칙이 아동의 정신발달을 지배한다고 생각했다. 일차과정primary process에서는 항상 쾌락을 얻기 위해 애쓴다는 것이다. 처음에 유아는 환상과 환각을 통해 쾌락을 찾지만, 이것은 결국 좌절로 끝난다. 이어서 현실원칙reality principle이 적용되면서 아동은 마음에 들지 않더라도 주어진 현실을 받아들이기 시작한다.[2] 하지만 프로이트는 현실원칙이 쾌락원칙을 몰아내는 것은 아니라고 말한다. 다만 아동들은 작고 불확실하지만 즉각적인 욕구충족을, 크고 확실하지만 지연되는 욕구충족을 위해 연기하는 것이다.[3]

프로이트는 암으로 극심한 고통에 시달리며 죽어가던 삶의 말기에 아스피린 외에는 어떤 진통제도 거부했다. 프로이트의 전기를 쓴 어니스트 존스는 프로이트가 이렇게 말했다고 기록했다. "나는 명징하게 사고하지 못하느니 차라리 고통을 견디며 사고하겠다."[4] 죽음 앞에서도 프로이트는 고통을 없애기보다는 또렷하게 사고하기를 더 원했던 것이다. 쾌락원칙에도 불구하고 프로이트는 궁극적으로 고통 없는 상태보다 사고의 명징함이 자신에게 더 의미 있다고 여겼다. 우리는 프로이트의 쾌락원칙보다 빅토르 프랑클의 로고테라피의 기본 틀을 통해 프로이트의 선택을 더 잘 이해할 수 있다. 프랑클은 이렇게 썼다.

인간의 가장 큰 관심은 쾌락을 얻거나 고통을 피하는 것이 아니라 삶의 의미를 찾는 것이라는 것이 로고테라피의 기본적인 신조이다. 그

러므로 인간은 자신의 고통이 분명히 의미가 있다는 조건에서는 기꺼이 고통을 감수하려고 하는 것이다.[5]

프로이트는 자신의 방대한 지식을 활용하는 것을 중요하게 생각했고, 그래서 단순히 고통을 피하기 위해 그 지식의 활용을 포기하지 않은 것이다.

가상현실 로버트 노직의 다음 사고실험은 쾌락을 느끼는 것이 가장 중요하다는 가설이 옳지 않음을 보여준다.

원하는 경험은 무엇이든 하게 만들어주는 기계가 있다고 생각해보자. 이 경험기계에 연결되면 훌륭한 시를 쓰거나 세계평화를 이루거나 누군가를 사랑하고 그의 사랑을 받는 경험을 할 수 있다. 그리고 이런 즐거운 일들은 '내부에서' 느끼는 방식으로 경험한다. 내일의 경험, 다음 주의 경험, 올해의 경험, 심지어는 남은 생의 경험을 미리 프로그래밍할 수도 있다. 상상력이 고갈된다면 전기에서 얻은 수많은 착상 또는 소설이나 심리학자들의 글에서 아이디어를 얻을 수도 있다. 자신이 가장 이루고 싶은 꿈을 '내부에서' 실현시킬 수 있는 것이다. 그렇다면 남은 인생동안 이 기계를 사용하겠는가? 아니라면 그 이유는 무엇인가?[6]

이 사고실험의 요점은 인생의 의미에 대한 직관을 선명하게 드러내는 것이다. 노직은 누구나 원하는 온갖 즐거운 감각과 정서적 반응을 기계가 만들어내는 가상현실을 상상해보라고 한다. 우리는 몇 시간 동안은 그 기계를 즐길지도 모른다. 거기에 중독될지도 모른다. 하지만 그렇다 해도 노직의 질문에 평생 동안 그 기계에 연결되고 싶다고는 대답하지 않을 것이다. 뭔가가 빠져 있기 때문이다. 그런 삶은 의미 있게 느껴질지는 모르지만, 무의미한 삶의 모델에 가깝다고 할 수 있다. 경험기계가 만드는 가상현실에 있는 우리는 진짜 훌륭한 시인이 아니고, 진짜로 세계평화를 이루지도 못하고, 아무도 우리를 진정으로 사랑하지 않는다. 의미 있다는 것은 단순한 느낌 이상의 것을 포함한다. 또한 가치 있다는 것은 단순한 즐거움만으로는 부족하다.

불교신자와 에피쿠로스학파는 삶의 의미를 찾는 방도로서 고통을 피하라고 가르친다. 하지만 노직의 가상현실 사고실험은 이런 이론도 옳지 않다는 것을 보여준다. 그 기계는 고통을 경험하지 않도록 우리를 보호해줄 수 있고, 힘겹게 오랜 명상수행을 하지 않고도 집착을 끊을 수 있게 해준다. 비탄에 잠길 일도 없다. 우리의 가상의 연인은 절대 죽지 않기 때문이다. 또한 질병의 고통, 죽음의 두려움, 실패의 쓰라림, 또는 보답 없는 사랑의 슬픔도 알 필요가 없다. 하지만 그 기계가 우리에게 고통을 경험하지 않게 해준다 해도, 그것이 우리 삶에 의미를 부여하리라 생각하는 사람은 없을 것이다. 고통을 피하는 것만으로는 부족하다. 제임스 그리핀은 다음과 같이 썼다.

나는 내 삶의 중요한 영역에서 편안한 망상보다는 쓰라린 진실을 원한다. 나에게 감미로운 사랑의 시뮬라크르simulacre를 줄 수 있는 노련한 배우들에 둘러싸여 있더라도, 나는 차라리 쓰라리지만 진실한 반

응을 택하겠다.[7]

　우리는 진실에 기반한 삶을 영위해야 한다. 삶이 우리에게 어떻게 느껴지느냐는 가치의 유일한 기준도 아니고 가장 중요한 기준도 아니다.

　<mark>사이비 영적 체험</mark>　어떤 영적 지도자는 삶의 의미로 가는 방도로서 무한한 기쁨을 느끼는 정신 상태를 가르친다. 하지만 현대의 과학기술을 이용한다면 그와 비슷한 정신 상태를 만들 수 있다. 과학자들은 '경두개 자기자극기'라는 장치를 발명했는데, 이것을 두피에 연결한 뒤 강력한 자기장을 이용하여 바로 아래 있는 뇌에 전기자극을 일으키는 것이다. 운동피질 위에 연결하면 근육이 수축된다. 측두엽 위에 연결하면 측두엽 간질환자들이 가끔 경험하는 것과 같은 유사 영적 체험 상태를 일으킨다.[8] 그 느낌은 신의 출현을 목격하거나 만물의 우주적 의미를 깨닫는 경험, 그리고 그 경험의 정당성에 대해 완전한 확신을 갖게 되는 경험일 수도 있다. 그런 기계가 삶의 의미를 찾는 탐색에 답을 줄 수 있을까? 그렇지 않다면, 삶의 의미가 단순한 황홀함과 기쁨의 경험만은 아니란 말일 것이다. 중요한 것은 정신적 경험의 대상이지, 단지 경험의 느낌은 아닌 것이다. 과학기술은 황홀한 의식과 고통의 부재로 가는 길일 수는 있지만, 삶의 의미로 가는 길은 아니다.

정신적 삶의 복잡함

　위의 사례들에서 잘못된 점은 무엇일까? 즐거운 경험을 하거나 고통스러운 일을 피하는 것만이 유의미하다는 주장은 분명히 오류다. 삶의 의미라는 수수께끼를 풀기 위한 위의 과학기술적인 해법은 인간 본성의 허약한 이미지를 전제로 하고 있다. 위의 사례들은 인간의 본성을 감각과 느낌의 정신세계에 불과한 것으로 본다. 이런 감각들은 실제로 어떤 것도 감지하지 않고 어떤 것도 느끼지 않는다. 단지 순수한 경험일 뿐이다. 만일 인간의 삶이 의식적인 경험으로만 이루어져 있다면, 의식적 경험만이 인간의 삶에서 중요할 것이다.

　이런 시각으로 보면 의미 탐색이라는 문제는 결국 좋은 경험과 나쁜 경험, 중립적인 경험들로 나누는 행위가 될 것이다. 좋은 경험, 나쁜 경험, 중립적인 경험으로 나누려면 좋은 경험들의 공통점과 나쁜 경험들의 공통점을 찾아야 한다. 한 가지 가설은 좋은 경험은 공통적으로 즐거운 성질의 느낌을 준다는 것이다.[9] 이 관점에서 볼 때 쾌락은 정신적 경험에 의미를 주고, 정신적 경험이 삶의 전부이다. 하지만 곰곰이 생각해보면 즐거운 경험이 모두 똑같은 성질의 느낌을 준다는 가설은 믿음이 가지 않는다. 즐거운 경험들을 떠올려보자. 그리고 그것들이 공통적인 느낌을 주는지 생각해보라. 배고플 때 맛있는 음식을 먹는 것, 영화를 재밌게 보는 것, 마사지를 받는 것, 아름다운 풍경을 보는 것, 사랑을 나누는 것, 외국의 문화를 경험하는 것. 그렇다. 그런 것들은 모두 즐겁다. 하지만 왜 즐거운지를 설명할 때 그것들이 공통의 느낌을 준다고 할 수는 없을 것이다. 이런 즐거움들은 우리의 경험에 대해 서로 다르다고는 할 수 없지만 그 느낌은 서로 구별된다.

우리가 음식의 맛을 본다고 해서 동시에 쾌감을 느끼는 것은 아니다. 그냥 음식 맛을 볼 뿐이다. 즐겁다는 것은 어떤 한 가지 감각만 규정하는 것이 아니다. 즐겁다는 것은 어떤 감각과 느낌의 본질적인 속성이 아니다. 그러므로 가치 있는 경험들은 모두 즐거운 느낌을 공유한다는 가설은 유효하지 않다.

좋은 경험의 공통점에 대한 다른 가설은 그런 경험을 한 사람이 그 경험을 **원한다**는 것이다. 즐거운 경험은 어떤 사람이 그런 경험을 하고 싶어 하고, 앞으로도 그 경험이 지속되기를 바라는 것이다. 마찬가지로, 고통스러운 경험은 하고 싶어 하지 않고, 혹시 경험했다면 빨리 끝내고 싶어 하는 경험이다. 사람들이 원한다는 것이 모든 즐거운 경험들의 공통점이므로, 사람들이 바란다면 그것은 즐거운 경험으로 간주된다.[10]

이 새로운 가설은 인간 본성을 내면의 감각으로 보는 관점과는 다른 방향으로 우리를 데려간다. 뭔가를 바란다는 것은 느낌을 가지는 것에 그치는 것이 아니라, 그것을 향해 태도를 취하는 것까지 포함한다. 갈증 또는 배고픔의 감각 같은 느낌은 자기 완결적이다. 그러나 욕망은 항상 다른 어떤 것을 지향하고 있다. 이러저러한 일이 일어나기를 바라고, 이런저런 일을 경험하기를 원하는 것이다. 이 새로운 관점은 그런 심리상태에 구조를 부여하기 때문에 인간의 본성을 더 복잡하게 만든다. 심리상태는 단순한 의식적 감각이 아니라, 어떤 대상들을 향한 심리적 태도이거나 어떤 사태에 대한 심리적 태도이다(심리학자들은 이런 심리상태의 특성을 '지향성intentionality'이라고 부른다. 명확한 개념 같지만 그것의 의미를 해석하는 것은 현대 심리학이 해결하지 못한 거대한 난제이다).

즐거운 경험이란 우리가 하고 싶어 하는 경험이라는 이 새로운 가설은 중요한 문제 두 가지를 제기한다. 첫째는, 우리가 원할 수 있는 것은 특정한 의식적 경험만은 아니라는 것이다. 가치의 원천으로서, 욕망은 정신적 경험 이상의 것을 향한다. 우리는 어떤 정신 상태뿐 아니라 세상의 상태도 원할 수 있는 것이다. 말하자면 초콜릿 맛을 경험하는 것을 바랄 수도 있지만 내일까지는 눈이 그치기를 바랄 수도 있다. 사실, 인생의 의미를 찾기 위한 과학기술의 해법이 불충분하다는 결론을 통해 우리는 가상현실이라는 경험 이상의 것을 원한다는 것을 확실히 알게 되었다. 우리는 세상이 가상이 아니라 진짜로 어떤 상태이기를 바란다. 왜 우리의 욕망이 어떤 정신 상태에만 한정되어야 한단 말인가? 세상의 어떤 상태도 우리의 욕구를 충족시켜줄 수 있지 않을까? 사람들이 원하는 것이 가치 있고 의미 있는 것이라면, 왜 의식적인 경험 외의 것은 가치가 있을 수 없단 말인가? 다음 장에서는 욕망을 충족시킴으로써 삶의 의미에 이르는 길을 살펴볼 것이다.

새로운 가설이 제기하는 두 번째 문제는 다음과 같다. 원하는 것과 욕망하는 것만이 지향성, 다시 말해 '향하여 있음' 혹은 대상과 사건의 상태를 바라는 마음의 특성을 지닌 유일한 심리적 태도는 아니라는 점이다. 우리의 정서적 태도는 있는 그대로의 세계, 앞으로 변할 수 있는 세계, 그리고 우리의 정신적 삶 모두를 포괄하고 있다. 우리는 어떤 것을 원하기만 하는 게 아니라 감탄하고 자랑스러워하고 동경하고 즐기고 사랑하고 무시하고 미워하기도 한다. 왜 수많은 태도에서 욕망이라는 한 가지 태도만 뽑아 그것만 가치가 있다는 특권을 준단 말인가? 그래서 이후의 장에서는 정서를 통해 인생의 의미에 이르는 길을 살펴볼 것이다.

앞으로 나아가기 위해 우리는 이미 아리스토텔레스와 고대 그리스인들이 가졌던 목적론적 사고방식을 버렸다. 삶의 의미를 우주적 목적이나 인간의 잠재력 개발과 동일한 것으로 생각해서는 안 되는 것이다. 더 앞으로 나아가기 위해 우리는 이제 계몽주의 시대부터 내려온 인간의 본성을 감각으로 보려는 시각을 버려야 한다. 인간의 본성은 한 다발의 의식적 경험과 감각만으로 이루어진 것이 아니다. 인간의 본성은 세상이라는 외부, 그리고 우리 내면의 경험이라는 내부 양쪽을 향하고 있다. 그래도 쾌락과 고통은 중요하다. 즐거움을 경험하는 능력은 우리의 삶을 의미 있게 느끼기 위해 꼭 필요한지도 모른다. 그렇다고 해도 즐거운 경험은 유일하게 중요한 것도 아니고 중요한 것들의 원천도 아니다.

6
욕망

하지만 무엇이든 어떤 사람의 취향이나 욕망의 대상이 될 수 있다.
그것뿐이다. 그 사람의 입장에서는 그것을 선이라 부른다. 그리고 그
가 증오하거나 반감을 갖는 것은 악이다.

-토머스 홉스, 《리바이어던》[1]

우리는 삶의 의미에 이르는 두 가지 경로를 살펴봤는데, 그 두 가지
경로에 장애물이 있음을 알았다. 먼저, 자아실현은 잠재력을 개발하
는 것이 그 잠재력을 갖고 있는 사람에게 왜 중요한 문제인지를 설명
하지 못한다. 둘째, 쾌락의 경험은 이 장애물을 넘어선다. 쾌락과 고
통은 그것을 경험하는 사람이라면 예외 없이 누구에게나 중요한 문제
이기 때문이다. 경험을 즐거운 경험과 고통스러운 경험으로 구분하는
좋은 방법은 우리가 그 경험을 바라는지 바라지 않는지를 보는 것이
다. 우리가 하고 싶어 하면 그 경험은 즐거운 경험이다. 하지만 원하
는 것과 바라는 것은 마음속에서 일어나는 일일 수도 있고 이 세상에
서 일어나는 일일 수도 있다. 우리는 내면의 경험뿐 아니라 외부세계
의 사건도 바랄 수 있는 것이다. 이것은 타당한 주장으로 보인다. 정

신적 경험 외의 일들도 중요하기 때문이다. 이제 우리는 생의 의미로 가는 세 번째 경로를 탐색하게 되는데, 그것은 욕망의 충족이다. 우리가 뭔가를 원한다는 것은 그것이 우리에게 중요하다는 뜻이다. 그러므로 일단 욕망충족 이론은 우리를 제대로 된 방향으로 이끄는 것으로 보인다.

소비주의

그러나 욕망의 충족만 추구한다면 우리는 지금보다 조금도 더 행복해지지 않을지도 모른다. 갑작스럽게 부자가 되었을 때를 예상하며 느낄 가상의 기쁨과, 오랫동안 우리의 모든 변덕을 만족시켰을 때 느낄 따분함을 혼동해서는 안 된다는 것이다. 처음 복권에 당첨되거나 주식으로 큰돈을 벌거나, 그 외의 방식으로 부자가 되었다면 그 사람은 그 큰돈을 통해 이룰 수 있는 가능성에 흥분할 것이다. 하지만 그 흥분은 곧 사라지게 마련이다.

사회심리학자들은 부와 행복에 관한 주관적 보고서를 연구했다. 그랬더니 다음의 결과가 나왔다. 일단 안락한 생활을 한 만큼 충분한 돈을 갖게 되면, 부가 늘어나도 그들의 행복감에는 거의 영향이 없었다. 미국의 경우, 자신들이 무척 행복하다고 답한 사람의 수는 1950년대까지 1인당 국민소득이 상승함에 따라 증가했다. 고정달러로 계산했을 때, 1인당 국민소득은 계속 늘어나서 1990년에는 1950년대의 2배가 되었다. 하지만 보고서에 따르면 사람들은 그만큼 더 행복해지지는 않았다. 오히려 제2차 세계대전 이후 그 기간 동안 우울증 환자의 비율이 10배로 늘어났다.[2] 언론에는 상류층의 중독, 우울증, 자살, 가정 해체에 관한 수많은 사례가 보도되었다.

많은 사람들은 삶의 의미로 가는 유일한 길은 원하는 것을 얻는 것이라는 주장에 끌린다. 이런 관점을 단적으로 나타낸 격언이 '죽을 때 장난감을 가장 많이 가진 사람이 승자'이다. 우리가 살고 있는 소비 위주의 사회는 이런 소비주의를 부채질한다. 우리 사회를 받치고 있는 경제이론은 무엇이 중요한가에 대한 이런 시각을 정당화한다. 현재 널리 퍼져 있는 경제이론은 특정 가치 이론을 근거로 하고 있다. 그것은 인간의 욕망을 충족시키는 것만이 가치가 있다는 것이다. 이것은 이 장의 첫머리에 제시된 토머스 홉스가 지지하는 가치이론이다. 사람들은 구입할 물건을 선택함으로써 상품에 대한 욕망을 드러낸다. 그리고 그 상품을 사는 데 얼마의 돈을 쓸 용의가 있는지를 보여줌으로써 욕망의 강렬함을 드러낸다. 어떤 상품의 상대적 가치가 그 상품이 충족시키는 욕망의 세기와 관련이 있다면, 그 가격은 가치의 척도가 될 것이다. 다음에 이어지는 내용에서 우리는 욕망을 바탕으로 한 가치이론이 우리 사회에 얼마나 깊이 뿌리박혀 있는지를 살피게 될 것이다.

실제적 욕망

우리는 욕망의 두 가지 개념을 구분해야 한다. 한 개념에 따르면, 욕망은 정서의 한 유형이다. 정서적인 의미에서 우리는 욕망을 강한 욕구와 갈망으로 경험한다. 정서적 욕망에는 느낌과 감각이 수반된다. 대표적인 예가 성적 욕망이다. 다른 하나의 개념에 따르면 욕망은 동기에 다름 아니다. 이런 의미에서 볼 때 뭔가를 하려는 욕망은 우리가 그 일을 할 동기가 있다는 것이다. 이러한 동기적 욕망에는 특정한 감정이 동반되지 않는다.

전자인 정서적 욕망은 얼핏 보기에 삶의 의미로 가는 제대로 된 경로가 아닌 것 같다. 첫 번째 문제는 다음과 같은 것이다. 많은 것들이 중요하면서도 정서적 욕망의 특징인 강한 열망을 불러일으키지 않는다. 예를 들어 우리는 어떤 풍경이 굉장하다고 생각하고 그것을 보존하기 위해 많은 노력을 마다하지 않지만, 그렇다고 해서 항상 그 풍경을 다시 보고자 하는 열망에 불타는 것은 아니다. 우리는 친구가 중요하다고 생각하지만, 그렇다고 해서 친구가 항상 옆에 함께 있어주기를 열망하지는 않는다. 이러한 판단에 항상 정서적 욕망이 따라다니지는 않는다는 것이다. 두 번째 문제는 이런 것이다. 정서적 욕망은 정서의 강렬한 형태이다. 하지만 정서에서 왜 이 한 가지 종류만 중요하단 말인가? 우리가 그냥 좋아하고 감탄하고 자랑스러워하는 것들을 생각해보자. 그것들도 중요하지 않을까? 왜 정서적 욕망이 유일하게 중요한 정서란 말인가? 정서적 욕망은 삶의 의미로 가기에는 너무 좁은 경로다.

동기적 욕망은 언뜻 보면 정서적 욕망보다 더 설득력이 있다. 대체로, 어떤 것이 우리에게 중요하면 그것은 어떤 식으로든 우리에게 동기를 부여하기 때문이다. 동기는 정서가 아니다. 따라서 정서적 욕망과 달리 그 경로가 너무 좁을 것 같지는 않다. 이 장의 나머지에서 우리는 동기적 의미에서의 욕망을 살펴볼 것이다.

동기적 의미에서 볼 때, 욕망은 행동과 직접적인 연관이 있다. 반대의 욕망이 있거나 의지가 약한 게 아니라면 욕망은 우리를 행동으로 이끈다. 따라서 욕망과 행동 사이에는 인과관계가 있다. 현재의 동기적 욕망은 미래의 행동을 불러일으킨다.

욕망과 동기는 항상 현재나 과거가 아니라 미래를 향하고 있다. 과거의 일이 다른 식으로 일어났기를 바랄 수는 있지만, 그렇다고 해서 우리에게 과거를 변화시키려는 동기가 생기는 건 아니다. 물론 과거의 일이 그런 식으로 일어나지 않았기를 바랄 수는 있지만 그것은 과거를 변화시키려는 동기가 부여된다기보다는 과거를 아쉬워하는 의미가 크다. 현재의 사건이 계속되기를 바라는 건 말이 되지만, 그것은 그 사건이 미래까지 계속되기를 바라는 것이다.[3] 욕망은 항상 미래의 사건을 지향한다.

동기적 욕망을 정서적 욕망과 혼동하면 동기적 욕망의 미래지향적 특성을 놓치고 못 볼 수가 있다. 현재 다른 사람을 욕망하는 것은 정서적인 의미에서만 가능하다. 우리가 누군가를 그리워하거나 갈망하는 것은 정서적인 의미에서 그러하다는 것이다. 우리는 또한 욕망과 비슷한 정서, 예를 들어 뭔가를 좋아하거나 즐기는 것과 동기적 욕망을 혼동하면 안 된다. "내가 즐길 수 있는 것은 (…) 내가 이미 갖고 있는 것들이지만, 내가 원할 수 있는 것은 내가 아직 갖고 있지 않은 것들뿐이다."[4]

미래지향적인 특성 때문에 욕망은 가치 있고 소중한 것을 찾는 데 하등 쓸모가 없는 지침이 된다. 실제적 욕망은 우리가 욕망하는 사태든 우리가 미처 욕망을 구성하지도 않은 사태든 우리에게 충분한 정보가 없기 때문에 가치를 알아보는 데 별 도움이 안 되는 지침이다.[5] 이것은 두 가지 문제를 발생시킨다.

첫째, 판단착오 문제Misjudgment Problem이다. 어떤 일이 일어나기를 바랐는데 그 일이 일어나고 보니 그만한 가치가 없음을 깨닫게 된 경험은 누구나 있을 것이다. 욕망 이론에 따르면, 미래에 어떤 일이 일어나기를 바라는 것은 현재 우리가 욕망하는 일이 일어났을 때 그 일이 우리에게 중요하다는 뜻이다. 그 일이 일어났을 때 그 사건이 우리 욕망을 충족시키기 때문이다. 하지만 우리의 욕망이 충족되었다는 것을 알게 되면 그 일은 우리에게 진정으로 중요한 일이 아닌 상황이 된다. 따라서 이 이론의 예측은 틀렸다.

둘째, 우연의 문제Happenstance Problem이다. 위의 경우와 반대로, 어떤 상황을 바라는 특정 욕망이 없었는데 그 일이 일어나고 보니 그것이 가치 있다는 것을 깨달은 경험도 있을 것이다. 욕망 이론에 따르면, 미래에 어떤 일이 일어나기를 현재 바라지 않는다는 것은 그 사건의 발생이 우리에게 중요하지 않다는 뜻이다. 그 사건이 일어났을 때 어떤 욕망도 충족되지 않기 때문이다. 하지만 어떤 사건이 우리가 기존에 가졌던 어떤 욕망도 충족시키지 않았는데, 우연히 실제로 우리에게 중요한 일이 되는 경우가 있다. 따라서 이번에도 이 이론의 예측은 틀렸다.

합리적 욕망

현대 철학에서 가장 영향력 있는 가치이론인 정보기반 욕망 이론

또는 합리적 욕망 이론은 위의 두 문제를 피할 수 있다. 예를 들어 제임스 그리핀은 우리에게 중요한 것은 "대상의 진정한 본성을 잘 알고 있었더라면 우리가 가졌을 욕망을 충족시키는 것이다"라고 주장한다.[6] 리처드 브랜트는 그의 글에서 이렇게 주장한다.

어떤 사람에게 면밀한 인지요법cognitive psychotherapy을 행한 후에도 욕망, 혐오, 쾌락이 남아 있거나 새로 생겼다면, 나는 그 욕망, 혐오, 쾌락을 '합리적'이라고 하겠다. 기존 사실들을 바탕으로 명확하게, 반복적으로 내릴 판단과 양립할 수 없다면 나는 그 욕망을 '비합리적'이라고 하겠다. 이것이 의미하는 것은 합리적 욕망(같은 것들)은 진실을 알게 되더라도 사라지지 않거나 심지어 생겨날 수 있지만, 비합리적 욕망은 그렇지 않다는 것이다.[7]

브랜트는 "선택에 필요한 정보를 빈틈없이 생생한 방식으로 적절한 때 반복적으로 제시함으로써 욕망에 직면시키는 전체 과정"을 '인지요법'이라고 불렀다.[8] 그런데 어떤 철학자들은 모든 정보가 주어졌을 때 '우리가 품을' 욕망을 합리적 욕망으로 보지 않는다. 대신, 모든 정보가 주어졌을 때 '우리 자신이 품기를 바라는' 욕망, 또는 '우리 자신에게 품으라고 충고해줄' 욕망을 의미한다고 한다. 피터 레일턴은 다음과 같이 썼다. "한 개인의 선good이란 그 사람과 그 사람의 상황에 관해 충분하고 생생한 정보가 주어지고 인식의 오류나 도구적 합리성의 착오도 전혀 없는 관점에서, 그 사람이 자신의 현재 상태를 숙고한 끝에 원하거나 추구하기를 바랄 일들이다."[9]

합리적 욕망 이론은 완전하고 생생한 정보를 활용하여, 충족된 후에는 가치 없어질 욕망을 **제거함으로써** 판단착오 문제를 해결한다. 아주 간단한 예로, 현재 맥주와 피자와 담배를 원하는 비흡연자가 있다고 생각해보자. 이 세 가지는 그의 실제적 욕망이다. 중독이나 허약한 의지는 논외로 하고, 만일 그가 담배를 처음 한 모금 빨았을 때의 호흡곤란, 흡연이 건강에 미치는 영향에 관한 정보가 빠짐없이 생생하게 주어지는 가설적 관점에서 자신의 상황을 숙고할 수 있다면, 그는 담배를 피우려는 욕망을 포기할 가능성이 크다. 그렇다면 그의 합리적 욕망은 맥주를 마시고 피자를 먹는 것이 될 것이다.

합리적 욕망 이론은 완전하고 생생한 정보를 활용하여, 충족되었을 경우 가치가 있으리라고 판단할 욕망을 **추가함**으로써 우연의 문제도 해결한다. 앞의 사례로 돌아가서, 웨이터가 그 비흡연자에게 실수로 시금치 샐러드를 가져다줬다고 해보자. 원래는 시금치 샐러드를 원하지 않았지만 그 사람은 그것을 먹어보고 좋아하게 된다. 이것은 우연이다. 합리적 욕망 이론에 따르면, 그가 시금치가 맛이 좋고 건강에 좋다는 정보가 빠짐없이 생생하게 주어지는 가상의 관점에서 자신의 상황을 숙고했을 경우, 그에게는 샐러드를 먹겠다는 욕망이 생겼을 가능성이 크다. 그의 실제적 욕망은 맥주와 피자와 담배이다. 반면 그의 합리적 욕망은 맥주와 피자는 계속 포함하되 흡연은 버리고 샐러드는 추가하는 것이 될 것이다.

그런데 명심해야 할 아주 중요한 사실이 있다. 합리적 욕망 이론에서는 우연의 문제를 해결하기 위해서 실제로는 우리에게 없는 가설적 욕망을 추가해야 한다. 합리적 욕망은 우리에게 완전하고 생생한 정보가 주어질 경우 느꼈을 가설적 욕망, 즉 상상의 욕망이다. 그것들은 진짜 욕망, 우리를 행동으로 이끌 욕망이 아니고, 특히 미래의 행동을 향한 실제적, 진짜 욕망이 아니다. 합리적 욕망은 미래의 사건에 대한 가설적 욕망이다. 하지만 가설적 욕망을 욕망이라고 부를 수 있다 하더라도 그것은 평범한 욕망은 아니다. 합리적 욕망은 욕망이라기보다는 우리에게 완전한 정보가 주어졌을 경우 혹은 합리적 환경에 처했을 때 우리가 원하는 것이 무엇일지를 말해주는 **예측**이나 **가설**인 듯하다.

판단착오 문제를 피하려면 우리의 합리적 욕망이 실제적 욕망, 기존 욕망들에서 가치 없는 욕망들을 제거한 부분집합이기만 하면 된다. 그래도 실제적 욕망들의 부분집합은 여전히 실제적 욕망, 동기적 욕망으로 이루어진 집합일 것이다. 합리적 욕망은 동기, 중요성, 그리고 삶의 의미와의 심리적 연관성을 그대로 간직할 것이다. 하지만 우연의 문제를 피하려면 합리적 욕망 이론은 실제로 갖고 있지 않은, 이미 존재하는 욕망이 아닌 다른 욕망을 추가해야 한다. 우리는 이런 욕망들을 실제로 갖고 있지 않기 때문에, 그 욕망들이 우리에게 실제로 동기를 부여할 수가 없다. 많은 합리적 욕망들은 우연의 문제를 피하기 위해 만들어지긴 했지만, 단지 가설적 욕망에 지나지 않을 것이다. 가설적 욕망에는 동기, 중요성, 삶의 의미와의 심리적 연관성이 없다.

이 문제는 합리적인 2차 욕망second-order desires을 고려하라는 레일턴의 제안을 따른다고 해도 피할 수가 없다. 그는 합리적 환경에서 우리가 원하는 것이 아니라 우리 자신이 원하기를 원하는 것을 고려하라고 권한다. 앞에서 말했듯이, 합리적 환경이라면 우리가 품기를 원하는 어떤 욕구는 우리가 실제로 품기를 원하는 욕구가 아니다. 그래서 우리는 실제로 갖고 있지 않은 이런 가설적 2차 욕구를 추가해야 한다. 다시 말하지만, 실제 환경에서 어떤 사건이 일어나기를 실제로 우리가 원하기를 원하지 않는데, 왜 이상적인 환경에서라면 어떤 사건이 일어나기를 우리가 원하기를 원하리라는 것을 신경 써야 한단 말인가?

실제적 욕망 이론의 한 가지 강점은, 우리가 어떤 사건의 상태를 추구하도록 동기가 부여되는 이유를 설명할 수 있다는 것이다. 따라서 그것은 그런 상태가 왜 우리에게 중요한지를 설명해주고 왜 그 상태가 우리에게 의미 있게 느껴지는지를 설명해준다. 욕망을 충족시키는 것이 사람들에게 동기를 부여한다면, 그 욕망을 충족시키는 것은 그들에게 중요한 일이다. 욕망의 충족이 그들에게 중요하다면, 그 욕망의 충족은 의미 있게 느껴진다. 하지만 안타깝게도, 실제적 욕망 이론은 초점이 미래에 있다는 사실 때문에, 삶의 의미로 안내하기에는 너무 불확실한 지침이다. 이 문제를 해결하려는 합리적 욕망 이론은 의미 있다는 느낌과 직접적인 심리적 연관성이 없다. 그런데 어떤 사건이 일어나기를 바라는 실제적 욕망만이 그 상황이 우리에게 의미 있다는 느낌을 줄 수 있다.

합리적 욕망은 무엇이 진정으로 가치 있는가를 더 잘 설명할 수 있는 반면, 실제적 욕망은 무엇이 가치 있게 느껴지는가를 더 잘 설명할 수 있다. 다시 말하면, 우리는 진짜 중요한 것과 중요하게 느껴지는 것이 일치하지 않음을 알게 된 것이다. 진실과 느낌 사이의 갈등을 해결하는 것은 진정으로 중요한 것을 찾으려는 철학적 탐색이 맞닥뜨린 가장 어려운 문제이다.

7
이성

나는 맛좋은 어떤 과일이라도 욕망할 수 있지만, 누군가 내 선택이
틀렸다고 나를 확신시킨다면 내 열망은 사라진다.

-데이비드 흄, 《인간 본성에 관한 논고》[1]

욕망과 욕구는 인간 행동의 근본적인 동기이고, 어떤 면에서 사람
들은 오직 자신이 원하는 것만 실행한다는 욕망충족 이론은 어느 정
도 진실을 담고 있지만 많은 것을 빠뜨리고 있다. 삶의 의미에 관한
욕망충족 이론은 사람들이 그 욕망을 가진 이유를 고려하지 않는다.
그리고 한 인간의 욕망은 고정되어 있고 변하지 않는다는 관점을 취
한다. 하지만 우리의 욕망이 고정되어 있고 변하지 않는다는 이 관점
은 옳지 않다. 우리의 욕망을 결정짓는 것은 인간의 본성이 아니며,
이 사실을 보여주는 증거는 아주 많다.

변화하는 욕망

우리의 욕망은 시간이 흐름에 따라 변한다. 어렸을 때 우리는 부모

님과 함께 놀고 여러 가지 일도 함께 하기를 원한다. 청소년기가 되면 친구들과 시간을 보내기를 원하고 성sexuality에 대해 알고 싶어 한다. 중년이 되면 은퇴 이후를 위해 저금을 하려고 한다. 은퇴한 후에는 건강하고 새롭고 여유 있는 삶을 원한다.

문화와 경제적 조건에 따라서도 욕망이 달라진다. 장애인으로 태어나 집도 없이 캘커타의 길거리에서 구걸하는 삶으로 내몰린 사람이라면 기대수준이 매우 낮아서 아주 기본적인 욕구만 품을 것이다. 그 사람의 욕구는 먹고 마실 것이 충분한 상태 이상은 나아가지 못할지도 모른다. 반대로, 아주 부자로 태어난 사람은 비용이 많이 드는 취향을 형성할 것이다. 그 사람은 자신이 누리는 부에 기대수준을 맞출 것이므로 그저 충분한 음식 정도로는 만족하지 못할 것이다. 그래서 캐비어나 샴페인, 그리고 고급 레스토랑을 바랄 것이다. 아마존 열대우림 깊은 곳에 외따로 떨어진 사회에서 태어난 사람은 정글에서 구할 수 있는 물건들만 소유하고 싶어 할 것이다. 서양 소비주의에 물든 사회에 태어난 사람들은 기계나 전자제품과 인공적인 물건들을 갖고 싶어 할 것이다.

광고도 우리의 욕망을 변화시킨다. 광고업자들이 뭐라고 말하든, 그들은 우리의 욕구를 타고난 것으로 보지 않고 우리의 욕망을 선천적이고 불변하는 것으로 생각하지 않는다. 그들은 사람들이 원하는 것을 가장 싼 가격에 살 수 있는 곳을 알려주는 것만이 그들의 역할이라고 생각하지 않는다. 광고는 욕구를 만들어내기도 한다. 광고는 상품과 서비스에 긍정적인 정서적 평가를 결합시키려 시도하고, 그 시도는 대개 성공한다. 우리는 자신이 원하는 이유를 모르는 경우가 많다. 광고는 우리의 무의식을 이용하고, 이유 없는 욕망과 연상 작용에 우리가 무방비 상태라는 점을 이용한다.

우리의 욕망은 새로운 정보에도 반응한다. 우리가 원하는 것이 무엇이든 그 욕망의 속성에 대해 더 알게 되면 그 욕망은 변화하는 경향이 있다. 18세기 스코틀랜드의 심리학자이자 철학자인 데이비드 흄은 이 사실을 인정했다. 그는 훗날 경제이론에 도입된 조야한 심리학 가정들을 체계화하는 데 기여했다. 이 장의 첫머리에 인용한 글에서 흄은 우리가 처음에는 어떤 과일을 원할 수 있지만, 그것이 먹을 수 없다는 것을 알게 되면 우리의 욕망은 사라지리라는 사실을 지적한다.

욕망하는 이유

사람들이 자신의 충족시키려 노력한다는 것은 사실이지만 그것은 사소한 사실이다. 우리는 욕구충족 아래 감춰진 것을 살펴, 사람들이 그것을 원하는 이유를 검토해야 한다. 욕망과 욕구는 한 사람의 됨됨이를 설명하는 근본 요소가 아니다. 또한 욕구와 욕망은 그 사람의 가장 중요한 요소도 아니다. 사람들이 욕구를 갖게 된 데는 이유가 있는데, 보이는 것보다 더 깊은 곳에 숨어 있다. 그 이유들은 현실의 세상이나 이상적인 세상에 대한 정서나 믿음과 관련이 있다. 그리고 우리는 그 이유가 좋은지 나쁜지 평가할 수 있다.

사람들의 행동에는 대개 이유가 있다. 일반적으로 우리는 사람들이 어떤 욕구와 욕망을 가진 이유를 알 수 있다. 사람들을 특정 방식으로 행동하게 만든 동기를 이해할 수 있다는 말이다. 만약 그들의 행동에 전혀 이유가 없다면, 즉 그들의 행동에 대한 동기를 전혀 찾을 수가 없다면, 그들의 행동은 수수께끼 같거나 비합리적이거나 미친 짓으로 보일 것이다.

어떤 사람이 항상 아무 이유 없이 어떤 한 가지만 선택한다고 해보자. 그런 행동이 얼마나 비합리적으로 보일지 제럴드 가우스는 다음의 예를 통해 보여준다.

이것은 하찮아 보이는 선택에서도 분명히 알 수 있다. 만일 바닐라 아이스크림이 아니라 항상 초콜릿 아이스크림을 고르는 사람이 있는데, 그 사람이 초콜릿을 더 좋아하지도 않고, 초콜릿 색깔을 더 좋아하는 것도 아니고, 초콜릿을 좋아하는 애인에게 잘 보이려고 하는 것도 아니고, 결정을 내리는 데 들이는 시간을 아끼기 위해서도 아니라고 생각해보자. 그 사람은 아무런 이유도 없이 항상 초콜릿을 고르는 것이다. 이런 경우를 나는 합리적 행동이 아니라 신경증적인 행동에 훨씬 더 가깝다고 본다.[2]

누군가가 항상 자신의 욕구를 채우기 위해 행동한다고 해도, 그 사람은 어떤 이유가 있어서 그것을 원하는 것이다. 욕망하는 이유가 없는 사람은 심리적으로 건강한 사람이 아닐 것이다.

이것은 욕망과 욕구와 선호 아래 숨어 있는 이유가 나쁜 것일 때 가장 쉽게 알 수 있다. 시시포스의 신화를 떠올려보자. 그리스신화에서 코린트의 첫 번째 왕이었던 시시포스는 신들에게 불경스럽게 굴었다. 노한 신들은 무한한 시간 동안 시시포스에게 커다란 바윗돌을 언덕

위로 굴려 올리라는 형벌을 내렸다. 그런데 그 바윗돌은 꼭대기까지 올라가서는 다시 바닥으로 굴러 내려왔다. 시시포스의 형벌은 고된 노동이 아니라 그의 삶이 전혀 의미가 없다는 사실이었다. 시시포스의 신화는 의미 없는 삶을 상징하게 되었다.[3] 이제 이 신화를 개작한 사고실험을 생각해보자.

신들이 시시포스에게 이러한 벌을 내리긴 했지만, 다시 생각한 끝에 심술궂고도 자비롭게 그에게 강하고 비합리적인 충동을 심어주었다고 해보자. 즉 바위를 굴리고 싶은 이길 수 없는 충동을 심어준 것이다. 이야기에 현실감을 주기 위해 신들이 시시포스에게 성격과 욕구를 조종하는 어떤 물질을 주입함으로써 그런 효과를 거두었다고 생각해도 좋겠다. (…) 이제 내가 심술궂다고 한 신들의 추가적인 벌이 왜 사실은 자비로운 것인지 이해가 갈 것이다. 그런 장치를 마련해줌으로써 신들은 시시포스가 원하는 정확한 조건을 만들어주었기 때문이다. 즉 신들이 시시포스에게 고통을 주려고 내린 벌이 바로 그가 원하는 일이 되게 한 것이다. 그렇지 않았으면 그는 그 벌이 끝나기를 바랐겠지만 (…) 이제 그의 삶은 임무와 의미로 충만해지게 되었다.[4]

이렇게 개작한 두 번째 신화에서 시시포스는 자신의 욕구를 충족시킨다. 하지만 그래서 그의 삶에 의미가 생긴 것일까? 그에게는 더 의미 있게 느껴질지는 모르지만, 정말 그런 걸까? 문제는, 두 번째 시시포스의 욕구와 욕망 아래 있는 것은 '이상하고 비합리적인 충동'이라는 것이다. 이 충동은 두 번째 시시포스가 바위를 굴리고 싶어 하는 욕망의 이유이고, 그것은 바람직한 이유가 아니다. 이상하고 비합리적이기 때문이다. 욕구와 욕망은, 실제로 우리가 그것을 느낀다 하더라도 항상 삶의 의미로 안내하는 바람직한 지침은 아니다. 그러므로 욕구를 느낄 때 그 이유를 살펴보고, 그 이유가 바람직하지 않을 수도 있다는 것을 명심해야 한다.

요컨대 우리의 경제시스템을 떠받치고 있는 이데올로기의 일부인 욕구와 욕망 중심의 시각을 받아들이면 안 된다는 것이다. 우리는 의미 있는 삶을 누리기 위해 최대한 충족시켜야 하는 불변의 욕구를 갖고 있는 게 아니다. 우리가 선호하는 것은 고정되어 있는 것이 아니라, 조건에 따라 달라진다. 우리가 바라는 것 뒤에는 이유가 있다. 이유가 없다면 그 욕구와 욕망은 신경증에 의한 것이거나 비합리적인 것이다. 그 이유들은 좋은 이유일 수도 있고 나쁜 이유일 수도 있다. 따라서 중요한 것의 원천은 욕망 자체가 아니라 욕망의 이유이다.

정서와 이유

욕망의 이런 이유들은 어떤 종류일까? 경제학의 욕망/선호 심리학 이론에 한정될 필요는 없다. 그런 이론은 결론을 내려야 하는 정확하고 수학적인 모델을 만들어내는 데는 매력적이겠지만, 현실 속 사람들의 실제 정신적 삶은 제대로 설명하지 못한다. 실제 사람들에게 동기를 유발하는 정신적 태도는 광범위하기 때문에 분명하게 욕망으로 분류할 수는 없다. 사람들은 취향, 정서, 목표, 의도, 계획, 목적이 있고, 그들의 삶을 이끌어갈 방식에 맞춰 이 요소들을 심사숙고해서 적절히 활용한다. 심사숙고의 범위는 사람들에게 중요한 것, 그리고 여러 방면에서 중요한 것들로 넓게 펼쳐져 있다. 흔히 심사숙고는 어떤 일을 하려는 욕망으로 귀결된다. 심사숙고의 산물은 희미한, 동기적 의미에서의 욕망이다.[5] 하지만 그런 욕망 뒤에는 이유가 있다. 이유가 없는 욕망은 신경증의 결과일 것이다.

흔히 우리의 욕망은 정서적 삶에서 일어난다. 뭔가를 획득하려는 이유는 우리가 그것을 즐기고 좋아하고 높이 평가하고 사랑하고 자랑스러워하고 그것에 즐거움을 느끼기 때문이다. 우리가 뭔가를 피하고 싶은 이유는 우리가 그것을 미워하고 경멸하고 무서워하고 부끄러워하고 그것이 걱정을 불러일으키기 때문이다. 연관성이 항상 직접적인 것은 아니다. 질투 같은 정서는 상처를 주거나 험담을 하거나 지위를 빼앗는 등 다양한 욕구로 이끈다. 이러한 욕구는 질투의 대상을 그냥 피하려는 욕구보다 더 미묘해서 드러나지 않는다. 때로는 정서와 동기의 연관성도 아주 간접적일 수 있다. 배우자에 대한 사랑이 없으면 빗속을 뚫고 심부름을 해주지 않겠지만, 사랑하기 때문에 그런 일을 해주는 것이다. 욕구와 욕망을 설명하거나 합리화할 때, 우리가 살펴보는 것은 정서생활이다. 직접적이든 간접적이든 우리의 정서는 우리가 원하는 것들의 이유이다. 그런데 정서는 환경에 따라 달라지고 욕구는 정서에 따라 달라진다.

정서적 면이 우리의 욕구와 욕망의 원인을 설명한다면, 우리에게 중요한 것, 즉 삶의 의미로 안내하는 지침으로서 정서를 살펴보는 것이 우리가 취해야 할 길이라는 게 분명해진다. 우리에게 중요한 것들은 항상 우리의 정서와 연관되어 있기 때문이다. 욕망하는 것과 중요한 것 사이의 구조적 차이를 좀 더 살펴보면 욕구와 욕망이 중요한 것으로 안내하기에 너무 취약하다는 증거가 더 많이 드러난다.

욕망은 동기와 직접 관련이 있고, 동기는 행동을 지향하고, 그 행동은 **미래에** 일어날 사건이나 사태와 관련이 있다는 사실을 떠올려보라. 동기적 욕망은 항상 어떤 사건이 일어나기를 바라는 것이다. 우리는 어떤 대상을 직접 원하는 것이 아니라, 그 대상을 손에 넣기를 원하거나 보기를 원하거나 소유하기를 원하는 것이다. 욕구와 욕망은 동기이기 때문에 그것들은 항상 미래의 사건이나 사태를 지향한다. 이 때문에 우리가 원하는 것과 우리에게 실제로 중요한 것 사이에는 구조적으로 두 가지 차이가 발생한다.

첫 번째 차이는 이것이다. 원하는 것과 달리, 중요한 것은 미래의 사건과 사태에만 한정되지 않는다. 현재나 과거의 사건들 모두 우리에게 중요할 수 있다. 지난주에 했던 공원에서의 즐거운 산책은 그 사람에게 중요할 수 있다. 하지만 오늘 일주일 전에 했던 그 산책을 원할 수는 없다. 우리는 미래의 사건만 원할 수 있기 때문에 과거의 산책을 원할 수는 없는 것이다. 과거에 산책을 해서 기쁘게 생각할 수 있고, 그것을 더 오래 했으면 좋았겠다고 생각할 수 있고, 그때 그 산책을 즐겼을 수도 있고, 좀 더 일찍 산책하기를 원했을 수도 있고, 즐겁게 다시 한 번 산책하기를 바랄 수도 있다. 하지만 과거의 산책을 지금 원한다는 것은 조리에 맞지 않는다.[6]

두 번째 구조적 차이는 이것이다. 우리에게 중요한 것들은 사건과 사태뿐 아니라 물건과 사람도 포함되고, 따라서 두 가지 모두 합해진 것도 포함된다. 하지만 물건과 일을 우리가 직접 욕망할 수는 없다.

우리가 뭔가를 욕망한다는 것은 우리가 그것으로 어떤 관계를 맺거나 그것으로 뭔가를 하기를 욕망한다는 것을 줄인 말이다. 전시장에 있는 고급 차를 원한다는 것은 그것을 사거나 빌리거나 운전하고 싶다는 말이다. 차를 직접 원하는 것은 아니다. 또한 우리는 앞에서 얘기한 순수하게 동기적인 의미로 타인을 직접 원하거나 욕망할 수 없다. 우리가 누군가를 원한다는 것은 그 사람과 시간을 함께 보내거나 만나거나 이야기를 나누고 싶다는 것을 줄여서 하는 말이다(하지만, 성적으로 강렬한 감정을 담아 누군가를 원하거나 욕망한다고 말할 수는 있다. 원하는 것의 정서적 의미는 육욕이나 강렬한 그리움과 비슷하다). 이처럼, 원하는 것은 사건과 사태에 한정되어 있는 반면, 우리에게 중요한 의미가 있는 것은 사물, 사람, 공동체까지 포함할 수 있다.[7]

원하는 것은 부적당한 구조이기 때문에, 근원적 가치판단 행위가 될 수 없다. 욕구는 근본적인 것이 아니며, 타고나거나 불변하는 것도 아니다. 우리의 욕구와 욕망에는 항상 이유가 있다. 욕망에 대한 이유를 설명할 때, 일반적으로 그 설명은 우리의 정서적 삶에 대한 진술을 포함한다. 그렇다면 아마 욕구가 아니라 정서가 근원적 가치판단 행위이고, 가치를 찾을 수 있는 적절한 지침일 것이다. 욕구와 욕망과 달리 정서는 분명히 가치로 안내할 만한 적절한 구조를 갖고 있으니 말이다.

먼저 정서는 미래뿐 아니라 과거와 현재를 지향할 수 있다. 우리는 미래의 사건을 두려워하거나 걱정하거나 기대할 수 있다. 그뿐 아니라 현재의 순간을 좋아하고 즐기고 싫어하고 지루해할 수도 있고, 과거의 사건을 소중하게 여기거나 싫어하거나 슬퍼할 수도 있다.

둘째, 정서는 미래의 사건, 활동, 사태뿐 아니라 사물, 사람, 공동체를 향할 수도 있다. 우리는 자연물을 보고 감탄하거나 두려워하거나 경외감을 느낄 수 있다. 어떤 사람을 사랑하거나 숭배하거나 존경하거나 경멸할 수도 있다. 그리고 우리의 공동체에 의무감을 느낄 수 있고 답답함을 느낄 수도 있다.

삶의 의미를 찾는 우리의 탐색은 미래에만 결실을 얻는 목적을 찾는 게 아니라 지금 본질적으로 중요한 의미가 있는 것을 찾는 것이다. 욕망을 충족시키는 경로는, 5장과 6장에서 논의한 이유로 부적절한 길이다. 원하는 것을 얻는 것만이 의미 있는 삶으로 이끌어주리라는 생각은 버려야 한다. 우리가 원하는 것을 얻는 것은 의미의 원천이 아니다. 대신, 우리는 정서를 통해 삶의 의미로 가는 길을 찾을 것이다.

8
정서

화가 날 때 나는 사실 격정에 사로잡혀 있고, 그 정서는 목이 마르
거나 메스껍거나 기분이 황홀할 때와 마찬가지로 다른 어떤 대상과도
관계가 없다.

-데이비드 흄, 《인간 본성에 관한 논고》[1]

우리는 삶의 의미에 관한 두 가지 방식의 질문을 살펴봤다. 하나는
삶이 목적을 갖고 있는지를 묻는 질문이고, 다른 하나는 진정으로 중
요한 것이 있는지를 묻는 질문이다. 첫 번째 방식은 철 지난 방식으로
서, 아리스토텔레스와 중세 교부철학자들이 추구한 방식이다. 이 방
식은 삶의 목표의 기준이 될 초월적인 목적을 찾는 것이다. 무신론자
들은 이런 우주적 목적을 탐색하는 방식을 버리고, 두 번째 방식을 받
아들여 진정으로 중요한 것을 탐색해야 한다. 우리는 이 탐색의 결과
를 바탕으로 삶의 목표를 정할 수 있을 것이다.

우리는 진정으로 중요한 것이 무엇인가라는 질문에 대해 자아실현,
쾌락 경험, 욕망충족을 가능한 답으로 보고 살펴봤지만, 모두 부적절
하다는 것을 밝혀냈다. 자아실현 이론은 인간의 잠재력을 개발하는

것이 왜 우리에게 중요한지 설명하지 못한다. 쾌락의 경험은 우리에게 중요하지만, 중요한 것은 그 외에도 많다. 또한 우리는 어떤 일이 일어난 것처럼 보이는 것이 아니라 실제로 일어나기를 바란다. 욕망을 채우는 것은 우리에게 중요한 일이고, 우리는 감각뿐 아니라 더 많은 것을 욕망할 수 있지만, 마찬가지로 욕망을 충족시키는 것만이 중요한 것은 아니다. 욕망은 항상 미래의 사건을 지향한다. 하지만 중요한 것은 사건뿐 아니라 사람과 사물도 포함한다. 또한 미래뿐 아니라 현재와 과거의 사건과 사람과 사물까지 포함한다.

정서의 복잡성

정서는 삶의 의미로 안내하는 올바른 구조를 갖고 있다. 우리가 뭔가를 사랑하고 미워하고 숭배하거나 경멸한다면 그것은 우리에게 중요한 의미가 있는 것이다. 뭔가가 우리에게 중요하려면 우리의 감정과 연관이 있어야 한다. 정서는 우리의 마음속 내용만을 향하는 것은 아니다. 우리가 고통을 두려워하고 쾌락을 즐기는 것은 사실이지만, 다른 한편 우리는 곰을 두려워할 수도 있고 그림 그리기를 즐길 수도 있다는 것이다. 우리는 미래에 일어날 사건을 두려워할 수도 있다. 하지만 과거와 현재의 사람과 사건을 높이 평가할 수도 있다. 우리의 정서는 미래의 사건만 지향하지 않는다는 것이다. 정서는 우리의 욕구 저변에 있는 이유이다. 정서는 우리가 원하는 것을 왜 원하는지 설명할 때 우리가 언급하는 것들이다.

정서는 매우 복잡해서, 그 복잡성을 무시하면 잘못된 방향으로 갈 수 있다. 정서가 복잡한 이유는 정서가 정신의 다양한 면을 한데 묶기 때문이다. 정서와 관련한 뇌의 메커니즘을 연구한 조지프 르두는 정서는 "정신적 삶을 한 데 묶는 실"이라고 썼다.[2] 이렇게 결합하는 역할 때문에 정서는 정신적 현상이 갖고 있는 측면을 모두 갖고 있다. 정서는 의식적이고 정서적이고 경험적인 측면, 집중하고 인지하고 평가하는 측면, 동기적 측면, 그리고 심리적, 육체적 측면을 갖고 있다.

스릴, 고통, 격통 또는 훈훈한 느낌 같은 정서가 단순한 감각이라면 그것은 즐거운 경험이나 고통스러운 경험과 마찬가지로 삶의 의미로 안내하는 좋은 지침이 되지 못할 것이다. 또는 정서가 유압액처럼 의식으로 떠오를 때까지 억눌려 있는 무의식적 충동이라 해도 정서는 삶의 의미와 무관할 것이다. 정서라는 것을 이렇게 간단하게 생각한다면, 정서가 어떻게 진정으로 중요한 것으로 안내할 수 있는지 알아내지 못할 것이다.

정서는 삶의 의미로 안내하는 최고의 후보일 수도 있지만, 여전히 오류를 범할 수 있는 안내자이다. 허기의 고통은 오류일 수가 없다. 그냥 허기가 지는 것이다. 반면 정서는 온갖 잘못된 방향으로 갈 수가 있다. 화, 질투, 기쁨까지도 우리가 처한 환경에 대한 부적절한 반응일 수 있다. 정서를 단순한 감정으로 생각한다면, 그것이 부적절하고 잘못될 수 있는 여러 경우를 놓칠 것이다. 다음은 정서의 복잡성을 간단히 살펴본 내용이다.

지향

대부분의 정서는 어떤 것을 지향한다. 실재하는 것이나 상상하는 것, 현재의 것, 미래의 것일 수도 있다. 우리는 자신을 높이 평가하고 다른 사람들을 존경하고 과거에 이룬 일을 자랑스러워하고 미래에 일어날 일을 기대한다. 이것은 철학자들이 '지향성'이라고 하는 심리적 현상의 특징이다. 정서는 과거, 현재, 미래 그리고 실제와 가상의 사물, 사람, 사건과 관련된 것이다. 이 장의 첫머리에서 흄은 정서가 '다른 어떤 대상과도 관계가 없다'고 했지만, 그의 말은 확실히 틀렸다.

때로 우리는 감정이 실제로 무엇을 지향하는지도 모른 채 그 감정을 느낄 수 있다. 특별히 어떤 사람에게 화가 나는 것도 아닌데 짜증이 날 수도 있다. 짜증, 우울함 또는 뭔지 모를 초조함 같은 기분은 무엇이든 대상이 될 수 있다. 때로는 감정을 해결하려면 그것이 어떤 것에 관한 것인지 알기만 하면 된다. 또한 감정의 원인만 알면 그 감정이 해결되는 경우도 있다.

인과관계

정서는 일반적으로 가장 직접적인 환경에 반응한다. 우리 주위에 있는 사람들의 행동과 일들이 우리에게 정서적 반응을 일으키는 것이다. 우리의 정서는 먼 곳의 상황에는 덜 반응한다. 그래서 먼 나라의 국민들이 처한 곤경보다는 우리 친구와 이웃들의 문제에 더 쉽게 반응한다. 그리고 은퇴, 노후, 죽음보다는 바로 뒤에 올 미래를 더 걱정하고, 먼 미래의 후손보다는 우리 자식들이 더 중요하다.

많은 경우 우리의 정서가 지향하는 사람이나 일이 그 정서의 원인이기도 하다. 예를 들어 누군가 동료에게 화가 났다면 그것은 그 동료가 한 일 때문일 것이다. 하지만 정서의 대상이 원인이 아닌 경우도 있다. 예를 들어 동료에게 화가 난 이유가 전날 밤 잠을 설쳤기 때문일 수도 있는 것이다. 또는 그 동료를 보면 아버지가 생각나서 화가 나는 경우도 있을 수 있다. 사실을 깨닫지도 못하고 동료에게 화를 낼 수도 있는 것이다.

수면부족이나 해결하지 못한 어린 시절의 가족문제가 원인이라 할지라도 화는 실제로 일어나는 감정이다. 정서의 원인을 아는 것은 그 정서가 적절한지를 판단하는 데 도움이 된다. 만일 어떤 사람이 동료에게 화가 난 이유가 오직 자신의 수면부족이라면 그 사람의 화는 정당하지 않다. 수면부족과 동료가 한 일 두 가지 모두가 화의 원인인 경우도 있을 수 있다. 이때는 화를 내는 것이 타당하다고 할 수도 있다. 그렇지만 이런 복잡한 판단을 내리기 위해서는 정서의 직간접적인 원인을 살필 수 있는 통찰력이 있어야 한다.

느낌

우리는 가끔 정서를 가리켜 대개 '느낌feelings'이라는 단어를 쓴다. 그래서 사랑의 느낌 또는 존경이나 경멸의 느낌에 대해 얘기한다. 또한 내면의 감각과 의식적 경험을 말하기 위해 '느낌'이라는 단어를 사용하기도 한다. 그래서 통증이나 허기, 갈증의 느낌에 대해 얘기한다. 쓰라린 느낌, 갉아먹는 느낌, 두근거리는 느낌 같은 정서의 내면적 감각도 얘기한다.

'느낌'의 이 두 가지 의미를 아는 것은 무척 중요하다. 이 두 가지를 혼용하면 그 둘을 똑같은 것으로 생각하기 쉽다. 그러면 우리는 정서를, 정서에 수반되는 쓰라리고 갉아먹고 두근대는 느낌 같은 내면의 감각에 불과하다고 생각할 수 있다. 하지만 정서는 정서의 일부인 의식적 경험과 똑같은 것이 아니다. 정서는 그것보다 훨씬 복잡하다.

먼저, 내면의 감각은 아무것도 지향하지 않지만 정서는 지향하는 것이 있다. 갈증이나 허기 같은 내면의 감각은 그 자체로 완결적인 의식경험이다. 그런 감각은 무엇에 대한 감각이 아니다. 정서에 동반하는 아픔, 고통, 한기도 그냥 감각일 뿐 무엇을 향하는 것이 아니다. 하지만 깊은 정서는 어떤 사물 또는 누군가를 지향하고 있다. 산의 크기나 고래의 위력에 두려움을 느낄 때, 우리의 정서는 거기에 동반되는 스릴 이상의 것이다. 정서는 그냥 내면의 감각에 불과한 것이 아닌 것이다.

둘째, 내면의 감각은 그것만으로는 여러 정서의 차이를 분간할 수 있는 정보를 주지 않는다. 대부분의 사람들은 정서에 동반하는 내면의 감각을 통해 화, 기쁨, 슬픔, 두려움, 경멸 같은 기본적인 정서를 알 수 있다. 하지만 이런 기본적인 정서에서 더 복잡한 정서를 추론해낼 수는 없다.

당혹감과 수치심이라는 유사한 정서를 생각해보자. 어떤 사람이 다른 사람의 신문을 가지고 걸어 나갔는데, 첫 번째 경우는 실수였고 두 번째 경우는 의도적이었다고 하자. 그때 사람들이 그를 쳐다봤을 때, 얼굴이 화끈해지는 느낌은 두 경우가 같을 것이다. 당혹감과 수치심을 구별하려면, 왜 그가 남의 신문을 가져갔는지를 알아야 한다. 단순히 조금 정신이 없어서 실수로 가져갔다면 그때의 정서는 당혹감이고, 고의로 가져갔다면 그때의 정서는 수치심이다.

셋째, 우리는 의식적인 내면의 감각을 경험하지 않고도 정서를 가질 수 있다. 누군가에게 화가 났을 때는 신경이 곤두서고, 복잡하고, 흥분된 감각이 수반되지만, 이런 감각을 느끼지 않으면서도 어떤 사람에 대해 오랫동안 냉담하게 화가 나 있을 수 있다는 것이다. A가 B에게 화가 나 있다면, B에 대한 A의 태도에도 영향이 와서 B의 장점은 눈에 잘 안 보이고 단점은 더 잘 보일 것이다. 그런 태도는 A의 선택과 행동에도 영향을 미칠 것이다. A는 B에 대해 자신이 화가 나 있다는 것을 자신의 사고 유형과 행동에 주의를 기울여야 알 수 있다. 하지만 어쨌든 A는 분노의 느낌을 지니지 않으면서도 화가 나 있을 수는 있다.

넷째, 우리는 내면의 감각보다는 정서에 대해 훨씬 오해할 가능성이 크다. 사랑에 빠지지 않았는데도 사랑에 빠졌다고 생각할 수 있고, 사랑에 빠졌는데도 그렇지 않다고 생각할 수 있다. 사실은 자신이 죄책감을 느끼고 있는데, 화가 나 있는 것으로 잘못 생각할 수도 있다. 그리고 수치심과 당혹감을 혼동할 수 있고, 부러움과 질투를 혼동할 수 있다. 하지만 내면의 비슷한 감각은 그렇게 혼동하지 않는다. 배고 픔이나 메스꺼움 또는 통증을 느낄 때 우리는 그 느낌이 확실하다는 것을 안다. 그 감각을 뭐라고 하는지는 배워야 할지 모르지만 어떤 감각을 다른 감각과 혼동하지는 않는다.

로버트 솔로몬이 《열정들: 감정과 삶의 의미》에서 언급한 이러한 이유로,[3] 정서는 단순한 느낌 이상의 것이다. 정서는 정신적 감각만도 아니다. 우리의 느낌을 안다고 해서 정서까지 알아낼 수는 없다는 것이다.

그럼에도, 느낌을 아는 것은 중요하다. 정서의 의식적이고 경험적이고 감정적이고 감지되는 측면은 중요한 측면이다. 우리가 신체적 감각에 둔감해지듯 정서의 감지되는 측면에도 둔감해질 수 있다. 사무직 노동자들은 사소한 상처에도 신경이 쓰이지만, 손을 써서 노동하는 사람들은 웬만한 상처에는 둔감해진다. 손으로 노동하는 사람들이라 해도 화상에는 예민하지만 뜨거운 음식을 다루는 사람들은 웬만한 화상은 알아채지도 못한다. 배고픔의 고통이 왔을 때 평소에 잘 먹는 사람들은 냉장고로 달려가지만 오랜 기간 제대로 못 먹은 사람들은 그것을 잘 느끼지도 못한다.

마찬가지로 자신이 처한 환경에 따라 불안이나 죄책감에 둔감해질 수 있다. 그래도 정신적 삶에 불안이나 죄책감에 수반되는 다른 측면이 포함되어 있기 때문에 불안함과 죄책감을 느낄 수는 있다. 비슷하게 기쁨과 열정의 느낌에도 둔감해질 수 있다. 정서는 지각되는 감각 이상의 것이지만, 그래도 지각되는 감각은 이런 느낌들을 어떻게 경험해야 하는지를 재학습하는 데 중요하다.

지각되는 감각의 강도는 부적절할 수가 있다. 동전 하나를 길가의 하수구에 빠뜨리고 몇날 며칠을 슬픔의 감정에 빠져 있는 사람을 생각해보라. 그의 감정의 강도는 사건에 비해 지나치다. 애인과 결별하고 아무런 슬픔을 느끼지 않은 사람을 생각해보라. 그의 무감정은 헤어짐에서 오는 상실에 비춰볼 때 부적절하다.

인지

정서에는 인지적 측면이 있다. 정서가 지향하는 대상에 관한 사실적인 믿음도 정서를 구성하기 때문이다. A가 B라는 사람을 부자라는 이유만으로 존경한다고 해보자. A의 존경심은 사실 B가 부유하다는 믿음을 근거로 하고 있다. 그런데 A는 B가 부자가 아니라 가난하다는 것을 알게 되었다. A는 B가 부유하지 않다고 믿으면서도, B가 부자라며 계속 존경한다면 A의 존경심은 신경증적인 것이 된다. 그것은 이제 존경심이 아니라 다른 어떤 것이다.

잘못된 믿음을 근거로 하면 그 정서는 잘못됐거나 부적절한 것이 된다. 위의 예에서, B가 가난하다는 사실을 A가 알아내지 못한다고 해보자. A는 B가 부유하다는 믿음에 근거해서 그를 존경하는데, A의 믿음은 틀린 것이다. A의 존경심은 그의 믿음과 일치하긴 하지만, 그 믿음이 틀린 것이다. A의 정서는 자신의 믿음과 일치하기 때문에 집착이나 신경증은 아니지만, 잘못된 믿음에 근거하고 있으므로 잘못됐거나 부적절한 것이다.

평가

정서는 평가적 측면이 있다. 평가적 믿음, 즉 우리의 정서가 지향하는 대상은 어떤 식으로든 그럴 만한 가치가 있다는 평가적 믿음도 정서를 구성하는 요소이다.

A가 B를 부유함 때문에 존경하는데, B가 거짓말과 부정, 공무원 매수를 통해 부를 이뤘다는 것을 알게 되었다고 해보자. A는 B가 부를

축적한 것이 부당하고 비도덕적이라고 생각한다. 그런데 A가 B의 행위를 존경할 만한 가치가 없다고 생각하면서도 부 때문에 B를 계속 존경한다면 A의 존경심은 신경증적인 것이 된다. 이것도 존경심이 아니라 다른 어떤 것이다.[4]

틀린 평가를 바탕으로 할 때 정서는 잘못됐거나 부적절한 것이 된다. 위의 예에서 A가 거짓이나 부정이 비열한 짓이 아니라고 생각한다고 해보자. 그러면 A는 틀린 평가를 근거로 B를 존경하는 것이다. A의 존경심은 그의 평가와 일치하지만, 그 평가는 틀렸다. 부자 친구에 대한 A의 정서는 자신의 평가와 일치하기 때문에 집착이나 신경증적인 것은 아니지만, 틀린 평가를 근거로 하기 때문에 잘못됐거나 부적절하다.

관심

정서는 관심을 집중시키는 측면이 있다. 초점과 관심의 유형은 정서를 구성하는 요소이다. 우리가 어떤 사람에게 분노를 터뜨릴 때 우리는 그에게 관심을 집중시킨다. 그 사람과 그 사람의 행동이 온통 우리의 관심을 차지한 것이다. 분노는 다른 모든 것들을 옆으로 제쳐놓기 때문에 우리는 다른 일은 아무것도 인식하지 못한다. 하지만 관심의 집중은 분노의 감정이 가라앉은 후에도 계속된다. 우리의 관심은 걸핏하면 그 사람이 일으킨 사건과 그 사람이 했던 비열한 말의 기억으로 옮겨간다. 그보다 더 중요한 것은 우리가 관심을 두지 않는 대상들이다. 속성상 관심은 선별적이기 때문에 다른 것들은 배제한다. 예를 들어 분노는 상대방의 시각으로 보거나, 그 사람의 잘못된 행동에 변명이 되거나 잘못을 누그러뜨릴 만한 요소를 간과하게 만든다.

마찬가지로, 인식의 집중이라는 자기지지 패턴self-supporting pattern은 우울증의 요소이기도 하다. 우울증이 있는 사람은 슬프고 자기비하적이고 절망적인 생각에만 몰두한다. 그가 가치 있는 사람이고 위험하지 않은 세상에서 긍정적인 미래를 가진 사람이라는 증거에는 주목하지 않는다. 그는 추론 속에서 자신의 슬픔을 뒷받침하는 결과들에만 주의를 집중한다. 다른 사람의 사소한 무례함은 모든 사람이 그를 증오한다는 암시가 된다. 작은 실패는 재앙이 임박했음을 암시한다. 왜곡된 추리 패턴 때문에 그의 우울한 기분은 계속된다.

정서가 우리의 관심을 집중시키는 것은 유익하지만, 그렇게 되면 다른 사안들을 알아차리는 것이 어려워진다. 모든 정서는 정신분석가들이 '방어기제'라고 하는 것과 약간은 연관되어 있다. 부정과 억압, 합리화의 특성이 없다면, 정서는 지금 우리가 알고 있는 그 정서가 아닐 것이다. 하지만 이런 방어기제는 지나치게 강해질 수가 있다. 사람의 정서는 그 정서에 대한 강력한 반대 증거에조차도 반응하지 않을 수 있으며, 그래서 그 정서를 유지하기 위한 어리석은 추리 패턴이 생길 수 있다. 그러면 그 사람의 정서는 적응력이 없어진다.

동기

정서는 부분적으로 동기의 이유가 된다. 심리적으로 건강한 사람들은 보통 이유가 있어서 뭔가를 원한다. 그리고 뭔가를 원하는 이유는 항상 정서와 관련이 있다. 쇼핑 자체를 즐기기 위해 상점에 가는 것처럼 어떤 동기는 본질적일 수도 있다. 또는 자신이 두려워하는 사람의 환심을 사기 위해 상점에 가는 것처럼 동기가 비본질적일 수도 있다. 하지만 두 경우 모두, 동기에 대한 이유는 그들의 정서이다. 첫 번째는 즐거움, 두 번째는 두려움.

정서는 행동으로 표현된다. 두려움, 분노, 기쁨, 혐오 같은 가장 기본적인 정서는 특유의 얼굴 표정을 만들어낸다. 좀 더 복잡한 정서들은 문화와 성격을 통해 동기를 만들어내고, 전술과 조건을 매개로 행동으로 나타난다. 하지만 여기에서도 실수의 여지가 있다. 정서를 표현하기 위해 동기부여된 방식이 부적절할 수가 있는 것이다. 예를 들어 친근한 감정은 때로 선물을 줌으로써 표현된다. 하지만 우정으로 인해 선물을 주도록 동기부여된 사람이 너무 거창한 선물을 주거나 너무 자주 선물을 주면 부적절한 동기부여라고 할 수 있다.

하지만 사회적 규범은 흔히 정서를 행동으로 표현할 때 조정하는 역할을 한다. 예를 들어 친구들 사이의 선물교환에 대해 사회마다 다양한 관습이 있다. 그래서 누군가가 부적절하게 동기부여가 되었는지, 아니면 그냥 관습을 잘못 이해한 것인지 구별하는 것이 어려울 때가 있다.

생리학

정서는 신체에서 일어난다. 정서적 반응은 보통 신체적 반응을 포함한다. 싸움이나 도망 같은 행동반응, 혈압의 변화와 털이 곤두서는 경향 같은 자율신경계의 반응, 그리고 아드레날린 분비 같은 호르몬의 반응 등이 신체적 반응이다. 이러한 신체적 반응에 대한 내부의 지각은 아마 우리의 감정이나 정서의 의식적인 경험에 큰 역할을 할 것이다.[5]

뇌의 활동은 정서를 구체화한다. 정서는 대부분 상황, 사람, 사물 등에 대한 반응이므로 대개 학습된 반응이다. 학습은 기억과 연관된다. 정서는 세 가지 유형의 기억과 연관이 있는데 각 기억은 뇌의 서로 다른 경로를 이용한다. 다음은 이런 유형의 기억을 간단히 요약한 내용이다.[6]

어떤 사람이 몇 년 전에 동네 상점에서 강도사건을 목격했다고 하자. 사람들이 총을 쏘았고 그녀는 극심한 공포에 사로잡혔다. 몇 년 후에 그녀는 총소리와 비슷한 탕 소리를 듣고 두려움의 반응을 보인다. 그녀의 정서적 반응에는 뇌의 세 가지 시스템이 연관되어 있다. 조건정서반응conditioned emotional response의 한 가지 유형은 청각시상과 편도체와 직접 연결된 신경경로와 연관되어 있다. 시상은 들어오는 정보를 일차로 처리하는 뇌 영역이다. 편도체는 변연계에 속하는 아몬드 형태의 회색물질로서 두려움의 반응을 나타내는 데 중요한 역할을 한다. 학습된 이런 반응은 빠르지만 판단력은 없다. 그래서 총소리와 다른 큰 소리를 구별하지 못할 수도 있다. 어떤 큰 소리가 나면 이 경로는 본능적인 반응과 공격–도피 반응 두 가지를 모두 유발한다.

둘째, 좀 더 느리고 판단력이 있는 시스템은 청각시상에서 전두엽 피질, 그리고 편도체로 이어지는 경로와 연관된다. 전두엽 피질은 청각정보의 복잡한 인지과정을 처리한다. 진화과정 중 최근에 발달한 뇌 영역으로서, 영장류를 다른 동물들과 구별해주는 이 전두엽 피질은 총소리와 자동차 등의 소음을 구별해준다. 그리고 그 사람의 현재 상황, 예를 들어 지금 집에 친구들과 안전하게 있다는 것 같은 정보를 통합해주는 역할을 한다. 그다음에 전두엽 피질의 분석적 반응 considered response은 편도체 반응을 가라앉히고, 현실에 대한 그녀의 믿음에 맞춰 그 반응을 조화시킨다.

셋째, 그녀에게는 사건, 강도, 상점, 총소리, 그리고 공포의 기억이 남아 있을 것이다. 그 기억은 그녀가 경험한 정서의 기억이 되겠지만 그것 자체는 정서적 반응이 아니다. 뇌의 해마와 관련된 다른 시스템을 통해 형성된 이러한 정서의 서술기억declarative memories은 두 번째 반응을 형성할 수 있고, 심지어 앞의 두 가지 유형의 정서적 기억을 유발할 수도 있다. 서술기억은 왜곡되거나 잊히거나 억제될 수도 있다.

정서와 관련한 복잡한 생리학 때문에 우리는 부적절한 정서를 가질 가능성이 있다. 어떤 사람은 세로토닌 같은 신경전달물질 수치가 너무 낮을 수 있다. 또는 혈액 속 호르몬 수치가 너무 높을 수도 있다. 편도체에 손상을 입어서 정서적 반응을 거의 나타내지 않을 수도 있다. 전두엽 피질에 손상을 입어서 정서를 구체화해서 결정을 내리는 데 미묘한 결함을 보일 수도 있다. 정서적 학습을 위한 원시경로 primitive pathway는 판단력이 없기 때문에, 부적절한 방향으로 정서반응을 인도하는 유발기제triggers를 학습했을 수도 있다.

감정의 복잡성에 대한 결론은 이것이다. 정서라는 경로는 지금까지 삶의 의미와 가치로 안내하는 가장 가능성 있는 지침이다. 하지만 어디로든 잘못된 방향으로 갈 수 있는 아주 위태로운 길이다. 정서는 가치를 탐색하는 데 정확한 구조를 갖고 있지만 우리를 잘못된 길로 이끌고 가기 십상이다. 우리는 정서라는 경로가 오류를 덜 일으키는 길을 찾아야 한다.

9
판단

마땅히 노여워할 일에 대해서, 마땅히 노여워할 사람들에 대해서, 나아가 마땅한 방식으로, 마땅한 때, 적당한 시간 동안 노여워하는 사람은 훌륭하다.

-아리스토텔레스, 《니코마코스 윤리학》[1]

삶의 의미를 탐색하던 우리는 정서에 이르렀다. 이것은 놀랄 일은 아니다. 삶의 의미에 대한 의문은 진정으로 중요한 것이 무엇인가에 대한 의문이고, 우리에게 중요한 것은 우리의 정서와 연관되기 때문이다. 하지만 안타깝게도 우리의 정서는 부적절한 면이 많다. 쉽게 방향을 헷갈리는 미로와 같은 것이다.

앞 장에서는 정서의 복잡성을 살펴보며 정서가 잘못될 수 있는 여러 가지 사례를 알아봤다. 예를 들어 분노를 생각해보자. 이 장의 첫머리에 인용된 아리스토텔레스의 말처럼 화를 제대로 내는 것은 어려운 과제일 수 있다. 힘을 가진 사람이 잘못했는데도 힘이 없는 사람을 향할 수 있는 것처럼, 분노는 무고한 사람을 향할 수 있다. 분노는 부적절한 원인으로 일어날 수 있다. 다른 사람이 잘못해서가 아니라 잠을 설쳐서 화를 낼 수도 있는 것이다. 또한 잘못한 행위의 정도에 비해 과도하게 화를 낼 수가 있다. 예를 들어 전화를 잘못 건 사람에게 난폭하게 화를 내는 경우가 여기에 해당한다. 분노는 잘못된 믿음에 근거할 수도 있다. 누군가 자기 펜을 가져갔다고 생각해서 화를 냈는데 나중에 다른 외투에서 나오기도 하는 것이다. 잘못된 짐작으로 화를 내는 경우도 있다. 친구가 펜을 훔쳐간 게 아니라 빌려갔는데 잘못 알고 화를 내는 경우가 여기에 해당될 것이다. 화가 나면 자신의 착오와 반대되는 증거는 무시하게 된다. 어떤 사람에게 화가 나면 그 사람의 장점이 눈에 보이지 않는 것이다. 분노는 비이성적으로 일어날 수 있다. 뇌의 원시적이고 분별력 없는 분노회로의 조건화 때문에 미처 통제하기도 전에 분노가 폭발하는 것이다. 마지막으로, 분노는 일어나야 할 때 일어나지 않을 수도 있다. 불의와 억압이 행해진 곳과 지리적으로 까마득하게 멀면 분노가 일어나지 않는 것이다.

정서적 판단

부적절한 정서는 가치의 실제적 욕망 이론actual-desire theory of value에 따라다니는 문제와 무척 유사하다. 좀 더 알고 보면 가치 없는 것으로 드러나는 것을 욕망하는 일은 얼마든지 일어날 수 있다. 또한 좀 더 알고 보면 가치 있는 것으로 드러나는 것을 욕망하지 않는 일도 얼마든지 일어날 수 있다. 앞에서 나는 이런 문제를 각각 판단착오 문제와 우연의 문제라고 불렀다.

가치의 실제적 욕망 이론에서 일어날 수 있는 이런 실수를 막기 위한 길은 합리적 욕망 이론이었다. 이 두 번째 이론에 따르면, 우리에게 정말로 바람직한 것은 심리적으로 건강하고, 논리적으로 정확하게 추론하고, 세상에 대한 충분한 정보가 주어졌을 때 우리가 품게 될 욕망이다. 이런저런 것을 원하는 실제적 욕망이 아니라, 가치 있는 것으로 안내해줄 지침으로서 이런저런 것이 바람직하다는 우리의 판단력을 이용하는 것이다.

마찬가지로, 가치의 실제적 정서 이론actual-emotion theory of value에서 생길 수 있는 실수를 막는 길은 합리적 정서 이론이다. 우리가 느끼는 정서 중 진정으로 가치 있는 것은, 정서가 빠지기 쉬운 왜곡에서 자유로울 때 우리가 느끼게 될 정서이다. 진정으로 가치 있는 것을 찾기 위해 우리가 지침으로 삼는 것은 우리의 실제 정서가 아니라, 이러이러한 것이 그런 정서를 느낄 가치가 있다는 우리의 판단력이다.

의미 있는 것 또는 가치 있는 것으로 안내하는 가장 훌륭한 지침은 우리가 현재 느끼는 정서가 아니라, 우리의 정서를 불러일으킬 만한 가치가 있는 것이 무엇인가라는 판단이다. 하지만 이 말은 우리의 실제 정서가 필요 없다는 말이 아니다. 뭔가에 대해 우리가 느끼는 정서는 그것이 우리의 정서를 불러일으킬 만한 가치가 있다는 좋은 증거이기 때문이다. 하지만 정서가 빠지기 쉬운 왜곡 때문에 그것이 결정적인 증거가 되지는 못한다. 그래서 좀 더 깊은 조사를 해봐야 한다.

영어에서는 정서적 판단을 내릴 때 쉽게 그 정서를 나타낼 수 있다. 정서의 명칭과 정서적 판단을 표현하는 형용사가 어원이 같은 경우가 많기 때문이다. 예를 들면 다음과 같다.

존경Admiration	존경스러운Admirable
사랑Love	사랑스러운Loveable
경외Awe	경외로운Awesome
즐거움Enjoyment	즐거운Enjoyable
수치Shame	수치스러운Shameful
혐오Disgust	혐오스러운Disgusting

어떤 정서는 어원이 같은 형용사가 없다. 그래도 아래와 같이 '~할 가치가 있는' '~할 만한' '~가 합당한' 같은 어구를 이용하여 정서적 판단을 표현할 수 있다.

분노Anger	분노할 만한Deserving of anger
자부심Pride	자부심을 느낄 만한Worthy of pride

각 정서에 대해 우리는 그에 대응하는 정서적 판단을 내릴 수 있다.

삶의 의미를 찾는 탐색에서 우리는 우리가 처한 특정 환경에서 우리만의 특정한 정서적 판단을 내린다. 기쁨 같은 아주 개인적인 정서를 보면 이것을 확실히 알 수 있다. 어떤 활동이 우리에게 중요한지를 알기 위해서는 그 활동이 우리에게 즐거운지만 알면 된다. 그 활동이 모든 사람에게 즐거운지를 알 필요는 없는 것이다.

다른 정서들에 대해서도 판단의 개별성particularity을 볼 수 있다. 어떤 사람이 우리의 존경을 받을 만한 사람인지 알려면 그 사람이 우리에게 중요한 사람인지만 알면 된다. 도덕적인 사업에 누군가의 협조를 얻고 싶으면 그 사람이 대체적으로 존경할 만한 사람인지만 알면 된다. 정서의 왜곡이 없는 조건에서 **우리가** 어떤 사람을 존경한다면, 그 사람은 우리의 존경을 받을 만한(우리에게 존경스러운) 자격이 있다. 정서의 왜곡이 없는 조건에서 **모든 사람이** 어떤 사람을 존경할 것이라면, 그 사람은 존경할 만한(존경스러운) 사람이다. 개인적인 판단은 내리기가 훨씬 쉽다. 그럼에도 심사숙고할 때 다른 사람들의 판단은 고려해야 할 것이다.

정서적인 판단을 내리는 것은 복잡한 지적 활동이다. 예를 들어 A가 B를 자신의 존경을 받을 만한 사람이라고 판단했다고 하자. B가 자신에게 존경스럽다고 판단을 내릴 때, A는 정서의 왜곡이 없다면 자신이 B를 존경하리라고 예측하고 있는 것이다. A의 조사는 여러 영역에서 행해져야 할 것이다. B의 성격과 개인사에 관해 진짜 믿음을 갖기 위해서는 사실 정보를 알아봐야 한다. A는 심리적 이상 때문에 B를 존경한다는 의심을 없애기 위해 자신의 심리에 대해서도 면밀히 살펴야 한다. 또한 자신의 보조적 평가가 옳은지를 확인하기 위해 규범적 조사를 행해야 할 것이다. 그리고 감정과 동기가 자신의 평가에 비추어 적절한지를 확인해야 할 것이다. 이런 조사를 행한 다음에도 A가 B에 대해 존경심을 느끼면, A는 자신의 존경심이 옳다는 결론을 내릴 것이다.

정서적 판단에 관한 이러한 설명을 보면, 정서가 얼마나 합리적이어야 하고, 논리에 부합해야 하는지를 알 수 있다. 정서적 판단에 관한 이러한 설명에 따르면, 정서는 증거에 따라 바뀐다. 만일 새로운 정보에 따라 바뀌지 않으면, A의 예측 정서는 자신의 실제 정서와 항상 똑같을 것이다. 정서가 합리적이라는 생각이 이상하다고 여기는 사람도 많을 것이다. 흔히 정서는 비합리적인 것의 대표적인 사례로 여겨지기 때문이다. 그래서 어떤 사람이 정서에 따라 행동했다고 하면 그 말을 이성에 따라 행동하지 않았다는 말로 받아들이는 것이다. 사람들은 어떤 정서에 '사로잡혔다'거나 '마비되었다' 또는 감정에 '휩싸였다'라고 표현한다. 무의식적이고 본능적인 충동의 온상에서 감정이 나와 의식적이고 합리적인 정신을 '침범'한다고 생각하는 것이다. 옛날에는 정서 대신 '정열passions'이라는 용어를 썼는데, 이 말을 들으면 우리가 감정의 수동적 피해자로 생각된다.

정서에 대한 이런 시각은 틀렸고 오해를 불러일으킨다. 우리는 정서와 이성을 엄격히 구별하는 이런 낡은 시각을 균형 잡힌 시각으로 대체해야 한다.

정서는 전략 면에서나 인지 면에서 모두 합리적이다. 정서가 전략 면에서 합리적인 이유는 정서가 우리가 세상에 살면서 행동을 하는 데 도움을 주기 때문이다. 정서는 유익할 뿐만 아니라 꼭 필요하기도 하다. 정서가 없으면 우리는 무엇을 해야 할지 판단하지 못하기 때문이다. 정서가 인지적 면에서 합리적인 이유는 정서가 우리 자신과 세상, 그리고 미래에 대한 믿음에 반응하고, 우리의 보조적 평가에도 호응하기 때문이다. 정서가 그렇게 반응하지 않는다면, 심리학의 인지 치료는 효과가 없을 것이다. 하지만 정서의 전략적 합리성과 인지적 합리성은 서로 갈등 요소를 안고 있다. 전략적인 면이 인지적인 면을 가리는 쪽으로 작용하기 때문이다. 이렇게 설명해보자.

전략적 합리성

사람들은 흔히 정서는 현명한 결정을 내리는 데 필요한, 차분하고 면밀한 사고를 침범하기 때문에 합리적인 판단에 방해가 된다고 생각한다. 하지만 오히려 정서의 역할이 없으면 우리는 판단을 내리지 못한다는 것이 밝혀졌다. 연구에 의하면 정서는 두 가지 방식으로 합리적 판단에 관여한다. 두 방식 모두 어떤 면에서는 우리가 너무도 잘 알고 있는 사실이 바탕이 된다.

어떤 사람이 큰 수익이 걸린 사업 거래와 우정 사이에서 하나를 선택해야 한다고 하자. 결정을 하기 위해 그는 양쪽의 선택에 수반하게 될 다양한 상황을 모두 상상하기 시작한다. 친구가 자신의 배신을 알아차리면 어떤 일이 벌어질지, 거래에서 아무 이익을 거두지 못하면 어떻게 될지, 자신의 가족들은 어떻게 생각할지, 자신의 직원들은 어떻게 생각할지 등. 그런 다음 그는 예측한 상황들의 결론을 상상한다. 그런 다음 각 상황이 일어날 확률을 따져볼 것이다. 계산은 방대하다.

드 소사는 자신의 저서 《정서의 합리성》에서 이런 결정을 내리는 데 정서가 충분한 역할을 한다고 설명했다.[2] 우리의 기억은 막대한 양의 정보를 담고 있다. 이 중 어떤 것은 우리가 결정해야 할 문제와 관련이 있고 어떤 것은 관련이 없다. 위에 든 예에서 친구의 성격이나 거래의 수익성은 관련이 있는 정보이지만, 시카고의 옥수수 가격과 자신의 자동차 색깔은 관련이 없는 정보이다. 그의 기억에 있는 무관한 정보의 양은 방대하고, 그 방대함에서 이런 문제가 발생한다. 그가 주어진 정보 한 가지를 찾아내서 검토해보지 않으면 그 정보가 관련이 있는지 없는지를 어떻게 알 것인가? 그것이 결정을 내리는 데 관련이 있는지는 미리 알 수가 없다. 하지만 기억 속에 있는 정보가 결정을 내리는 데 관련이 있는지 알아보기 위해 하나하나를 찾아내 생각해봐야 한다면, 그가 결정을 내리기까지는 거의 무한한 시간이 걸릴 것이다.

순수하게 비정서적인 합리성은 여기서 막다른 길에 봉착한다. 이 방법 대신, 드 소사는 우리가 결정을 내릴 때 정서를 배제하지 않는다는 가설을 세운다. 우리가 처한 환경에 대해 정서적 반응이 하는 역할은 우리의 관심을 특정 정보에만 집중시키고 그 밖의 정보와는 멀어지게 만드는 것이다. 정서가 어떤 정보들은 결정을 내리는 데 핵심적인 역할을 하게 만들고 나머지 정보들은 관심권 밖으로 몰아내는 것이다. 우리는 경험을 통해 정서적 반응을 배웠다. 그리고 우리가 제대로 배웠다면 정서는 관련성 문제를 해결할 것이다. 학습된 정서적 반응은 적절한 시간 안에 결정을 내리는 것을 가능하게 만든다. 이처럼 정서는 전략적 면에서 합리적인 것이다.

안토니오 다마시오는 자신의 저서 《데카르트의 오류: 감정, 이성 그리고 인간의 뇌》에서 정서는 결정을 내리는 데 유익할 뿐 아니라 핵심적이기도 하다는 것을 보여주었다.[3] 수익과 우정 사이에서 하나를 선택하기 위해 순수하게 비정서적인 합리성을 취해야 한다면 결국 방대한 계산을 실행해야 한다. 하지만 다마시오는 이런 결정에서는 당사자가 직관을 이용할 거라는 가설을 세운다. 직관(다마시오는 이것을 몸의 이정표somatic markers라고 부른다)은 우리가 경험으로부터 배운 정서적 반응이고, 이것이 결정으로 이끈다. 어쩌면 이 사례에서, 그의 직관은 친구를 배신했을 때 느낄 죄책감에 그의 관심을 맞추고, 그 선택을 하지 말라고 경고할지도 모른다. 그래서 그의 정서는 무한한 시간이 걸릴지도 모를 계산을 끝내줄 것이다. 이런 결론은 비정서적 합리성만으로는 이끌어낼 수가 없다.

다마시오는 전두엽 피질에 손상을 입어 합리적 심사숙고에 정서를 활용하지 못하는 환자들을 관찰했다. 겉으로 보기에 그런 환자들은 손상의 영향을 받지 않는 것처럼 보였다. 지능, 일반지식, 기술, 그리고 전통적인 도덕관념이 손상을 받기 전과 똑같았기 때문이다. 하지만 그들의 삶은 모두 비참하게 삐걱대고 있었다. 그들은 일을 할 수도 없었고, 계획을 세워 실천할 수도 없었고, 다른 사람들과의 약속도 지킬 수 없었다. 무엇을 할 것인지에 대한 인지적 심사숙고 과정은 거칠 수 있었지만, 결정은 내리지 못했다. 결정을 내리기 위해서는 건강한 정서활동이 필요한데, 그들은 정서체계가 손상되는 바람에 전략적 합리성을 잃어버린 것이다.

인지적 합리성

정서는 대부분 직접적이고 근거에 호응한다. 우리는 친구가 아프다는 소식을 들으면 슬퍼지지만, 친구가 건강한데 우리가 잘못 알았다는 것이 밝혀지면 그 슬픔은 사라진다. 어떤 사람이 일등상을 받았다는 소식을 들으면 우리는 그 사람을 존경한다. 하지만 그가 부정행위를 했다는 것이 밝혀지면 존경하는 마음은 사라진다. 어떤 사람이 한 말에 대해 화가 났는데, 그 사람이 실제로는 그 말을 하지 않았다는 것을 알게 되면 화도 사라진다. 근거가 확실하면 정서는 보통 합리성을 띤다.

하지만 가끔 정서가 상황에 적절하게 반응하지 않을 때도 있다. 우울증이나 불안장애가 있거나, 분노조절에 문제가 있는 사람들이 그렇다. 슬픈 상황에서 슬퍼하거나, 걱정스러운 상황에서 걱정을 하거나, 불의에 분노하는 것을 적절한 반응이다. 하지만 상황이 그렇지 않은데 슬퍼하거나 걱정하거나 짜증을 내는 것을 부적절하다. 그럴 때는 정서가 역기능을 하는 것이다.

인지치료는 정서장애를 가진 사람들에게 도움이 될 수 있다. 이 기술은 제 역할을 못하는 정서 저변에 깔린 인지, 즉 진짜 또는 유효한 인지가 아니라 불합리하고 왜곡된 인지를 이용한다. 인지치료는 역기능적 정서dysfunctional emotion에 직접 행하는 것이 아니라, 그 저변에 있는 왜곡된 생각들에 행한다. 역기능적 정서는 근거에는 호응하지만, 그 근거가 잘못되었을 때 나타난다. 치료는 그 사람이 주어진 상황에서 전제한 내용 또는 무의식적으로 품고 있는 사고를 인식하게 도와준다. 그다음에는 자신이 전제하고 있는 방식이 틀리거나 왜곡되었음을 이해하게 도와주고, 그 무의식적인 생각에 '반박' 하게 한다. 시간이 지남에 따라 자신의 인지왜곡을 알아차리고 수정하는 데 익숙해지면, 치료자의 도움을 받아 정서가 적절한 방향으로 바뀔 것이다.

예를 들어 우울증에 빠져서 적절한 자긍심을 가질 수 없는 사람은 자신의 부정적인 감정이 머릿속에 무의식적으로 들어온 왜곡된 전제 때문이라는 것을 깨닫게 될 것이다. 그 사람은 직장에서 자신에 대한 긍정적인 많은 평가는 무시하고 부정적인 평가에만 관심을 집중했을지도 모른다. 그리고 다른 사람들의 행동을 사적인 감정이 담긴 것으로 받아들였을 것이다. 어쩌면 상사가 무뚝뚝한 것은 자신에게 화가 나서 그런 거라고 해석했을지도 모른다. 그 상사가 실은 전날 밤에 잠을 제대로 못 자서 그랬을 가능성이 더 큰데도 말이다. 혹은 그가 완벽주의자여서, 완벽하게 끝내지 못한 일은 제대로 한 일이 아니라고 생각하기 때문에 자신이 계속 실패만 하는 것으로 보일지도 모른다. 치료자는 그에게 이런 잘못된 추론 유형의 타당성을 검사하여 거기서 벗어나게 함으로써, 자긍심과 기분에 서서히 변화를 가져올 수 있다.

정서의 합리성에 관한 이 논의의 핵심은 마지막 문장에 담겨 있다. 정서는 근거에 호응한다. 하지만 서서히 반응하고, 도움을 받아야만 반응하는 경우도 많다. 반응이 천천히 일어나는 이유는 정서가 두 가지 일을 해야 하기 때문이다. 정서는 우리를 둘러싼 세상에 정확히 호응을 해야 될 뿐 아니라, 우리가 결정을 내리도록 안내도 해야 한다. 근거에 대한 호응을 지연시키는 것은 정서의 전략적 합리성이다. 정서는 결정 내리는 것이 한없이 길어지는 것을 막아주며, 이를 위해 우리의 관심을 맞든 틀리든 지금까지 관련된 정보라고 학습한 것에 집중시킨다. 동시에 관련 없는 정보로 보이는 것들에서 우리의 관심을 떼어놓는다. 이렇게 함으로써 우리의 정서는, 관련 없어 보이지만 실제로는 관련이 있는 정보에 쉽게 관심을 돌리지 못하게 한다. 그래서 그런 정보에 대한 호응이 느려지고 도움이 필요해질 수도 있는 것이다.

이런 예를 생각해보자. 어떤 사람이 무성한 풀밭을 걸어가다가 풀에 일부가 가려진 느슨한 똬리 형태의 물체를 발견한다. 그는 그것을 독사로 생각한다. 공포로 얼어붙은 그는 관심이 온통 그 뱀에게 집중된다. 한동안 그는 꼼짝도 하지 못한다. 풀이 조금만 흔들려도, 조금만 바스락거리는 소리가 나도 그는 그것을 뱀 때문이라고 해석한다. 일이 분 후에야 그는 그 똬리 모양이 뱀이라는 믿음에 반대되는 증거에 눈을 돌린다. 그리고 마침내 그것이 끈이 꼬인 형태라는 점, 움직임이 없다는 점, 달아나지 않는다는 점을 통해 자신이 밧줄 타래를 보고 있음을 확신한다. 인간의 공포기제는 다음과 같은 식으로 효과를 발휘한다. 위험에 처했는데도 관심을 집중하지 않는 성향이 있는 사람들은 오래 살지 못할 것이다. 인간이 위험한 상황에서 한없이 심사숙고한 다음에 움직임을 멈췄다면 인류는 이렇게 오랫동안 존속하지 못했을 것이다.

그래서 근거에 대한 정서의 호응은 결정을 내릴 때의 역할과 어긋난다. 그 결과 근거에 대한 정서의 반응은 느려지고, 간혹 도움이 필요해지기도 한다. 정서는 관심의 초점을 나중에 관련 있는 것으로 밝혀질지도 모를 정보에서 멀어지게 만든다. 그래서 자신의 왜곡과 부인否認을 깨달아 정서적인 변화를 보일 때까지 종종 시간이 걸리고, 친구나 상담자의 도움이 필요한 것이다. '사랑하면 눈이 먼다' 라는 속담은 강렬한 정서가 결정을 빨리 내리게 해주는 경우를 보여준다. 반면 '서두른 결혼은 두고두고 후회한다' 라는 속담은 가장 강렬한 정서도 시간이 지나면서 근거에 반응한다는 사실을 보여준다.

근거에 대한 정서의 호응성은 즉각적이고 개인적이라기보다는 느리고 사회적이다. 그래서 어떤 사람들(특히 철학가들)은 정서가 합리적이라는 것을 이해하지 못한다. 만일 즉각적이고 개인적인 반응이 합리성의 패러다임이 된다면, 그때는 우리의 패러다임을 바꿔야 할 것이다.

만일 정서가 합리적일 수 있다면, 우리는 정서적인 판단을 내릴 수 있다. 정서가 근거에 호응한다면, 이런저런 것들이 그 정서를 불러일으킬 가치가 있는지를 판단할 수 있다는 말이다. 정서적 판단은 예측이다. 이런저런 것들이 우리의 특정한 정서를 불러일으킬 가치가 있다는 것은, 여러 가지 왜곡된 정서를 피한다면 우리가 그 정서를 가질 것으로 예상된다는 뜻이다. 이런저런 것에 대해 느끼는 정서는 이런저런 것이 그런 정서를 불러일으킬 만한 가치가 있다는 증거이지만, 그것이 결정적인 증거는 될 수 없다. 그런 감정을 지각하는 것만으로는 부족하다. 그래서 그런 감정의 적절성을 더 엄밀하게 조사해봐야 한다.

10
전체론

지리와 역사의 가장 평범한 사실들부터 원자 물리학이나 순수수학, 논리학의 가장 심오한 법칙에 이르기까지, 소위 지식 또는 믿음들의 총체는 오직 그 언저리에서만 경험을 주고받는 인공적 구조이다. 바꾸어 표현하면, 총체과학이란 경험이 그 경계 조건이 되는 힘의 장場과 같다. 가장자리에서 일어나는 경험과의 충돌은 힘의 장 안에서 재조정된다. (…) 그러나 전체 장은 그것의 경계 조건인 경험에 의해 제한적으로 결정되기 때문에, 어떤 단일한 반대 경험에 비추어볼 때 어느 진술들이 재평가되어야 할지에 관해서는 선택의 폭이 넓다. 어떤 개별 경험들도 그 장에 속해 있는 특정 진술들과 연결되어 있지 않으며, 다만 균형을 고려하면서 간접적으로 전체적인 장에 영향을 줄 뿐이다.

　　　　　　　　　　　　　　　－윌러드 밴 오먼 콰인,《논리적 관점에서》[1]

　　우리의 정서적 판단은 진정으로 중요한 것으로 우리를 안내한다. 하지만 그것이 안내하는 길은 다양하고, 다원적이고, 개별적이다.

　　중요한 것이 다양한 이유는 지금까지 봤듯이 어느 한 가지만 중요한 것은 아니기 때문이다. 황홀한 경험이나 인간의 잠재력을 개발하는 것, 또는 욕구를 충족시키는 것만이 우리에게 중요한 것은 아니다. 다른 한편, 정서적 판단은 잠재적으로 의미 있는 다양한 것들을 모두 포착한다.

중요한 것이 다원적인 이유는 그것이 우리에게 일률적으로 중요한 것은 아니기 때문이다. 우리에게 경이로운 것이 어떤 사람들에게는 혐오스럽다. 우리는 어떤 사람들을 사랑하지만, 또 어떤 사람들에게는 화를 낸다. 정서적 판단은 삶의 의미의 이런 다원성을 포착한다. 정서적 판단은 가치 있음과 유의미함에 대한 단 하나의 총체적 판단을 요구하지 않는다. 다양한 사람, 다양한 사물, 다양한 사건 들이 다원적으로 서로 다른 방식으로 중요할 수 있다.

중요한 것은 개인마다 다르다. 당연히 우리는 각자 즐겁다고 판단하는 활동들이 모두 다를 것이고, 화를 낼 만하다고 판단하는 상대도 모두 다를 것이다. 우리는 가끔 어떤 사건 혹은 사람에 대한 반응을 조정할 필요가 있다. 그때 우리는 정서적 판단, 예컨대 '그의 행동은 모든 이의 분노를 살 만하다' 라는 판단을 공유해야 한다. 인간들 사이의 도덕 문제에서는 보편적으로 통용되는 정서적 판단을 내려야 한다. 하지만 우리들 각자에게 중요한 가치를 찾기 위해서는 개별적인 정서적 판단만 내려야 한다.

우리 탐색의 목표는 중요하게 느껴지는 것을 찾는 게 아니라 진정으로 중요한 것을 찾는 것이다. 그렇다면 우리의 정서적 판단은 참일까? 진실에 대한 의문은 다음에 나오는 몇 장에서 중요하게 다룰 것이다. 정서적 판단을 당연히 참이라고 주장할 만한 근거가 있을까? 우리가 보기에 믿음은 참일 수 있지만, 욕망이나 정서, 그리고 다른 마음상태는 참이 아닌 것 같다. 정서적 판단이 참일 수 있는지는 앞에서 제기한 문제, 즉 정서적 판단이 참과 거짓을 판단할 수 있는 믿음 같은 부류인지, 아니면 참과 거짓을 판단할 수 없는 감정의 표현 같은 부류인지에 따라 달라진다. 정서적 판단은 믿음일까?

문제

정서적 판단은 왜곡이 없는 조건에서 갖게 될 정서에 관한 가설이다. 실제는 아니지만 있을 수 있는 조건에서 우리가 품게 될 정서를 예측한 것이라는 말이다.

한편으로 생각해보면, 정서적 판단은 믿음 같다. 가설 또는 예측에 대한 가장 자연스러운 태도는 인지적인 것이다. 우리는 어떤 가설을 제시하거나, 당연하게 받아들이거나, 고려하거나, 확신하거나, 믿는다. 어떤 가설을 사실이라 생각한다는 것은 그것을 믿는 것이다. 예측은 정서적인 게 아니라 인지적인 것이다. 예측은 좀 더 이상적인 조건에서 우리가 느낄 감정에 대한 **믿음**이기 때문이다. 이때 정서적 판단은 인지적 역할을 한다.

다른 한편으로, 정서적 판단은 감정 같기도 하다. 정서적 판단은 평가적이다. 우리가 어떤 사람을 존경스럽다고 하거나 분노를 일으킨다고 말할 때, 우리는 사실적 판단의 선을 넘어 평가적 판단으로 넘어간 것이다. 평가적 판단에는 사실적 판단에는 없는 특징이 있다. 우리를 특정 방향으로 움직이게 하고 우리를 참여토록 하는 것이다. 그리고 우리가 관심을 보이고 행동해야 될 이유를 제시한다. 철학자 피터 레일턴은 이렇게 설명한다. "어떤 사람의 선good에 대한 개념이 어떤 식으로든 그를 실천하게 만들지 못한다면 그것은 어처구니없이 공허한 개념이 될 것이다."[2] 의미 있는 것이 무엇인가라는 질문에 대한 답이 무엇이든, 그 답은 우리에게 중요한 것이어야 한다. 즉 우리의 감정이 연관된 답이어야 한다. 따라서 정서적 판단에는 정서적인 힘이 있어야 한다.

여기서 문제가 생긴다.[3] 믿음에 관한 통념에 의하면 믿음은 감정에 지배되지 않고 정적inert이다. 믿음은 우리를 움직이게 하지 않고, 끌어들이지 않고, 관심을 보일 이유를 주지 않는다. 즉 믿음은 정서적 힘이 전혀 없다. 만일 정서적 힘이 정서적 판단에는 있는데 믿음에는 없다면, 정서적 판단이 믿음이 될 수 없다는 것은 분명하다.

우리가 처한 딜레마는 다음과 같다. 정서적 판단이 믿음이라면, 그것은 우리에게 별로 중요하지 않을 것이다. 하지만 정서적 판단이 믿음이 아니라면, 그것은 진실과 거리가 멀 것이다.

이 문제를 다른 방식으로 말할 수도 있다. 정서적 판단은 우리의 심리에서 어떤 기능적인 역할을 한다. 그 정서적 판단들의 심리상태 유형은 바로 이 기능적 역할에 맞는 심리상태이다.[4] 정서적 판단의 기능적 역할은 두 부분으로 나뉜다.

(1) 우리는 정서적 판단을 추론하는 데, 예측하는 데, 논쟁하는 데, 그리고 대화하는 데 끌어들이는 경향이 있다.

(2) 우리는 정서적 판단에 따라 움직이고, 정서적으로 연관되며, 정서적 판단은 우리에게 중요하다.

우리는 이 역할에 맞는 세 가지 유형의 주인공을 생각해볼 수 있다. 그 주인공은 정서가 될 수도 있고, 믿음이 될 수도 있고, 우리가 아직 이름 붙이지 않은 다른 특별한 심리상태(아마도 믿음과 정서 두 가지가 결합된 상태)일 수도 있다. 다음 절에서 우리는 정서적 판단은 정서가 아니라는 것을 알게 될 것이다. 마지막 절에서는 일반적인 철학적 견해와 달리, 오류가 없는 조건에서 정서에 관한 믿음에는 정서적 힘이 연관되어 있다는 것을 알게 될 것이다. 믿음이 정서와 아무 연관이 없다는 생각이 틀렸다면, 정서적 판단의 역할에서 빈틈을 채우기 위해 특수한 유형의 심리상태를 가정할 필요가 없다. 만일 그런 믿음에 정서적 힘이 있다면, 우리는 정서적 판단을 믿음으로 볼 수 있고, 따라서 참과 거짓을 판단할 수 있다.

판단과 정서

어떤 사람이 존경스럽다거나 비열하다고 판단할 때처럼, 또는 어떤 일을 즐겁다거나 지루하다고 판단할 때처럼 정서는 지극히 구체적인 유형의 가치판단과 연관이 되어 있다. 정서는 어원이 같은 가치판단을 담고 있거나(존경/존경스럽다), 관련된 가치판단을 쉽게 끌어낼 수 있다(분노/분노를 불러일으킨다). 평가적 판단을 보는 가장 단순한 시각은, 정서적 판단은 어원이 같은 정서를 표현한다는 주장이다. 무엇무엇이 지루하다고 말할 때 그것은 실제의 지루함을 표현한다는 것이다. 이런 시각은 자동적으로 정서적 판단과 그와 어원이 같은 정서를 연결시킨다. 하지만 이런 시각은, 판단은 정서적 표현이므로 참, 거짓을 판별할 수 없는 부류라는 것을 암시한다.

어원이 같은 정서를 표현하는 것이 정서적 판단이라는 시각은 판단과 정서의 거리를 너무 가깝게 보는 것이다. 최근에 사랑하는 사람을 잃고 슬픔에 빠진 사람은 삶을 즐길 수 없을지 모르지만, 그래도 진심으로 삶은 즐거운 것이라고 판단할 수 있다. 이때 삶은 즐거운 것이라는 이 사람의 판단을, 현재 그가 삶에 대해 느끼는 기쁨의 정서를 표현한 것이라고 보면 안 된다. 그는 지금 슬픔에 빠져 있어서 삶을 전혀 즐기고 있지 않기 때문이다. 정서적 판단을 내릴 때, 우리는 우리의 정서에 영향을 미치고, 그래서 판단을 내리는 데 방해가 될지도 모르는 비일상적인 요소를 배제하려고 노력한다.

정서적 판단은, 정서의 왜곡이 없는 환경, 하지만 실제 환경은 아닌 조건에서 우리가 어떤 정서를 느낄 것인가에 대한 예측이다. 우리의 실제 정서는 예측한 정서와 같을 때도 있고 다를 때도 있다. 그렇다 하더라도 예측한 정서가 실제 정서는 아니다.

이를 이해하기 위해, 어떤 유명인을 지금은 존경하지 않지만 그 사람에 대해 더 많이 알게 되면 존경하게 되리라고 예측하는 사람을 생각해보자. 이 사람의 예측은 실제 존경의 정서가 아니다.

마찬가지로 우리는 훗날 나이 든 지인이 죽게 될 때 슬픔과 상실감을 느끼게 되리라는 사실을 지금 예측할 수 있다. 지인의 죽음이 자신에게 슬픈 사건이 되리라는 것을 정확하게 판단하는 것이다. 미래의 사건을 슬프다고 판단하는 것과 미래에 자신이 느낄 슬픔을 예측하는 것은 현재 실제로 슬퍼하는 것이 아니다. 이처럼 판단과 정서는 다른 것이다.

정서는 잘못될 수 있는 경우가 많다는 점에서도, 정서적 가치판단은 단순히 그와 어원이 같은 정서를 표현하는 것이라는 시각은 옳지 않다. A가 B에게 화를 낼 만하다고 판단하는 것은 A가 B에게 화를 내는 것과는 다르다. 정서적 판단에 관한 합리적 정서 이론의 설명에 따르면, A는 자신에게 정서 왜곡이 없을 때 또는 적어도 정서 왜곡을 고려하지 않을 때 B에게 화가 날 것이라고 예측되면 자신이 B에게 화를 낼 만하다고 판단한다. B에게 화를 낼 만하다고 판단할 때, A는 자신에게 정서의 왜곡이 없다고 생각한다는 말이다. 만일 정서적 판단의 이런 설명이 대략 맞는다면, 정서적 판단은 조건적 정서, 즉 실제로 갖고 있지 않지만 왜곡이 없는 이상적인 조건이라면 우리가 갖게 될 정서를 표현하는 것이다.

합리적 정서는 두 가지 면에서 실제적 정서와 다르다. 먼저 잘못된 믿음을 바탕으로 했을 때 정서가 잘못될 수 있는 경우에 초점을 맞춰 이것을 설명해보자.

첫째, A가 B에게 화가 났다고 해보자. 그런데 그에 대해 더 알게 되거나 B에 대한 자신의 믿음이 잘못됐다는 것을 알게 되면, 예를 들어 자신이 화가 난 어떤 행동을 B가 하지 않았다는 것을 알게 되면 B에 대한 A의 분노는 **사라질** 것이다. A가 B에 대해 화가 나 있다 하더라도 더 많은 정보를 알게 되면 A의 분노는 사라질 것이고, 따라서 B가 A의 분노의 대상이 되는 것은 합당하지 않다.

둘째, A가 B에게 화가 나 있지 않고, 중립적이라고 해보자. 그런데 B에 대해 더 알게 되거나 B에 대한 자신의 믿음이 잘못됐다는 것을 알게 되면, 예를 들어 처음엔 B가 하지 않았다고 생각했던 행동을 B

가 했다는 것을 알게 되면 A는 B에 대한 분노가 **생길** 것이다. A는 B에 대해 화가 나 있지 않더라도 정보를 더 알게 되면 B에 대해 화가 날 것이고, 따라서 B가 A의 분노의 대상이 되는 것은 합당하다.

　이 두 번째 경우를 다루기 위해 합리적 정서 이론은 우리가 실제로 느끼지 않은 가설적 정서를 도입한다. 두 번째 경우에서 A는 B에게 실제로는 화가 나 있지 않다. 만일 B에 대해 더 알게 된다면 화가 나겠지만 말이다. A의 합리적 정서는 정확하고 빠짐없는 정보를 가진 경우에만 느끼게 될 가설적인 정서이다. 이 합리적 정서란 도대체 무엇인가?

　가장 자연스런 해석은, 자신이 B에게 화낼 만하다는 A의 판단이 단지 B에 대한 A의 분노를 표현한 것이라는 견해에 문제를 제기한다. 이 해석에 따르면, 합리적 정서는 조건적, 가설적 정서일 뿐 실제 정서는 아니다. 따라서 A에게 중요한 의미가 있는 진짜 정서가 아니다. 첫 번째 문제를 피하기 위해, A의 합리적 정서를 실제 정서에서 부적절한 정서를 **뺀** 편집된 정서라고 한다면, 합리적 정서와 중요함 사이의 연관성은 확보될 수 있을지도 모른다. A의 편집된 정서 역시 실제 정서들의 집합이기 때문이다. 하지만 두 번째 문제를 피하기 위해, 합리적 정서 이론은 A가 실제로 갖고 있지 않은 정서를 **더해야** 한다. 이런 조건적 정서는 실제 정서가 아니다. 어떤 가설적 상황에서는, 새로운 정보에 의해 A가 현재 갖고 있지 않은 정서가 생겨날 것이다. 가설적 상황에서, B에 관한 새로운 정보를 얻은 A는 B에 대해 화가 날 것이다. 하지만 가설적 상황에서의 분노는 진짜 분노가 아니다. 따라서 B가 A의 분노를 살 만하다는 A의 판단은 B에 대해 실제 분노를 표현하는 것이 아니다.

우리는 정서적 판단을 절대 정서로 생각해서는 안 된다. 정서적 판단은 왜곡이 없는 조건에서 우리가 갖게 될 정서에 대한 **가설**이기 때문이다. 가설은 정서가 아니다. 가설은 정확할 수도 있고 부정확할 수도 있다. 옳을 수도 틀릴 수도 있다. 가설은 새로운 증거에 의해 확실해질 수도 있고, 틀렸다는 것이 입증될 수도 있다. 명칭에 정서가 포함되어 있긴 하지만, 정서적 판단은 믿음에 더 가깝다. 정서적 판단은 가설적 상황에서 사람들이 어떤 결론을 내릴 것인지에 대한, 틀릴 수도 있는 믿음이다. 하지만 정서적 판단을 믿음의 표현이라고 받아들이면, 이제 우리는 정서적 판단을 정서(정서적 판단과 어원이 같은)와 연관시키는 문제에 직면한다.

가설검정

앞 절의 결론은, 정서적 판단이란 왜곡이 없는 조건에서 우리가 갖게 될 정서를 예측하는 가설이라는 것이다. 가설은 증거에 의해 옳다는 것이 입증될 수도 있고 오류라는 것이 입증될 수도 있다. 가설검정은 전체론holism적으로 이루어진다.

아주 간단한 과학적 추론과정을 설명하면 다음과 같다. 과학자가 일반 가설을 만들어낸 다음, 실험을 해서 그 가설이 옳거나 틀렸음을 입증하는 것이다. 하지만 이런 간단한 설명은 맞다고 할 수 없다. 과학자는 가설을 검정할 때마다 실험환경, 사용하는 도구, 그리고 관련된 다른 과학이론을 전제로 해야 하기 때문이다. 그의 실험에서 가설에 의해 예측된 결론이 나오지 않으면, 논리적으로 볼 때 그의 가설이 틀렸거나 그가 전제한 내용이 한 가지 이상 틀렸다는 결론을 내릴 수 있다. 무조건 그의 가설이 틀렸다고 단정적으로 추론하지는 않는다는 것이다.

복잡하지 않은 실험에서도, 증거는 논리상 결정적이지 않다. 어떤 과학자의 가설에 전압계에서 일정한 전압이 측정되리라는 예측이 포함되어 있다고 하자. 전압이 그가 예측한 수치와 다르다면, 그의 예측이 틀렸거나, 아무도 전압계를 제대로 읽지 못했거나, 전압계의 바늘이 굽었거나 또는 다른 이유 때문일 것이다. 지금까지 알려지지 않은 입자를 탐지하기 위해 실행하는 고에너지 물리학 실험에서는 상황이 훨씬 더 복잡하다. 물리학자들은 예측을 하기 위해 어마어마한 물리학 이론을 전제로 하고, 복잡한 계산을 해야 한다. 만일 그 예측이 틀렸다면 존재하리라고 가정한 입자가 존재하지 않거나, 다른 이론에 문제가 있거나, 실험설계가 잘못된 것이다.

과학자들이 어떤 결론을 이끌어내려면 전제가 가설보다 더 확실해야 한다. 확률로 볼 때, 증거로 인해 오류가 입증되는 것은 전제보다는 가설일 가능성이 더 높다. 전제가 이전에 검정의 대상이었고 다른 모든 과학이론의 전제와 잘 맞았다면, 그 전제는 가설보다 더 확실하다.

이 장의 첫머리에서 콰인은 과학의 전체론에 대한 은유로서, 과학적 믿음의 구조나 힘의 장은 증거에 의해 가장자리가 꿰매어 붙여진 거라는 발상을 제시했다. 어쩌면 수전 하크의 십자말풀이의 비유가 더 쉽게 와 닿을 것이다.[5] 다음은 아주 단순한 예이다.

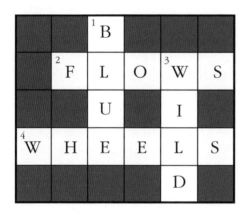

② 강물은 _____.

④ 자전거는 두 개의 ____
가 있다.

① 색깔의 한 가지

③ 길들여지지 않은

오른쪽의 힌트는 정확한 단어를 위해 확정적이지 않은 증거evidence
를 제시한다. 예를 들어 세로 1번의 힌트는 색깔을 가리키는 네 글자
단어다. 'blue'와 'pink' 둘 다 이 힌트에 맞다. 하지만 가로 2번
'flows'와 맞고 가로 4번 'wheels'와도 맞는 것은 'blue'이다.
'flows'와 'wheels'는 'pink'가 아니라 'blue'를 선택하게 만드는
보조적 가설이다. 'flows'와 'wheels'는 자신을 설명하는 힌트와도
맞고, 다른 단어를 추론하는 데도 맞다. 힌트를 바탕으로 하면, 가로 2
번은 'flood'가 될 수도 있다. 하지만 그 단어는 세로 3번인 'wild'와
맞지 않는다. 이런 식으로 진행된다. 이런 추론에서 힌트는 특정 단어
의 증거를 제공하고, 다른 단어들과의 적합성은 그 단어가 맞는다는
보조적 증거가 된다.

우리가 써넣을 실제 단어는 그 단어에 대한 힌트와 이미 정해진 다
른 단어들을 바탕으로 해서 **생각해낼** 단어이다. 하지만 정말로 옳은
단어는 그것과 교차하는 다른 단어들이 모두 옳은 단어일 때 우리가

생각해냈을 단어이다. 한편, 교차하는 단어들은 자신을 설명하는 힌트와도 맞고 자신과 교차하는 단어와도 맞아야 한다. 어떤 단어든 옳게 들어가려면 퍼즐 전체가 서로 잘 맞춰져 있어야 하는 것이다.

여기에서 위의 추론은 무너진다. 십자말풀이에 대해, 우리는 정확한 답은 퍼즐을 만들어낸 사람의 머릿속에 있는 것과 맞아야 한다고 생각할지도 모른다. 힌트와 단어 들이 짜맞춰진 방식은 퍼즐을 만든 사람이 생각한 것을 추측하는 수단에 불과하다. 하지만 무신론자들에게 진짜 세계는 창조자가 없다. 따라서 우리가 예측해야 할 신의 마음은 존재하지 않는다.

평가적 추론의 구조도 이와 비슷하다. 한편으로 우리는 우리의 실제 정서와 맞춰 판단하려고 노력한다. 다른 한편, 우리의 판단은 지난 증거와 추론을 바탕으로 우리가 내린 보조적 판단과도 맞아야 한다.

왜곡 없는 정서

우리의 실제 정서는 우리의 정서적 판단이 옳다는 증거이지만 유일한 증거는 아니다. 우리가 어떤 정서를 느끼리라는 1차 가설이 받아들여지려면 우리의 실제 정서라는 증거만으로는 부족하다. 우리에게 정서의 왜곡이 없다는 보조적 가설과 결합해야만 받아들여질 수 있다.

정서적 판단을 내리기 위한 왜곡 없는 조건이란 무엇일까? 왜곡 없는 조건은 확보하기가 거의 불가능한 이상이다. 우리가 혹시 확보했다 하더라도, 그것을 확보했다는 사실을 알 길이 없다. 왜곡 없는 환경에서는 관련 있는 요소를 우리가 모두 알고 있을 것이다. 어떤 정서적 판단에 대해서도 이것은 가능할 것이다. 관련 있는 요소들이 그렇게 많지는 않기 때문이다. 하지만 관련된 것을 우리가 모두 알고 있다는 것을 알려면, 먼저 우리는 알아야 할 모든 것을 알아야 할 것이다. 그것이 관련이 있는지를 판단하는 유일한 길은 모든 지식 하나하나를 살피는 것이다. 인간의 유한성을 생각하면, 우리는 절대 왜곡 없는 조건이 무엇인지 구체적으로 정확히 말하지 못할 것이다.

그럼에도, 우리는 정서적 판단을 내릴 수 있다. 그렇게 할 수 있는 이유는 우리가 정서의 왜곡에 대해 어느 정도 지식이 있기 때문이다. A가 B를 자신의 분노를 살 만하다고 판단할 때, A의 1차 가설은 자신이 B에 대해 분노를 느낄 거라고 예상하는 것이다. 하지만 A는 다양한 보조적 가설이 참일 때만 자신의 실제 정서가 그 예측을 정당화한다는 것을 알고 있다. A의 보조적 가설은 방향, 이유, 정보, 평가, 초점, 강도, 그리고 생리 측면에서 자신의 분노에 어떤 실수도 없다는 것이다. A의 보조적 가설은 정서의 경험에 바탕을 두고 있으므로 임시방편인 것이 아니다. 여기에는 어떤 가설도 더해질 수 없고, 오직 정서의 본성을 바탕으로 한 가설만 더해질 수 있다.

이제 정서적 판단을 단순한 지각 판단perceptual judgment과 비교해보자. 어떤 것이 초록색이라는 판단은, 시각구조에 왜곡이 없는 한 그것이 초록색으로 보이리라는 믿음을 표현한 것이다. 이런 1차 가설에 대한 증거는 눈앞의 대상이 초록색이라는 경험이다. 그런데 자신의 보조적 가설과 반대되는 증거는 이런 믿음을 바꿀 수 있다. 그런 증거는 주위의 빛, 그 사람의 지각구조 결함에 대한 정보, 배경색이 시각에 미치는 효과 등이 될 것이다. 하지만 이런 보조적 증거를 획득하더라도 대상을 경험하는 방식에는 영향을 미치지 않는 것이 보통이다. 배경 조명이 흰색이 아니라 노란색이었음을 알게 된다면 대상의 색깔에 대한 믿음은 바뀔지 모르지만, 그래도 대부분은 그것이 여전히 초록색으로 보일 것이다.

정서적 판단의 경우에는 상황이 다르다. A가 판단하기로 B가 자신의 분노를 살 만하다고 할 때, 그것은 정서의 왜곡이 없다면 자신이 B에게 화를 낼 거라는 믿음을 표현한 것이다. 이런 믿음에 대한 1차 증거는 A가 B에게 화가 났다는 것이다. 게다가, A는 화를 제대로 내기 위해 피해야 할 예로 앞에서 언급된 실수를 자신이 하고 있지 않다는 보조적 가설을 믿고 있다. 예를 들어 B가 했다고 오해한 일을 사실은 B가 하지 않았다는 정보를 얻게 되면, A는 B에게 화를 낼 만하다는 판단을 바꿀 수 있다. 하지만 지각 판단의 경우와 달리, 이런 보조적 증거를 획득하면 시간이 지나면서 B에 대한 A의 정서적 반응도 바뀔 것이다. 즉 B가 그 일을 하지 않았다는 사실을 알게 되면, 화를 낼 만하다는 믿음도 바뀌고 B에 대한 분노의 감정도 바뀐다. 하나의 메커니즘이 믿음과 정서를 연결시키는 것이다. 정서는 속도가 느리고 도움도 필요하긴 하지만, 차츰 변해서 그에 대응하는 정서적 믿음과 하나가 된다. 피드백 메커니즘이 정서적 믿음과 그와 어원이 같은 정서를 일치시키는 것이다.

판단, 믿음, 정서

이제 우리는 정서적 판단과 그에 대응하는 정서 사이의 내적 연관성을 설명할 수 있게 되었다. 하지만 먼저 우리가 설명하지 않으려 하는 것을 아는 것이 중요하다.

종종 사람들은 가치 있는 것과 우리에게 중요한 것 사이에, 또는 정서적 판단과 그 정서 사이에 필연적 혹은 개념적 연관성이 있으리라고 생각한다. 만일 그 연관성이 필연적이라면 우리는 항상 정서적 판단과 그 정서를 함께 발견할 것이다. 하지만 이는 문제를 과장하는 것이다. 깊이 생각해보면, 우리가 찾는 것은 필연적인 연관성이 아니라는 것을 알 수 있다. 공통의 경험을 통해 우리는 정서 없이 정서적 믿음을 갖는 것, 또는 정서적 믿음 없이 정서를 갖는 것이 항상 가능함을 알고 있다. 누군가를 잃고 비통해하는 사람은 슬픔에 빠져 있어서 그를 둘러싼 세상을 즐길 수가 없다. 하지만 그럼에도 세상은 즐거운 곳이라는 믿음은 변치 않을 수도 있다. 슬픔에 빠진 그에게 누군가 물었을 때, 그는 진심으로 이 세상은 즐거운 곳이라고 말할 수 있다. 단지 그는 지금 슬픔에 빠져 있어 즐거움을 느끼지 못하는 것뿐이다. 이것은 정서 없이 그와 연관된 정서적 믿음을 갖고 있는 경우이다.

쥐 공포증이 있는 사람이 쥐는 무서운 동물이 아니라고 믿을 수도 있다. 그래도 그 사람은 쥐를 무서워한다. 쥐가 위험하지 않다는 증거가 아무리 많아도, 그는 두려움을 떨치지 못한다. 이것은 정서적 믿음이 없이 그와 연관된 정서가 강렬한 경우이다.

이처럼 우리는 믿음과 정서 사이의 필연적인 연관성이 아니라, 그보다 약한 것을 찾고 있다. 이 내적 연관성은 믿음과 증거 사이의 합리적 연관성과 똑같다. 예를 들어 증거에 따라 옳고 그름이 갈리게 될 한 가설로서, B가 A의 분노를 살 만하다는 정서적 판단을 생각해보

자. 가장 중요한 증거는 B에 대한 A의 정서적 반응이다. 모든 가설처럼, A의 믿음 하나만 검정당하는 것은 아니다. A는 정서의 왜곡이 없다는 보조 가설과 연계해야만 자신의 믿음을 검정할 수 있는 것이다. 검정 조건에서 B가 A의 분노를 살 만하다는 A의 가설은, A가 믿는 대로 B가 어떤 잘못된 행동을 했다는 것과, A가 숨어있는 심리적 문제에 휘둘리지 않는다는 보조적 가설과 연계했을 때 A가 B에게 화가 날거라는 예측을 내포하고 있다. A가 B에 대해 화가 났다고 해서 B가 A의 분노를 살 만하다는 가설이 확정되진 않는다. 하나 이상의 보조적 가설이 틀릴 수도 있기 때문이다. 어쩌면 B가 그 행동을 하지 않았을 수도 있고, A의 심리상태가 정상이 아닐 수도 있다. 하지만 A가 B를 자신의 분노를 살 만하다고 판단할 때는 A는 반드시 B에게 화가 나 있고, A가 B에게 화가 나 있으면 반드시 B가 A의 분노를 살 만하다고 판단하는 것이 보통이다. 여기서 '보통'은 가설과 증거, 그리고 정서적 판단과 실제 정서 사이의 합리적 관계를 나타낸 것이다.

따라서 정서적 판단은 믿음이 될 수 있다. 특별한 유형의 믿음으로서, 보통 정서적 판단은 정서적 힘이 있기 때문이다. 정서와 정서적 판단은 서서히 하나가 될 것이다. 정서적 판단을 내릴 때 우리는 가설을 상정한다. 우리는 사실에 입각한 가설을 검정할 때와 똑같은 방식으로 이 가설을 검정한다. 판단과 정서는 검정 과정에서 바뀔 수 있다. 그리고 그 결과는 시간이 지나면서 하나가 된다.

정서적 판단이 정서가 아니라 믿음이라는 깨달음은 굉장히 중요하다. 믿음은 옳을 수도 틀릴 수도 있는데 정서는 그렇지 않기 때문이다. 정서는 적절할 수가 있고 정당할 수가 있고 어울릴 수가 있지만,

참일 수는 없다. 하지만 우리 삶에 의미가 있을 수 있는지 답을 찾으려 할 때, 우리는 옳은 것으로 보이는 답이 아니라 옳은 답을 찾고 싶다. 의미에 대한 탐색은 진리에 대한 탐색이므로, 믿음은 진리가 되기에 적합한 후보이다.

11
믿음

이성은 열정의 노예이고 열정의 노예여야 한다. 그리고 열정을 받들
고 복종하는 것 외에 다른 어떤 역할을 하는 것처럼 보여서는 안 된다.

-데이비드 흄, 《인간 본성에 관한 논고》[1]

우리는 정서적 판단을 믿음으로 보고 진정으로 중요한 곳으로 안내
하는 지침으로 활용하려 한다. 10장에서는 평가적 믿음이 보통 그와
관련된 정서와 하나가 되는 이유를 보여줬다. 이번 장은 믿음을 공고
화하는 정서의 역할을 보여줌으로써 평가적 믿음에 정서적 힘이 있다
는 증거를 더 많이 제시할 것이다.

　우리는 평가적 믿음, 즉 정서적 판단과 정서 사이에 밀접한 연관이
있음을 보았다. 우리가 느끼는 정서는 그에 대응하는 정서적 판단이
옳다는 가장 명백한 증거이다. 얼핏 보면 우리가 어떤 사람을 경멸한
다는 것은 그가 경멸할 만하다는 증거로 보인다. 하지만 그것은 결정
적 증거가 아니다. 우리의 감정은 항상 검토 절차가 필요하기 때문이
다. 그 사람이 정말 우리가 생각한 그 행동을 했는가? 그 사람이 정말
우리가 생각한 이유 때문에 그 일을 했는가? 그는 성격상 그런 행동

을 했는가, 아니면 단순한 실수였는가? 그가 한 행동은 우리가 생각한 것만큼 정말 나쁜가? 그의 행동에 대한 우리의 반응은 건전한 반응인가, 아니면 개인적인 감정이거나 지나친 호들갑인가? 결정적이진 않지만, 감정은 보통 평가적 판단에 대한 좋은 증거이다.

일반적으로, 어떤 사람의 정서와 판단이 불일치하면 어떤 불균형이 지속된다. 흔히 불균형은 어떤 사람의 인성과 자질 사이에 생긴다. 예를 들어 우리는 어떤 공인을 한 인간으로서 경멸스럽다고 평가하면서, 그 사람의 웅변가로서의 자질은 존경할 수 있다. 하지만 대개 판단과 정서는 일치하고 서로 맞물리게 마련이다. 둘 사이가 불균형하면 그 이유에 대한 설명이 필요하고, 그 불일치를 조정해야 한다. 단순한 영리함과 달리 진정한 지혜는 판단과 정서의 조화를 의미한다.

정서는 또한 믿음을 공고화하는 중요한 역할을 한다. 정서는 믿음을 견고하게 하고 힘을 준다. 우리가 어떤 사람이 존경스럽다고 하면 대체로 우리는 그 사람을 존경한다. 존경스럽다고 하면서 그 사람을 존경하지 않으면 우리의 믿음이 얼마나 강한지 불확실하다. 어떤 것이 위험하다고 믿으면서도 그것에 두려움을 느끼지 않으면, 그냥 다른 사람들의 믿음을 앵무새처럼 따라 하는 것에 불과할 것이다. 용기는 정말 위험한 상황을 두려워하는 마음을 극복하는 것이지 미련하게 그것이 안전하다고 믿는 것이 아니다.

믿음은 인지적 태도이다. 믿음은 증거에 호응하긴 하지만, 그래도 정서와 깊이 관련되어 있다. 여기서 우리는 이 장의 첫머리에 인용된 데이비드 흄과 의견이 갈린다. 흄이 살던 18세기의 심리학에서, 믿음과 정서는 완전히 별개였다. 그 두 가지는 인간 심리에서 서로 다른 분과에 속했다. 흄이 볼 때 인간을 행동으로 이끄는 것은 열정뿐이었다. 믿음과 이성은 정적이므로 인간을 행동으로 이끌지 못한다는 것이다. 그래서 그는 믿음은 항상 정서에 봉사해야 하고, 이성은 열정의 노예라고 주장했다. 우리는 이런 구시대의 심리학을 버려야 한다. 믿음은 정서에 영향을 주고 정서는 믿음에 영향을 준다. 믿음은 강도에 따라 여러 단계가 있다. 우리는 구데 믿을 수도, 약하게 믿을 수도 있다. 대개 어떤 믿음이 다른 믿음보다 강하다면, 강한 믿음은 약한 믿음보다 정서와 더 밀접하게 연관되어 있다. 믿음과 정서는 서로 똑같이 작용한다.

정서와 믿음의 강도

우리는 어떤 명제에 대해 다양한 인지적 태도를 가질 수 있다. 인지적 태도들을 믿음의 강도에 따라 대략 정리한 다음의 목록을 살펴보자.

(1) 의심한다

(2) 의혹을 가진다

(3) 가정한다

(4) 추정한다

(5) 전제로 한다

(6) 생각한다

(7) 견해를 가진다

(8) 믿는다

(9) 확실히 안다

(10) 확신한다

(11) 신념을 가진다

우리는 가끔 어떤 사람을 '열정적으로' 믿는 사람, 또는 '깊은' 믿음을 가진 사람이라고 얘기한다. 믿음 중에서도 더 중요한 믿음이 있는 것이다. 뭔가를 열정적으로 믿지 않는 과학자들도 가끔 허구를 믿는 경우가 있다. 진짜 과학자들은 자신들이 선호하는 이론에 헌신하게 되고, 이런 이론에 대한 확증은 자부심의 핵심을 차지한다. 우리가 열정을 갖는 대상은 의견보다는 확신이다. 그리고 의혹보다는 믿음에 더 헌신한다. 반면, 확신하는 것을 의심하기보다는 의혹을 가진 것을 더 의심한다.

이성적인 사람이라면, 명제에 대한 인지적 태도의 강도는 그 명제를 뒷받침하는 증거의 강도에 비례할 것이다. 그래서 추정하는 내용보다는 확신하는 내용이 진실일 가능성이 더 높다고 생각할 것이다. 합리적으로 생각하는 사람들에게 증거의 강도는 믿음의 강도에 비례할 것이다. 하지만 그 사람이 그 인지적 태도를 **왜** 가졌는지를 설명하는 것은 그 태도와 연관된 것이 **무엇**인지를 설명하는 것과는 다르다. 증거의 강도는 믿음의 강도에 대해 논리적인 설명이 되지만, 그것이 믿음의 어떤 강도인지에 대한 심리적 설명은 되지 않는다.

믿음의 강도는 심리학적으로는 어떻게 나타날까? 한 가지 실마리는 믿음이 강할수록 그것에 더 깊이 헌신하게 된다는 것이다.[2] 우리는 약한 믿음보다는 강한 믿음에 더 기대려 한다. 다른 사람이 의문을 제기할 때 우리는 약한 믿음보다는 강한 믿음을 더 옹호하려고 한다. 그렇지만 헌신은 지적인 태도 이상의 것이다. 누군가가 어떤 대의 또는 행동방침에 헌신한다는 것은, 그 사람이 대의와 행동에 감정적으로 더 묶여 있다는 뜻이다. 지적인 이유로 뭔가에 헌신할 수도 있지만, 헌신을 헌신으로 만드는 것은 정서와의 연관성이다. 우리는 자존심과 자부심 또는 불안과 걱정과 연관되어 있을 때 그 믿음에 헌신한다. 따라서 인지적 태도의 강도 혹은 세기를 결정짓는 것은 정서생활과 어느 정도나 관련되어 있는가이다.

믿음의 반대인 의심은 다른 실마리를 제공한다. 뭔가를 강하게 믿는다는 것은 약하게 의심한다는 말이다. 하지만 믿음의 진위에 영향을 받긴 하지만, 의심은 인지보다 정서에 더 가깝다. 의심은 믿음과 같은 면이 있다. 믿음과 반대되는 증거에 의해 생기기 때문이다. 의심은 경험을 통해 얻는 측면이 있다. 의심은 들볶고 짜증나게 한다. 또한 불안하고 걱정스럽게 만든다. 의심의 느낌은 여러 단계의 강도가 있다. 의심은 우리를 다시 생각하게 부추기고 때로는 믿음을 수정하게 한다. 그리고 의심이 가는 믿음에 관심을 집중시킨다. 우리가 새로운 믿음을 품으면 의심은 저절로 해소된다. 의심은 평가적인 측면이 있다. 우리는 의심 상태에 있는 걸 좋아하지 않는다. 믿음의 허약함은 대체적으로 그것에 대한 의심의 강도와 비례한다. 의심은 정서적인 측면이 크고, 그래서 정서는 믿음의 강약과 연관이 있다.

우리는 심리적 반응에서도 정서가 믿음과 관련되어 있다는 것도 알 수 있다. 거짓말 탐지기는 거짓말을 하는지를 탐지하는 것이 아니다.

그것은 피실험자가 자신이 말하는 내용을 믿는지의 여부를 탐지하는 것이다. 정서적인 스트레스로 인한 생리적 반응을 측정함으로써 믿음을 검정하는 것이다. 거짓말 탐지기는 보통 네 가지, 즉 맥박과 호흡수, 혈압, 전기에 의한 피부반응(땀으로 인한 피부의 전도율)을 측정한다. 다른 조건이 같으면, 정서적 스트레스를 나타내는 이런 표시는 피실험자가 자신이 믿는 것을 대답할 때와 자신이 믿지 않은 것을 대답할 때 사이에서 변한다. 거짓말탐지기가 법원에서 증거물로 채택되지는 않지만, 믿음과 정서의 연관성 때문에 그만큼 큰 역할을 한다.

정서와 믿음은 뇌에서도 서로 연결되어 있다. 한 예로 측두엽 간질 때 가끔 일어나는 현상을 들 수 있다. 이 병을 앓는 환자 중에서는 그런 발작이 진행되는 동안에 두려움과 경외감 같은 종교적 체험을 했다고 보고하는데, 이것은 우 측두엽에 전자기 자극을 줬을 때 나타나는 경험과 유사하다. 흥미로운 것은 상승할 수 있는 종교적 믿음의 강도이다. 라마찬드란은 이렇게 설명한다.

환자는 "이거예요. 드디어 진실을 봤어요. 이제 아무 의심도 없어요"라고 말하기도 한다. 이상한 것은 어떤 생각에 대한 절대적 진실이나 거짓에 대한 확신은 논리적이고 절대 확실하다는 자부심이 필요한 명제적 언어체계가 아니라 사고에 정서적인 속성을 더해 '진실성이 있어 보이게' 만드는 원시 변연계에 좌우된다는 것이다(이것이 과학자들뿐만 아니라 사제들이 자신의 독선적인 주장에 제기되는 논리적 추론을 통한 지적에 그토록 극렬하게 저항하는 이유일지도 모른다!).[3]

신의 존재에 대한 환자들의 증언은 토대가 허약하다. 간질 발작이 일어나는 동안에 경험한 것이기 때문이다. 그들의 믿음의 강도, 종교적 신념에 대한 절대적 확신은 증거와는 관련이 없다. 믿음에 대한 그런 확신은 뇌에서 정서를 관장하는 변연계와의 연관성에서 나오는 것이다.

심리치료와 믿음

정서장애에 대한 인지–행동 형태와 합리–정서 형태의 심리치료가 효과를 보이는 이유는, 정서가 인지적 태도에 따라 달라지기 때문이다. 잘못된 가정과 부정확한 무의식적 사고, 왜곡된 추론은 우울증이나 불안, 정서의 역기능을 초래한다.

하지만 인지행동치료CBT는 믿음과 정서의 상호작용을 한 가지 방식으로만 보지 않는다. 인지왜곡을 바로잡는 것은 가벼운 기분장애에는 효과가 있다. 하지만 심한 우울증이나 인격장애의 경우, 역기능 정서가 인지 및 행동 증거에 맞서서 환자의 핵심적인 믿음 체계를 유지하는 역할을 한다.[4] 인지행동치료에서는 굳게 유지되는 핵심 믿음과 관련 정서의 이러한 시스템과 패턴을 '스키마schema'라고 한다.

스키마는 흔히 어린 시절에 형성되어 단순하고 미성숙하고 무조건적인 믿음을 포함하고 있다. 마음 깊은 곳에서 '나는 쓸모없고 가망 없는 낙오자야'라고 믿지만 이것은 주관적이고 완고하고 유치한 사고방식이다. 정신적으로 좀 더 건강하고 성숙한 사람이라면 자신에 대해 '나는 운이 좀 안 좋았지만 계속 그러진 않을 거야. 실수를 하긴 했지만 아직 나를 존중하고 나랑 함께 있는 것을 좋아하는 사람은 많아. 내가 좀 더 신중하면 사태가 나아질 거야'라고 좀 더 분석적이고 미묘한 차이를 반영한 믿음을 가질 것이다.

기분장애와 같이, 인격성향은 다양한 형태의 왜곡된 정보와 증거에 의해 유지된다. 스키마는 반증에 맞서 핵심 믿음을 지킨다. 환자는 잘못된 추론을 하고 나서 자신이 선택한 증거에만 관심을 두고 나머지는 무시하거나 부인한다. 그리고 사소한 증거에서 성급한 일반화를 도출하고 상황을 사적인 감정이 실린 것으로 잘못 해석한다. 그리고 자신의 기존 평가를 뒷받침하기 위해 사건의 의미를 과장할 것이다.

하지만 기분장애와 달리 스키마는 인지치료에 금방 반응하지 않는다. 환자는 부적응적 핵심 믿음을 바꾸지 않으려 저항하기 때문이다. 그의 믿음에 대한 합리적인 토론은 그에게 위협적이고 당황스럽다. 흔히 치료자는 심상이나 역할극을 활용하거나, 환자의 성숙한 자아와 상상 속의 유아적 자아와 대화를 나누도록 유도하는 등 정서적, 경험적 기법에 의지해야 한다.[5] 환자의 핵심 믿음은 정서와 강하게 연관되어 있어서 그의 믿음은 증거에 쉽게 반응하지 못한다.

정서적 판단은 두 가지 경향으로 나타난다. 한편으로 정서적 판단은 정서라는 증거와 호응한다. 다른 한편, 정서적 판단은 정서에 의해 자리를 잡거나 더 공고해진다. 정서는 믿음을 강화하지만 때로는 건강하지 못한 방식으로 강화한다. 한 예로 역기능 정서는 믿음이 증거에 반응하는 것을 방해한다.

스키마, 증거, 믿음이 상호작용하는 예로 많은 사람들이 죽음을 대하는 방식을 들 수 있다. 우리가 일상의 만족감을 유지하는 것은 죽음을 깊이 생각하지 않아야 가능하다. 죽음에 대해 얘기하거나 생각하면 많은 사람들은 불안해한다. 그래서 화제를 바꾸거나 다른 생각을 하거나 죽음에 대해 농담을 하거나 그 대화에서 빠진다. 그리고 그들이 언젠가는 죽으리라는 증거를 부인하거나 잊어버린다. 사후세계를 믿게 되거나 극히 희박한 증거를 바탕으로 자신만은 죽지 않으리라 믿기도 한다. 공동체의 구성원으로서 우리는 죽음을 병원이나 장례식장에 가둠으로써 삶에서 죽음을 감춘다.

톨스토이는《이반 일리치의 죽음》에서 주인공이 부인할 수 없는 증거에도 불구하고 임박한 죽음을 믿지 못하는 모습을 빼어나게 그렸다.

마음 깊은 곳에서 그는 자신이 죽어가고 있다는 것을 알았다. 하지만 그 생각에 적응이 되지 않았을 뿐 아니라, 그 죽음을 이해하지도 못하고 이해할 수도 없었다.

키제베터의 논리학에서 배운 삼단논법 '카이우스는 사람이다. 사람은 죽는다. 그러므로 카이우스도 죽는다'는 카이우스에게 적용할 때는 항상 옳아 보였다. 하지만 자기 자신에게는 절대 적용이 되지 않았다. 추상적인 인물인 카이우스가 죽는다는 것을 말할 나위도 없이 옳았지만, 그는 카이우스도 아니고 추상적인 인물도 아니고, 다른 모든 사람들과 너무나 확실히 구분되는 인물이었던 것이다. 그는 엄마와 아빠가 있는 어린 바냐였다. 미챠와 볼로댜도 있었고, 장난감, 마부, 유모, 그 후에는 카텐카도 있었고, 어린 시절과 청소년 시절, 청년 시절의 그 모든 즐거움, 슬픔, 기쁨도 있었다. 바냐가 그렇게 좋아하던 줄무늬 가죽 공에 대해 카이우스가 뭘 알 것인가? 카이우스가 나처럼 어머니의 손에 키스를 했던가? 그리고 어머니의 실크드레스 자락이 카이우스를 위해 바스락거렸던가? 학교 식당의 빵이 상했을 때 카이우스가 그렇게 난동을 피웠던가? 카이우스가 나처럼 사랑에 빠져봤던가? 내가 했던 것처럼 카이우스가 재판을 진행할 수 있었을까? '카이우스는 정말 죽을 운명이었고, 그가 죽는 것은 당연해. 하지만 나는, 어린 바냐는, 이반 일리치는, 이 모든 생각과 감정을 갖고 있는 나는 전혀 달라. 내가 죽어야 할 리가 없어. 그건 너무 무자비한 일이야.[6]

일상의 만족감은 죽을 운명에 대한 강한 믿음과 공존할 수 없다. 실존주의자들은 비존재nonexistence의 두려움을 마주하지 않고서는 참된 삶을 살아갈 수 없다고 강조한다. 우리는 이런 감정을 헤치며 살아가거나 이런 감정을 처리해야 한다. 우리 자신은 죽지 않으리라는 어린아이 같은 믿음을 바탕으로 정서적 판단을 내린다면, 그 판단은 잘못된 것이고 그 정서는 진짜가 아닐 것이다. 우리는 자신의 죽음에 내재한 상실감을 약화시키기 위해 삶에 정서가 개입되는 것을 회피해서는 안 된다. 반면, 죽음의 불운을 과장하거나 그것에 집착해서도 안 된다. 죽음은 삶의 의미를 파괴하지 않는다.

정서 그리고 믿음의 공고화

지금까지의 내용을 보면 정서가 믿음의 형성에서 순전히 비정상적인 역할만 하는 것처럼 보인다. 언뜻 보면 정서는 믿음이 증거에 반응하는 것을 방해하고 진실을 획득하는 것을 방해하는 것 같다. 하지만 그런 겉모습은 오해를 부른다. 정서는 믿음을 안정시키는 데 중요한 역할을 하고, 간혹 나타나는 부정적인 역할은 부차적인 것이다.

정서가 어떻게 믿음을 공고화하는지 보기 위해, 믿음 검정이 전체론적이라는 것을 상기해보자. 어떤 믿음이건 그것이 증거에 의해 맞거나 틀리다고 확증되기 위해서는 여러 가지 보조적 가설이 그 믿음을 보완해야 한다. 주어진 믿음을 틀린 것으로 확증하는 것 같은 증거가 사실 보조적 가설을 틀린 것으로 확증할 수도 있다.

예를 들어 A는 B와 함께 있는 것이 즐겁다고 믿고 있다. 그런데 어느 날 A는 B와 함께 있는 것이 즐겁지 않다고 생각하게 된다. 이것은 정서의 왜곡이 없는 경우라면 A가 B와 함께 있는 것을 좋아한다는 가설이 틀렸다는 증거일 수도 있다. 하지만 왜곡 없는 조건이라는 A의 보조적 가설이 틀렸다는 증거가 될 수도 있다. 왜곡 없는 조건에는 A가 심리적으로 건강한 상태라는 것도 포함된다. 어쩌면 그날 B와 함께 있는 것이 즐겁지 않은 것은 B와 함께 있는 것이 즐겁지 않은 것이 아니라 A가 그날 기분이 울적해서일 수도 있다. A는 어떤 가설을 받아들이고 어떤 가설을 버릴지를 어떻게 결정해야 할까?

논리적으로 볼 때, 통합망holistic web에 있는 모든 믿음은 새로운 정보에 의해 틀렸음이 확증될 가능성이 있다. 그런데 정서가 개입되지 않은 근거로는 어떤 믿음을 간직하고 어떤 믿음을 버려야 할지를 결정할 수 없다. 앞으로 보게 되겠지만, 정서적 근거가 거기에 해답을 준다.

10장에서 드 소사와 다마시오가 설명한 전략적 합리성, 즉 행동방침을 결정할 때의 정서의 역할을 생각해보자. 유한한 인간의 머리로 즉석에서 결정을 내릴 때 직면하는 문제는 머릿속에 너무나 많은 정보가 저장되어 있다는 것이다. 결정하는 데 관련이 있을지 없을지 정보를 하나씩 꺼내 살펴보지 않고서 어떻게 결정을 내릴 수 있겠는가? 하지만 우리가 알고 있는 정보를 하나하나 확인해야 한다면 행동에 옮기기까지는 영원의 시간이 걸릴 것이다. 여기서 드 소사는 관심을 집중시키려는 정서의 속성이 중요한 역할을 한다고 가정했다. "정서는 관심의 대상들, 조사할 방향들, 그리고 추론전략들 사이에서 가장 결정적인 패턴이다."[7] 정서는 특정 정보에 관심을 집중시키고 다른 정보는 무시하게 한다.

새로운 증거에 반응해서 어떤 믿음을 유지할 것인가를 결정할 때도 마찬가지다. 우리의 믿음은 그 수가 엄청나게 많다. 새로운 정보가 어떤 믿음과 관련이 있을지를 알려면 믿음들을 하나씩 불러내서 확인해 보는 수밖에 없을 것이다. 하지만 그렇게 하다가는 우리의 유한한 두뇌가 수렁에 빠지지 않겠는가? 어떤 믿음을 공고화하고 강화하는 정서의 역할은 이러한 결정을 도와주는 메커니즘을 제공한다.

우리는 정서적 판단으로 표현되는 믿음을 정서적 반응을 바탕으로 해서 형성한다. 절벽에 대한 두려움은 절벽이 위험하다는 명백한 증거다. 정서적 반응의 집중하는 속성 때문에, 두려움의 증거는 다른 지각의 증거와 달리 냉철하지dispassionate 못하다. 정서적 반응은 인지 기능에 세 가지 영향을 미친다.[8] 우리의 관심을 반응의 대상에 집중시키고, 그 반응을 유지하려는 상황에 대한 경각심을 높이고, 그 반응을 바꾸려는 상황으로부터 우리 관심을 분산시키는 것이다. 정서는 우리가 상황을 보는 방식을 제약한다고 할 수 있다.

절벽을 만났을 때, 공포는 우리의 관심을 추락에 집중시키고 친구와의 대화에서는 멀어지게 만든다. 그리고 절벽 아래의 울퉁불퉁한 바위, 바람의 세기, 그리고 잡을 난간이 없는 상황에 경각심을 불러일으킨다. 공포 때문에 우리는 다른 사람들이 안전하게 우리보다 더 가장자리에 서 있다는 사실을 깨닫지 못하고, 아무도 그 절벽에서 떨어진 적이 없다는 사실을 떠올리지 못한다. 공포는 절벽이 위험하다는 증거가 되기도 하지만, 절벽이 위험하다는 증거를 과장하고 그 반대의 증거를 과소평가하는 역할도 한다.

공포만이 증거를 제약하는 정서인 것은 아니다. 질투를 품으면 연인의 배신을 나타내는 징조에 민감해진다. 누군가에게 분노하면 그 사람의 장점이 보이지 않는다. 어떤 사람을 존경하면 그 사람의 약점이 보이지 않는다. 또한 증거의 제약은 현재 일어나는 감정에 국한되는 것도 아니다. 처음에 느낀 분개의 감정이 사라지고 한참이 지난 뒤에도, 상대를 향한 차가운 분노는 그 사람의 미덕을 받아들이는 것을 거부하는 데서, 그리고 그 사람의 약점에 몰두하는 데서 그 모습을 드러낸다.

정서의 집중시키고 강화하고 분산시키는 속성은, 어떤 믿음에 대한 반대 증거가 나와도 그 믿음을 강화하고 공고화한다. 새로운 정보를 만나면 가설의 망web of hypotheses에서 더 강한 믿음은 유지하면서, 오류를 입증하는 잠재증거는 다소 약한 믿음으로 돌린다. 다른 변수가 없다면, 우리가 더 강하게 품고 있는 믿음이 진실일 가능성이 클 것이다. 그렇지 않으면 정서가 역기능을 하는 것이다. 정서적 근거는 믿음 형성의 전체론이 만들어내는 결정 문제에 하나의 해법을 제공한다.

반론과 답변

우리는 믿음 없이도 정서를 품을 수 있다. 환상을 품을 때, 우리는 그것이 허구라는 것을 알면서도 그에 대응하는 정서를 일으킬 수 있다. 환상의 정서는 실제의 정서와 똑같이 실감난다. 하지만 믿음 없이 정서를 느끼는 것은 정서 없이 믿음을 갖는 것과는 다르다. 환상을 펼칠 때, 우리는 우리 뜻대로 즐거운 생각을 즐기고 있다는 것을 알고 있다. 그리고 그것들이 사실이라는 증거가 없는데도 즐거운 생각을 즐기고 있다는 것을 인식하고 있다.

우리는 한 번도 생각해보거나 느껴보지 않은 것에 대한 믿음을 갖고 있다. 예를 들어 우리는 모두 달 뒷면에 기린이 살고 있지 않다고 믿는다. 그런 생각을 지금까지 구체적으로 표현해보지는 않았겠지만 말이다. 가져본 적도 없는 믿음에 어떻게 우리는 정서적으로 몰입할 수 있을까? 하지만, 지금까지 한 번도 생각해보지 않았더라도 우리는 그런 믿음에 정서적으로 몰입하고 있다. 그렇지 않다면 우리는 기린이 어떻게 거기까지 갔을지, 기린들이 먹이가 충분할지, 또 그 기린들을 구해달라고 나사에 연락해야 할지가 궁금할 것이다.

우리가 관심을 둘 수 없는 것에 대한 믿음을 가질 수 있을 것이다. 우울증이 한 예이다. 우울증이 심해서 아무 의욕이 없는 사람은 우울증이 생기기 전에 가졌던 정보를 모두 열거할 수 있을지 모르지만, 그중 아무데도 관심이 없을 것이다.

그 사람은 그 정보에 얽매이지 않을 것이고, 그것을 옹호하지 않을 것이고, 그것에 의지하지 않을 것이고, 그것이 사실인지도 궁금하지 않을 것이다. 그 이유는 우울증이 믿음을 왜곡하기 때문이다. 우울증에 빠져 있으면, 정서가 그 사람의 믿음을 어느 정도 강화한다. 우울증은 잘못된 믿음이나 절망적이고 자기비하적인 믿음에 관심을 집중시키고, 그와 상반되는 믿음은 약화시키거나 최소화한다. 그래서 예전에 믿었던 것들을 그때만큼 강하게 믿지 않는다. 우울증이 믿음을 파괴하지는 않는다 해도 그것을 약화시키는 역할은 하는 것이다.

우리는 또한 정서와 어긋나는 믿음도 가질 수 있다. 그 한 예가 공포증이다. 비행기를 타는 데 공포증이 있는 사람을 생각해보자. 다양한 증거에 의하면, 거리로 계산할 때 자동차보다 비행기가 안전하다. 하지만 비행기를 탄다는 생각만 해도 그 사람은 두려움에 떤다. 그는 비행기가 안전하다는 것을 믿지만 그래도 비행을 두려워하는 것이다. 그는 비행기가 안전하다는 것을 얼마나 굳게 믿을까? 비행기에 두려움이 없는 사람보다는 굳게 믿지 않는다는 것이 정답이다. 여기서 강렬한 정서는 증거에 대한 믿음의 합리적 반응을 방해하고 있다.

정서는 우리를 믿음과 진리에 대한 탐색으로 이끌었다. 하지만 우리는 여기서 정서를 버리지 않았다. 그 이유는 첫째, 실제든 가설이든 정서적 반응에서 정서적 판단과 평가적 믿음이 나오기 때문이다. 둘째 믿음 그 자체가 정서와 밀접하게 연관되어 있기 때문이다. 우리는 믿음에 정서적으로 몰입한다. 믿음이 강할수록 우리는 더 그것을 소중히 여긴다. 우리가 어떤 것이 소중하다고 믿을 때, 그것은 우리에게 중요한 것이다.

삶의 의미를 찾는 탐색에는 우리의 머리와 가슴이 모두 필요하다.

12
진리

그것이 아닌데 그것이라고 말하거나 그것인데 그것이 아니라고 말
하는 것이 거짓이고, 그것을 그것이라 말하거나 그것이 아닌 것을 그
것이 아니라고 말하는 것이 진실이다.

-아리스토텔레스, 《형이상학》, *Γ*. 7.27

뭔가가 감탄스럽다거나 경멸스럽다거나, 친절하다거나 냉혹하다거
나, 자랑스럽다거나 한심하다는 평가나 판단은 두 가지 방식으로 감
정을 연관시킨다. 먼저 실제로 느끼는 정서는 평가적 믿음의 가장 좋
은 증거이자 가치이고, 쾌락이나 욕망, 본성에 관한 사실보다 더 믿음
직한 증거이다. 둘째, 이런 평가적 믿음에 힘을 실어주는 것은 그런
믿음에 대한 정서적 몰입이다. 정서적 몰입이 없는 평가적 믿음은 아
무 힘이 없을 것이며, 그런 믿음은 추정이나 상상, 또는 신념 없는 인
지적 태도에 불과할 것이다.

평가적 믿음에 정서적으로 몰입하는 것만으로는 부족하다. 우리는
올바른 평가를 내려야 한다. 우리의 평가는 가장 정확해야 하고, 모든
증거에 호응하여 형성되어야 한다. 그리고 참이어야 한다. 삶의 의미

를 찾는 탐색은 우리에게 **중요한** 것이자 **참인** 것을 찾는 탐색이어야 한다. 즉 진실로 가치 있고 소중하고 선한 것을 추구하는 탐색이어야 한다. 그래도 의문이 생긴다. 우리에게 무엇인가가 중요하다는 사실이 명백히 **진리**일 수가 있을까?

이 의문에 답하기 위해서는, 믿음이 참이라는 말이 어떤 의미인지 알아야 한다. 이에 대한 흔한 대답이 상대주의론과 대응론이다. 마음이 열린 사람이 되려는 생각에, 어떤 사람들은 어떤 믿음도 만인에게 진리일 수는 없다고 주장한다. 믿음은 그것을 지지하는 사람들(집단, 사회)에게만 진리라는 것이다. 과학적인 사람이 되려는 생각에, 어떤 사람들은 믿음은 물리적 실재와 정확하게 대응할 때만 진리라고 생각한다. 이 두 가지 이론 어느 쪽에 비춰보든, 우리의 정서적 판단은 진리일 수가 없다. 하지만 다행히, 두 이론 모두 옳지 않다.

상대주의

상대주의는 누구도 옹호할 수 없는 원칙이다. 상대주의를 옹호하는 사람은 상대주의 자체가 진리라고 주장해야 한다. 그럼 이때 그는 '진리'를 무슨 뜻으로 쓴 것일까? '나에게 진리'라는 뜻으로 썼다면 다른 사람을 설득하지 못할 것이다. 상대주의가 '나에게 진리'라고 해서 '타인에게 진리'인 것은 아니기 때문이다. 만약 '모든 사람에게 진리'라는 뜻으로 썼다면 혹은 '비상대주의적인 의미에서 진리'라고 썼다면, 그렇다면 그는 일관성이 없는 것이다. 상대주의가 옳다고 주장하기 위해 상대주의라는 자신의 입장을 옳지 않은 것으로 전제하기 때문이다.

다른 사람이 말하는 것, 즉 무엇이 중요하고 왜 중요한지에 대한 그들의 시각은 우리 자신의 믿음을 살펴보기 위해 꼭 참고해야 하는 증거이다. 결국은 그들의 의견을 부적절하다고 결론을 내릴지 모르지만, 그래도 참고는 해야 한다. 결과가 우리의 믿음을 그대로 지키는 것이라 할지라도, 타인의 의견은 우리의 믿음이 반응해야 할 증거이다.

하지만 어떤 사람이 상대주의자라면 그 사람은 자신의 입장을 변호할 필요가 없을 것이다. 진리는 모두 상대적이라고 믿는 상대주의자들은 다른 사람들의 관점에 굳이 반응하지 않을 것이기 때문이다. 다른 사람들의 관점은 '그들'에게는 진리이지만 '나'에게는 진리가 아니고, '나'에게 진리가 아니기 때문에 그것을 참고할 필요가 없다고 생각하는 것이다.

상대주의는 지그문트 프로이트가 '방어기제'라고 부른 것, 또는 아론 벡이 '인지왜곡'이라고 부른 것과 유사하다. 상대주의자는 다른 사람이 한 말이나 신념을 부정하거나 최소화하게 한다. 상대주의 입장에 서면, 다른 사람들의 관점을 무시하는 것을 합리화할 수 있고, 자신의 믿음에 대해 다른 사람들과 맞설 때의 불안으로부터 보호될 수 있고, 자신의 믿음이 반대 의견으로부터 위협받는 것을 막을 수 있다. 상대주의자들은 가치에 대한 자신의 믿음이 다른 증거들에 반응하지 못하게 한다. 이런 상대주의는 진리를 찾는 탐색에서 용기가 없는 태도다.

이보다 덜 극단적인 태도인 문화 상대주의는, 진리는 한 개인이 아니라 한 사회에 따라 달라진다는 입장인데, 이것도 마찬가지의 비판을 받을 수 있다. 때로는 다른 사회의 구성원들이 왜 그렇게 생각하고, 왜 그렇게 믿고, 왜 그렇게 느끼는지를 이해하는 것은 어려운 일이다. 하지만 새로 얻은 깨달음은 그러한 노력을 보상한다. 우리는 정신의 지평을 넓히고, 낯선 세계를 열린 마음으로 대하고, 우리의 믿음을 문화적으로 다른 사회에 반응하게 하여 그 결과를 우리의 믿음 체계에 통합해야 한다.[1] 그렇게 하지 않는다면, 그것은 게으름이고 의지 부족이고 삶의 의미에 대한 탐색을 배반하는 태도이다.

진리대응론

이 장의 첫머리에서 아리스토텔레스가 한 말은, 진리란 우리가 말하는 것과 존재하는 것와의 정확한 대응이라는 통념을 정리한 것이다. 그렇다면 우리가 할 일은 이 대응관계의 성질을 알아내는 것이다. 이 대응관계를 간단히 설명하면 다음과 같다. 우리가 말하거나 주장하는 것은 우리가 믿고 있는 것을 표현한 것이다. 우리의 믿음은 생각과 심상으로 이루어져 있다. 이 심상은 우리를 둘러싼 세상을 그린 것이다. 이 세상은 우리 마음과 독립적인 실재mind-independent reality이다. 우리의 심상이 이 세계를 정확히 반영한 것이라면 우리의 믿음은 참이고, 그렇지 않으면 거짓이다.

우리가 진리대응론을 받아들이면, 진실로 중요한 것이 있느냐는 질문에 대한 대답은 '아니다'이다. 대응론에 따른다면 실재는 평가적 판단을 참이게 하는 속성을 포함해야 할 것이다. 실재는 존경스러움, 혐오스러움, 가련함 같은 속성을 포함해야 한다. 그런 평가적 속성은 지극히 개인적인peculiar 것이어야 한다. J.L. 매키는 이런 속성을 다음과 같이 설명했다.

플라톤의 이데아는 객관적인 가치가 어떠해야 하는지를 인상적으로 보여준다. 선의 이데아는 그것을 아는 사람에게 방향과 결정적인 동기를 준다. 즉 어떤 것이 선하다는 것은, 그것을 아는 사람에게 그 선을 추구하라고 말해주는 동시에 그 선을 추구하게 만든다는 것이다. 객관적인 선은 그것을 인식하게 된 사람이면 누구나 추구하게 되는 선이다. 우연히 어떤 사람이 이 선이라는 목표를 욕망하는 상태가 되는 게 아니라, 이 선에 그것을 추구하게 하는 속성이 어떤 식으로든 내재하기 때문이다.[2]

대응론은 중요한 것, 정서의 개입, 또는 가치판단의 규범적인 힘을 실재 자체에 부여한다. 실재에 목적이 없다는 과학자들의 말을 생각해보면, 어떤 가치판단이든 그것을 진리로 받아들이기는 어렵다.

하지만 다행히도, 대응론은 멋진 비유이긴 하지만 불완전한 이론이다. 가장 큰 문제는 닮음의 개념을 설명하는 것이다. 심상이 그들이 대응한다는 실재를 정확히 복사한 거라면 그 복사판은 좀 더 믿을 만할지 모르지만, 그 복사판은 정확하지 않다. 심상은 흐릿하고 대개 평면적이고 불완전하고 두루뭉술하다. 심상은 아마 뇌의 신경회로에서 구체화될 것이다. 하지만 심상을 구체화하는 신경망은 실제 세계와 닮은 것은 전혀 담고 있지 않다. 뇌는 정보를 나눠서 저장한다. 얼굴을 예로 들면, 뇌는 얼굴에 관련된 정보를 대뇌피질의 서로 다른 장소에 저장한다. 머리카락 색깔은 여기에, 눈 모양은 저기에, 턱선은 또 다른 곳에. 따라서 얼굴이라는 실재 대상과 머릿속의 이미지는 전혀 닮지 않았다.

또한 믿음은 대부분 심상보다는 문장에 가깝다. 우리는 사물의 형상을 기억하기보다는 자신에게 얘기를 하기 때문에 대부분의 생각은 언어를 통해 이루어진다. 예를 들어 $e=mc^2$이라는 믿음은 그에 대응하는 심상이 없다. 이런 생각, 즉 언어로 가장 잘 표현되는 이런 생각은 있는 그대로의 세상을 복사하지도 비추지도 않고 그 세상과 닮지도 않았다. 기껏해야 언어의 다양한 요소가 세상을 나타내거나 가리킬 뿐이다. e는 특정 물질이 갖고 있는 에너지를 나타내고, m은 그 물질의 질량을 나타내며, $e=mc^2$이라는 믿음은 e와 m의 관계가 위 공식이 나타내는 방식으로 연관되어 있으면 진리이다. 그렇다면 대응론은 지시하는 것referring의 관계를 설명해야 한다. 지시는 유사성resemblance이 아니다. 따라서 여기에서는 그림 이론picture theory(초기 비트겐슈타인의 언어 이론 – 옮긴이) 도움이 안 된다. 대신 우리는 언어학 이론이 필요한데, 고급언어학 이론에서는 지시가 일종의 인과관계로서 구체적으로 다뤄지기 때문이다.

대응론의 문제

그럼에도, 우리는 그림 이론도 언어학 이론도 별로 효과가 없는 몇 가지 중요한 영역에서 진리인 믿음을 갖고 있다. 그 영역들은 다음과 같다.

수학적 믿음 진리일 가능성이 있지만, 추상적이고 수학적인 실재에 대응하기 때문에 진리가 아니다. 추상적이고 수학적인 대상의 영역에서 우리가 무엇을 이해할 수 있겠는가? 우리는 2+3=5가 맞다고 믿는다. 어쩌면 그림 이론이 내세우듯, 우리는 2에 3이 더해져서 5가 되는 심상을 떠올리는지도 모른다. 그렇다면 이런 심상은 수학의 어떤 영역을 그리고 있는 걸까? 어쩌면 이 수학문장이 다른 이미지, 즉 손가락 두 개와 손가락 세 개가 만나 손가락 다섯 개가 되는 모습을 그리고 있는지도 모른다. 하지만 대응론에 의하면 참인 믿음이 대응할, 마음과 독립적인 실재가 존재해야 한다. 그런데 상상속의 손가락은 당연히 머릿속 생각과 별개로 존재하는 실재가 아니다. 우리의 실제 손가락도, 다른 물리적 대상도 수학을 진리로 만들어주는 실재가 아니다.

대응론을 언어학으로 치환하더라도 수학적 진리를 더 명확하게 설명하지 못한다. 수학적 실재가 무엇이든 그것은 물리적 실재가 아니라, 추상적 대상들의 영역이다. 언어학 이론으로 보면, 대응관계는 과학에서 설명하는 인과관계이다. 하지만 추상적 대상은 인과관계로 들어올 수 있는 종류가 아니다. 물리적 사건과 사태만이 원인과 결과가 될 수 있는 것이다. 대응의 인과론이 수학적 진리를 뒷받침해주지 못하는 것은 명백하다.

미래에 대한 믿음 현재는 참일 수 있겠지만, 실재에 대응하는 식으로는 아니다. 우리는 미래에 대한 심상을 지금 떠올릴 수 있지만, 심상의 대상이 되는 실재는 현재 존재하지 않는다. 그런데 어떻게 미래에 대한 믿음이 지금 참이라고 할 수 있겠는가? 대응의 인과론으로는 설명이 되지 않는다. 원인은 항상 결과에 앞서야 한다. 그런데 어떻게 미래의 실재가 현재의 언어적 믿음에 영향을 줄 수 있단 말인가?

가능성에 대한 믿음 진리인 믿음이 될 수 있을 것이다. 하지만 이것은 모사하거나 대응할 수 있는 실재의 영역을 거의 무한대의 범위로 상정한다. 소위 반사실적 조건문contrary-to-fact conditional이라고 하는 것을 보자. 이것은 조건절이 거짓인 가정법 문장이다. 예를 들어 우리는 캥거루에 대해 잘 알고 있기 때문에 만일 캥거루가 꼬리가 없다면 넘어질 거라는 것을 진심으로 믿는다.[3] 현실에서는 모든 캥거루가 꼬리를 갖고 있다. 캥거루가 꼬리가 없다면 넘어질 거라는 믿음은 어떤 현실에 대응하는 것일까? 여기서 진리대응론이 적용되려면, 좀 이상하게 들리겠지만 가능성 있는 상황들이 실재여야 한다. 여기서도 대응의 인과론은 도움이 되지 않는다. 어떻게 단순한 가능성이 실제 세계에 대한 믿음의 원인이 될 수 있겠는가.

대상의 색깔에 대한 믿음 진리인 믿음의 예이다. 눈은 흰색이고, 잔디는 초록색이고, 민들레는 노란색이다. 하지만 대응론은 여기서도 진리에 대해 명확하게 설명하지 못한다. 문제는 대응론이 이상하거나 추상적이거나 가능성 있는 실재를 필요로 한다는 것이 아니다. 문제는 색깔의 경우, 색깔에 대한 믿음이 대응할 실재가 없다는 것이다.

사람들은 가끔 어떤 물체의 색깔과 표면의 반사율 사이에 명백한 대응관계가 있다고 생각한다. 예를 들어 파장이 420~480나노미터(10^{-9}미터)인 빛이 우리 망막에 닿을 때 우리에게 파란색이 인식된다는 것이다. 태양의 백색광에는 온갖 색깔이 포함되는 400~700나노미터의 파장을 포함하고 있다. 백색광이 파란색 물체에 닿으면, 그 물체는 특정 파장, 예를 들어 450나노미터의 파장을 가진 빛만 반사하고 나머지는 흡수한다. 450나노미터는 인간의 시각구조상 파란색 범위에 들어가므로 우리에게는 그 물체가 파란색으로 보인다. 그 물체가 파란색이라는 믿음은 물체의 파란 성질이 420~480나노미터의 표면 반사율에 충분히 대응되기 때문이다.

하지만 색채시각은 이런 간단한 설명과 달리 훨씬 복잡하다. 우선, 파장이 420~480나노미터인 빛을 반사하는 방식 외에도, 물체가 파란색으로 보이는 경우는 아주 많다.[4] 가스 불꽃의 파란색은 그 안에 있는 원자와 이온의 열에너지에서 나온다. 하늘의 파란색은 먼지입자들에 의해 빛이 산란되기 때문이다. 바다의 파란색은 보통 하늘의 파란색을 반사한 결과이다. 무지개의 파란색은 파장이 서로 다른 다양한 빛의 분광 때문이다. 크리스마스트리의 파란색은 전구의 반투명한 코팅에 의해 투과율이 달라져서 나타나는 것이다. 주어진 색깔에 대응하는 특징은 표면의 반사율 한 가지만이 아니라는 말이다.

인간의 망막에 있는 추상체는 단순히 파장만 탐지하는 기관이 아니다. 세 가지 유형의 추상체는 다양한 빛의 파장에 반응하여 다양한 결과를 내놓는다. 눈은 이 결과를 조합하여 후두엽으로 보내 처리하게 한다. 우리가 인식하는 것은 이 결과들의 조합이므로 파장에 대한 정보는 사라진다. 따라서 파장들이 다양하게 조합되어 똑같은 색깔로 인식될 수도 있다. 예를 들어 파장이 580나노미터인 빛은 순수한 노란색으로 보인다. 하지만 파장이 540나노미터인 초록색 빛과 670나노미터인 붉은색 빛을 섞어도 똑같은 노란색으로 보인다. 사실 빨강, 파랑, 녹색을 서로 다른 농도로 조합하면 어떤 색조든 만들어낼 수 있다. 결국 특정 색조가 대응하는 단 하나의 빛의 파장은 존재하지 않는 것이다.

진리대응론은 색깔에 관한 믿음에도 유효하지 않다는 것은 확실해졌다. 또한 수학, 미래, 비사실적 가능성에 대한 믿음에도 유효하지 않았다. 이 결론은 진리에 대한 여러 가지 이론이 서로 다른 영역에 적용되는 건 아닐까 하는 생각이 들게 만든다. 예를 들면 물리적 실재에는 대응론이 맞고, 수학에서는 다른 이론이, 그리고 미래의 예측에는 또 다른 이론이 적용되는 것이다.

하지만 이런 절충주의는 타당성이 없다. 우리는 합리적으로 서로 다른 영역의 전제를 포함하여 추론하면서도, 이런 전제들이 결론에 진실성을 부여할 것이라 예상한다. 예를 들어 물리학자는 첫 번째 전제로 실재를 물리적으로 설명하고, 두 번째 전제로 수학을 어느 정도 사용하고, 그다음에는 미래를 물리적으로 설명한 예측을 이끌어낸다. 하지만 첫 번째 전제의 진실성(대응)은 두 번째 전제의 진실성(수학)과는 다르고, 결론의 진실성(미래)과도 또 다르다. 진리 절충주의에서는 이러한 추론의 혼합은 얼버무린다. 절충주의에 따르면, 각 전제들은 그 전제와 똑같은 진실성을 결론에 부여하지 못하기 때문에 그 결론은 무효가 되기 때문이다. 하지만 그렇게 혼합된 추론은 사실 타당하다. 따라서 진리는 절충적일 수 없다.

관점

무신론자들이 믿음의 진실성이 마음으로부터 독립적인 실재를 복사하고, 비추고, 대응하는 데 있다는 이론을 의심하는 데는 훨씬 더 근본적인 이유가 있다. 보통, 그림을 그릴 때는 그림과 대상 두 가지를 우리 앞에 놓을 수 있다. 또 어떤 대상과, 그 대상이 비친 거울을 둘 다 볼 수 있는 자리를 잡을 수 있다. 이 자리에서 우리는 그림이나 거울에 비친 모습이 대상과 똑같은지를 판단할 수 있다. 그런데 믿음의 진실성 여부를 확인할 때 그 믿음은 우리 머릿속에 있다. 그래서 대응론을 적용하려면 믿음의 정확성을 확인할 수 있는, 우리 머릿속 밖에 있는 어떤 관점이 필요하다. 이 외부의 지점에서만이 우리의 믿음이 실재를 정확히 반영하고 있는지를 판단할 수 있다.[5] 대응이 정확한지 판단하기 위해서는 우리 머릿속에 있는 믿음과 머리 외부의 실재를 모두 살펴야 하기 때문이다. 이런 관점은 누구의 관점일까? 현실을 보는 시각이되 인간의 머리 외부에 있어야 하므로 인간의 관점일 수는 없다. 그것은 세상을 보는 신의 관점이며, 유한한 인간은 알 수 없는 관점이다.

신약성서에는 1세기에 유다 지방의 로마총독이었던 빌라도가 예수를 처음 만나는 장면이 나온다.

"아무튼 네가 왕이냐?" 하고 빌라도가 묻자 예수께서는 "내가 왕이라고 네가 말했다. 나는 오직 진리를 증언하려고 났으며 그 때문에 세상에 왔다. 진리 편에 선 사람은 내 말을 귀담아듣는다" 하고 대답하셨다.

빌라도는 예수께 "진리가 무엇인가?" 하고 물었다.[6]

빌라도가 적절한 때 예수에게 '진리가 무엇인가?'라고 물었던 것은 과연 지당했다. 대응론에 의하면, 오직 신만이 답을 알 수 있는 위치 viewpoint에 설 수 있기 때문이다. 그래도 빌라도가 그런 질문을 한 것은 헛수고였다. 신의 관점이 아닌 그로서는 그 답을 이해할 수 없을 것이기 때문이다. 무신론자들은 인간이 이해할 수 없는 개념은 어떤 것도 진리로 받아들이지 못한다. 그 외의 개념은 신에게 몰래 요청해서 밀수입한 것에 불과하다.

믿음은 두 방향을 지향한다는 것을 상기하자. 먼저 믿음은 정서를 지향한다. 건강한 심리상태일 때 정서는 합리적인 믿음을 형성하고 합리적인 믿음에 힘을 준다. 둘째, 믿음은 진리를 지향한다. 자신의 믿음과 반대되는 온갖 증거를 대하고도 그대로 유지하는 생각은 편견 또는 신념의 파편이지 믿음이 아니다. 진리에 닿기 위해 믿음은 근거와 증거에 호응해야 한다.

이제 진리대응론에서 말하는 믿음을 따져보자. 이 믿음은 어떤 종류의 증거에 대응해야 할까? 그것은 수학적 추론, 또는 논리적 추론에 의해 도달한 믿음이 아니다. 또한 증거에 의해 도달한 믿음도 아니다. 어떤 인간도 믿음과 그 믿음이 제시한다는 실재를 둘 다 포함하는 관점을 가질 수 없다. 어떤 인간도 처음에 믿음을 보고 나서 머리 외부에 있는 세상을 본 다음, 두 가지가 서로 대응하는지를 대조할 수 없다. 진리를 찾는 여정에서 우리는 인간이 접근할 수 있는 범위를 초월할 수 없기 때문이다.

실재에 대응하는 것이 진리라 하더라도, 진정한 정서적 판단은 어떤 유형의 실재에 대응해야 하는지 의문을 제기하는 것이 당연하다. 그것은 존경스러움, 혐오스러움, 경탄스러움 같은 특이한 속성으로 가득 찬 정말 이상한 실재일 것이다. 그런 실재는 너무 이상해서 믿어지지 않을 것이고, 우리는 우리의 판단이 참이라고 말할 수 없을 것이다. 따라서 중요한 뭔가가 존재하는 것은 불가능해 보인다.

냉소적으로 보면 우리는 이런 특이한 속성이 대응론에 흠이 되지 않는 것 아니냐고 반문할 수도 있다. 다른 이상한 특성들, 즉 수학적 실재, 미래의 실재, 가능성 있는 실재, 신의 관점도 끌어들였으니 말이다. 하지만 이런 특이한 속성들은 대응론을 폐기할 이유, 그리고 진리의 본성을 다른 곳에서 찾아야 할 이유를 준다고 보는 게 합당할 것이다. 무신론자들에게 진리는 원칙적으로 인간이 접근할 수 없는 것이어서는 안 된다. 평가적 믿음의 '추구해야 할 것to-be-pursuedness'은 실재의 본성에서가 아니라 믿음과 정서의 연관성에서 찾아야 한다.

진리 최소주의

대응론은 진리의 본성에 관한 이론이다. 우리는 수학, 가능성, 미래, 물체의 색깔 같은 중요한 진리의 본성이 실재와의 대응이 아니라는 것을 알게 되었다. 나아가 실재에 대한 대응이 진리의 본성이라면, 우리는 절대 진리에 이를 수 없다는 것을 알게 되었다. 어쩌면 진리에 본성이 있으리라는 전제가 우리를 잘못된 방향으로 안내할 수도 있다. 20세기 중반, 램지Frank Ramsey나 비트겐슈타인Ludwig Wittgenstein 같은 철학자는 진리에는 본질적인 본성이 없다는 급진적인 발상을 제시했고, 20세기 후반 들어서는 콰인이나 로티, 그리고 호위치 같은 철학자들이 그 발상을 합리적으로 체계화하면서 철학계에 영향을 미쳤다.

호위치의 설명에 의하면 진리에 숨겨진 본성이 있을 것이라는 착각이 생긴 것은, 우리가 '~은 자성을 띤다'라는 과학적 술어에서 유추하여 '~은 진실이다'라는 식의 술어로 생각하는 경향이 있기 때문이라고 한다.[7] 자성의 근저에 본성이 있다는 것은 사실이다. 어느 물질이든 그 물질을 구성하는 원자가 회전하여 정렬이 되기만 한다면 자성이 있는 것으로 일반화할 수 있는 것이다. 하지만 진리의 근저에는 아무런 본성이 없다. '어떤 믿음이 현실과 대응한다면, 그것은 진리다'라고 일반화해서 말할 수 없다는 뜻이다. 우리는 특정 믿음에 대해서만 뭔가를 말할 수 있을 뿐이다. 잔디가 초록색이라는 믿음은, 잔디가 초록색일 때만 진리이다. 235 + 154 = 389라는 믿음은 235 + 154 = 389이 사실일 때만 진리이다. 친구가 존경을 받을 만하다는 믿음은 그 친구가 존경을 받을 만할 때만 진리이다. 진리는 근저에 본성이 없기 때문에, 모든 진리에 대해 일반적인 내용을 말하지 못한다.

이런 시각으로 보면 진리는 아주 범위가 좁은 개념이다. 진리는 철학적 추론에서 하는 역할이 미미하다. 진리가 아무것도 설명해주지 않는다는 의미에서, 최소주의는 진리의 개념을 평범하게 만든다. 진리는 근저에 본성이 없으므로, 우리는 진리를 이용해서 우리의 믿음을 설명하거나 정당화할 수 없다. 우리는 어떤 믿음이 왜 진리인지 설명할 수 있지만, 더 나아가 그 믿음이 진리라는 것을 이용해서 다른 것을 설명할 수는 없다. 예를 들어 우리는 전자가 존재한다는 과학적 믿음이 진리라고 말할 수 있다. 전자라는 것이 정말로 존재하기 때문이다. 하지만 설명의 방향을 바꿔서 전자가 존재한다는 우리의 과학적 믿음이 진리이기 때문에 전자가 정말 존재한다고 말할 수는 없다. 진리는 어떤 문제도 해결할 수 없다.

하지만 진리 최소주의가 과학이나 수학, 철학적 문제들이 하찮다는 뜻을 함의하는 것은 아니다. 최소주의로 볼 때 235 + 154 = 389라는 믿음은 235 + 154 = 389가 진리일 때만 진리이다. 하지만 그래도 답을 찾으려면 235에 154를 더해봐야 한다. 진리 이론이 우리 대신 덧셈을 해주지는 않기 때문이다. 최소주의는 수학적 문제를 사라지게 하지 않는다. 정서적 판단을 내리는 것을 더 쉽게 해주지도 않는다. 한 친구가 우리의 존경을 받을 만하다는 믿음은 그 친구가 우리의 존경을 받을 만할 때만 진리이다. 하지만 친구가 존경을 받을 만한지를 알아보려면, 우리는 여전히 정서의 왜곡이 없을 때 그 친구를 존경할 것인지 심사숙고해봐야 한다. 이러한 심사숙고는 실제로 자아의 발견 및 그 친구와의 소통을 매우 많이 요구하기 때문에 우리에게 하찮은 일이 아니다.

진리 최소주의는 정서적 판단 문제를 하찮게 만드는 게 아니라, 해결 가능한 것으로 만든다. 진리대응론은 (1) 우리의 판단과 비교할 신의 관점과 (2) 특수한 규범적 실재가 필요하다. 우리는 이 두 가지 조건을 하나도 충족시키지 못하므로, 참인 정서적 판단을 내리는 문제는 다루기가 어려울 것이다. 최소주의는 정서의 왜곡에 빠지지 말고 우리의 정서를 비판적으로 숙고하는 과정을 계속하라고 권한다.

혹자는 최소주의가 함축하는 의미는 우리가 진리라는 개념 없이도 살아갈 수 있다는 사실이라고 생각할지도 모른다. 어쩌면 우리가 진리라고 생각하는 모든 믿음을 '진리'라는 단어를 쓰지 않고 모두 나열할 수 있을지도 모른다. 잔디는 초록색이다, 235 + 154 = 389, 이런 식으로 말이다. 하지만 그 목록은 어마어마하게 길 것이다. 진리라는 개념은 그런 목록을 간편하게 요약하게 해준다. 우리는 종종 어떤 사람이 믿고 있는 것을 정확히 모르면서도 그 사람의 믿음이 참이라고 말하고 싶은 상황을 만난다. 우리가 A라는 사람은 성격을 판단하는 데 특별한 재능이 있다고 생각한다고 해보자. 그런데 그가 그 나라 여왕을 어떻게 생각하는지는 모른다. 하지만 진리의 개념에 의하면, 우리는 그가 여왕을 존경스럽다고 판단하는지 여부를 알지 못하더라도 그가 여왕에 대해 뭐라고 믿든 그것이 참이라고 말할 수 있다. 이것은 사소한 사례처럼 보인다. 하지만 진리라는 개념 없이는 이 장의 핵심적인 질문을 던질 수 없으리라는 것을 떠올린다면 생각이 달라질 것이다. 우리의 질문은 '우리에게 무엇인가가 중요하다는 사실이 명백히 **진리**일 수가 있을까?' 였다. 우리는 이 질문을 '우리의 정서적 판단 중에 진리인 것이 있을까?'라는 뜻으로 해석한다. 우리는 문제의 정서적 판단이 모두 어떤 건지 모른 채로 이런 질문을 한다. 그중 어떤 것, 즉 각자가 내리고 있는 판단은 알 수도 있겠지만 위 질문은 다른 사람이 내린 판단과 우리가 아직 내리지도 않은 판단까지 포함하고 있다. 진리라는 개념이 없으면, 우리는 이 간단한 질문에 요약된 무수한 질문들을 하나씩 나열하면서 질문을 던져야 했을 것이다.

진리대응론이 옳다면, 우리의 정서적 판단 중 진리인 게 있느냐는 질문에 대한 답은 '아니오'였을 것이다. 다행히 그 이론은 옳지 않다.

그래서 우리는 그 질문을 계속 던질 수 있다. 하지만 우리는 진리에 관한 그 이론에서 답을 찾으려 하면 안 된다. 우리가 할 수 있는 일이라곤, 정서적 판단을 내릴 때마다 정서의 왜곡이 없을 때 그 정서를 느낄 것인지를 자문해보는 것이다. 진리라는 개념은 답을 말하기 위해 필요한 게 아니라 질문을 하기 위해 필요한 것이다.

13
무의미함

어떤 사물이 우리에게 좋아 보여서 우리가 그것을 원하지, 우리가
그것을 원하기 때문에 그것이 좋아 보이는 것은 아니다.

−아리스토텔레스, 《형이상학》, 1072a29

우리는 무의미함을 두 가지 형태로 대면한다. 하나는 전반적인 회
의주의적 주장sceptical claim으로서의 무의미함이고, 다른 하나는 각자
의 삶에 나타나는 특정 문제로서의 무의미함이다. 회의주의적 무의미
함은 유의미함 자체를 부정한다. 이 시각은 우리가 제대로 살지 못해
서가 아니라 어떤 것도 진정으로 중요하지 않기 때문에 우리의 삶이
무의미한 거라고 주장한다. 특정 문제로서의 무의미함은 전체적으로
의미 있는 삶의 가능성은 부인하지 않지만, 특정 개인의 삶은 무의미
할 수 있다고 본다. 의미 있게 사는 것과 관련된 것들을 이해하지 못
하거나 잘 사는 데 필요한 지혜가 없다면, 우리의 삶은 실패할 수도
있다는 것이다. 회의주의의 위협만 극복한다면, 우리는 어떻게 삶의
의미를 획득할 수 있는가 하는 개별적인 질문에 눈을 돌릴 수 있을 것
이다.

삶의 의미에 대한 회의주의는 두 가지 시각에 바탕을 두고 있을 수 있다. 첫 번째 시각은 정서적 판단은 믿음이 아니며, 그래서 참도 거짓도 될 수 없다고 본다. 정서적 판단을 단순한 정서의 표현 또는 믿음 외의 다른 심리상태의 표현으로 보는 것이다. 두 번째 시각은 정서적 판단을 믿음으로 보지만, 그 정서가 대응할 어떤 규범적 실재도 존재하지 않기 때문에 그런 믿음은 모두 거짓이라고 본다.

삶은 중요해 보인다. 어떤 것이 중요하려면 그것이 우리의 정서와 연관되어 있어야 한다. 세계는 인지적, 정서적 기질을 가지고 있는 존재로서의 인간인 우리에게 중요한 것이다. 심한 우울증에 걸리거나 뇌에 심각한 손상을 입은 사람들에게는 중요한 일이 전혀 없겠지만, 대개 인간은 정서적 존재이므로 이 세계는 중요하다. 우리 목적이 가치에 의해 인도되고 가치는 정서에 의해 인도된다는 것을 이해한다면, 삶이 얼마나 중요한지를 알 수 있을 것이다. 진짜 의문은 그것이 **진실로 중요한가**이다.

심리적 투사

첫 번째 회의적 시각은 정서적 판단이란 그 정서의 표현 또는 비인지적인 다른 심리상태의 표현이라고 본다. 우리는 앞 장에서 이런 시각을 버려야 하는 이유를 살펴봤다. 이 시각에 의하면, 뭔가가 중요해 보이는 것은 심리적 투사projection의 결과에 불과하다. 심리학 용어에서 투사는 자신의 감정, 정서, 믿음을 다른 사람에게 돌리는 행위이다. 이것은 대개 죄의식과 불안을 피하기 위해서이다. 예를 들어 어떤 사람은 자신이 X라는 사람을 미워한다는 것을 스스로 부인한다. 그리고 이런 미움을 Y에게 투사하고는, Y가 X를 미워하고 있다고 믿는다. 마찬가지로, 어떤 심리학자들은 우리의 정서적 판단은 이 세상에 대한 정확한 진실이 아니라 우리의 정서를 이 세상에 투사한 것과 같다고 주장한다.[1] 18세기에 데이비드 흄은 이런 입장을 이성과 취향의 차이를 설명하면서 잘 표현했다.

> 따라서 '이성'과 '취향'의 분명한 경계와 역할은 쉽게 규명할 수 있다. 이성은 진실과 허위의 지식을 전달한다. 취향은 아름다움과 추함, 미덕과 악덕의 감정을 전달한다. 이성은 더하거나 빼지 않고 정직하게 자연 속에서 대상을 발견한다. 취향은 생산하는 기능이 있어서 자연의 모든 대상을 내면의 감정에서 빌려온 색깔로 치장하거나 더럽히며, 어떤 방식으로든 새로운 것을 만들어낸다. 냉정하고 특정 감정이 없는 이성은 우리를 행동으로 이끌 동기가 없고, 우리에게 행복을 획득하고 불행을 피하는 수단을 가르쳐줌으로써 욕구와 성향에서 나온 충동을 통제할 뿐이다. 취향은 쾌락과 고통을 주면서 행복과 불행을 만들어내기 때문에, 우리를 행동으로 이끄는 동기가 되고, 그래서 욕망과 의지의 첫 번째 근원 또는 충동이라 할 수 있다.[2]

정서적 판단이 세상에 대한 정서의 투사와 비슷하다면, 삶의 의미는 발견할 수 있는 것이 아니라 만들어내야 하는 것이 된다. 삶의 의미는 진리의 문제가 아니라 취향의 문제이기 때문이다.

이것은 조지프 캠벨이 쓴 글과 같은 의미인지도 모른다. "인생에는 의미가 없다. / 우리가 인생에 의미를 가져오는 것이다. / 삶의 의미는 우리가 부여하기에 달려 있다. / 살아 있다는 것이 삶의 의미이다."[3] 우리는 우리의 활동과 인간관계에, 우리가 하는 활동과 우리와 관계를 맺고 있는 사람들에게 유의미함을 '부여'한다. 이 장의 첫머리에 인용된 아리스토텔레스의 말과 반대로, 우리는 그들을 사랑함으로써 그들을 사랑스러운 사람으로 만들고, 그들에게 놀라움을 느낌으로써 그들을 놀라운 사람으로 만들며, 그들을 존경함으로써 그들을 존경스러운 사람으로 만든다. 물론 세상 사람들과 일, 활동을 후회하고 증오하고 경멸하고 두려워함으로써 쉽게 우리 삶에 무의미함을 부여할 수도 있다. 어느 쪽이 옳을까? 우리의 의미 부여를 숙고하고 필요하다면 그것을 바로잡을 어떤 방법이 있어야 한다.

투사 관점에서 보면, 누군가가 우리에게 존경스러운 이유는 바로 우리가 그 사람을 존경하기 때문이다. 하지만 우리의 존경에는 착오가 있을 수 있다. 그래서 우리의 태도를 정정할 여지를 남겨두어야 한다. 이 관점에서 태도를 정정한다는 것은 순전히 자신에 대해 더 민감해지는 것, 즉 자신의 정서적 민감성을 높이는 것이다. 자신의 판단을 세상에 투사하고 있기 때문에 세상이 어떠한지의 문제가 아니라는 것이다. 그러므로 세상은 우리의 판단을 진리로 만들어주지 않는다.

앞에서 우리는 정서적 판단이 잘못될 수 있는 여덟 가지 경우를 구분해서 살펴봤다. 정서는 아주 복잡한 심리현상이고, 그래서 방향, 원인, 감정, 생리, 관심, 동기, 믿음, 판단에서 잘못될 수 있다. 어떤 사람의 존경심은 엉뚱한 사람에게 향할 수 있고, 비본질적인 요인에 의해 생길 수 있고, 세기가 부적절할 수가 있고, 뇌의 결함 때문일 수가 있고, 그 감정에 반하는 요소를 못 보게 할 수 있고, 나중에 후회할 행동으로 이끌 수도 있다. 감정이 잘못될 수 있는 처음 여섯 가지 경우는 자기 자신에 대해 알고, 정서적 민감성을 높임으로써 고칠 수 있다.

하지만 마지막 두 가지 경우는 자신을 잘 안다고 해서 해결될 문제가 아니다. 일곱 번째 유형의 착오는, 정서가 잘못된 믿음을 바탕으로 하고 있는 경우다. 그 믿음은 자신에 대한 믿음일 수도 있지만, 다른 사람에 대한 믿음, 세상의 사건과 사물에 대한 믿음, 미래에 대한 믿음일 수도 있다. 여덟 번째 유형의 착오는, 정서가 잘못된 평가를 전제하고 있는 경우다. 평가는 우리가 견지하고 있는 또 다른 정서적 판단이며, 왜곡 없는 조건에서 우리가 보일 정서적 반응이 어떠하리라는 믿음이다.

그렇다면 정서적 판단 착오를 바로잡는 것은 자신에 대해 더 민감해지거나 정서적 민감성을 높여서 해결될 문제가 아니라는 결론을 내릴 수 있다. 그것은 또한 세상에 대한 참된 믿음을 가져야 하고 가치에 대한 참된 믿음을 가져야 해결되는 문제이다. 투사 관점에서 보면, 정서적 민감성 부족이 정서적 판단 오류의 가장 큰 요인이라는 잘못된 판단을 내리게 된다.[4] 정서는 복잡하다. 정서가 부적절할 수 있는 모든 경우를 들여다보면, 정서적 민감성에 관한 사실은 전혀 일차적 요인이 아님을 알 수 있다. 정서는 심리적일 뿐 아니라 인지적이고 평가적이기 때문에, 정서의 주관적인 면만 판단과 연관되는 것은 아니다. 정서적 판단은 '자연의 모든 대상을 치장하거나 더럽히는' 단순한 투사가 아니다. 정서적 판단의 진실성은 우리 자신이 어떠한가뿐 아니라 이 세상이 어떠한가에 따라 달라진다. 진실성은 우리가 자신을,

다른 사람을, 그리고 이 세상을 정확히 판단하는지의 여부에 달려 있다는 것이다.

전반적 오류

방금 설명한 투사적 시각 또는 정의주의적emotivist 시각은 정서적 판단을 참 또는 거짓이라고 판단하는 것을 무의미한 것으로 간주한다(중요하지 않다는 뜻이 아니라 언어적으로 말이 안 된다는 '무의미'이다). 이 시각에서 보면, 정서적 판단은 믿음이 아니다. 따라서 그것을 참이나 거짓으로 생각한다는 것이 어불성설이라는 것이다. 삶의 유의미함에 관한 두 번째 회의주의에 의하면, 정서적 판단은 믿음이긴 하지만 그런 믿음은 전반적으로 거짓이다. J.L. 매키는 이렇게 썼다. "이 세상에는 주로 도덕적 판단이 전제하는 객관적인 가치 또는 모종의 실체entities나 특성features이 있다는 주장이 있는데, 나는 그런 주장이 무의미한 게 아니라 틀렸다고 생각한다."[5]

매키는 진리는 실재에 대한 대응에 있다고 믿기 때문에 정서적 판단을 포함한 모든 평가적 믿음이 오류라고 생각한다. 대응론에서 보면, 평가적 판단이 참이 되기 위해서는 '혐오스러운' 같은 평가적인 형용사가 '혐오스러움'이라는 진짜 속성에 대응해야 한다. 중요한 것, 다시 말해 '추구해야 할 것'도 어떤 식으로든 이런 진짜 속성에 포함되어야 할 것이다. 그런데 과학자들이 객관적이라고 말하는, 심리적으로 정적인 속성에 관해 우리가 아는 바에 비추어보면, 이런 시각은 기이해서 수긍하기가 어렵다. 그런 규범적 힘normative force이 있는 속성들은 과학계의 시각과 모순되기 때문이다.

앞 장에서 설명했듯이, 대응론은 수학, 색깔, 가능성, 미래 등 다른 여러 가지 경우에서도 받아들이기가 어렵다. 뿐만 아니라 대응론에서는 인간의 머리와 실제 세계 어디에도 속하지 않는 제3의 관점이 필요하다. 그 관점에서 대응관계를 조사해야 하기 때문이다. 따라서 우리는 진리대응론을 버리고, 진리는 요약하는 아주 미미한 역할만 할 수 있다는 주장을 받아들여야 한다.

이런 진리 최소주의 시각은 **원칙적으로** 평가적 판단이 참이라는 주장에 반대하지 않는다. 예를 들어 바다의 밀물이 멋지다는 어떤 사람의 판단을 생각해보자. 만일 그 사람이 자신의 감정에 대해, 심리적 건강에 대해, 밀물의 본성에 관해, 그리고 그 밀물에 대한 다른 평가적 판단에 대해 필요한 것을 모두 알고 있는 상황이고, 그때도 그가 밀물의 힘에 대해 굉장하다고 느낄 가능성이 크다고 하자. 그렇다면 그의 판단은 참일 것이다.

왜곡이 없는 조건에서라면 정서적 판단과 연관된 정서를 전혀 느끼지 않을 수도 있다. 그런 경우에는 그 평가적 믿음이 모두 거짓이 될 것이다. 하지만 어떤 조사를 해보기 전에는 모든 정서적 판단이 오류라고 믿을 만한 어떤 원칙적인 근거가 없다. 우리의 판단을 하나씩 조사해봐야 하는 것이다. 그런 조사 없이 평가적 판단을 모두 틀린 것으로 결론 내릴 수는 없다.

상대주의, 개별성, 차이

상대주의는 삶의 유의미함에 대한 또 하나의 위협이다. 만일 진리가 상대적 진리, 예를 들어 나에게도 진리이고 너에게 진리인 진리에 불과하다면, 우리는 무엇이든 진정 의미 있는 것으로 만들 수 있을 것이다. 그렇다면 삶의 의미는 우리가 발견하거나 획득하는 것이 아니라 만들어내면 될 대상이 된다. 너무 간단하다.

앞 장에서 우리는 진리에 대한 상대주의를 버려야 하는 합당한 근거들을 살펴봤다. 하지만 진리 상대주의와 정서적 판단의 개별성을 분간해야 한다. 의미 있는 것을 찾을 때, 우리는 항상 각자에게 의미 있는 것을 찾는 것이다. 이 탐색에서 우리가 원하는 것은 우리 모두에게 존경스럽거나 모든 사람이 존경할 만한 것, 즉 절대적으로 존경스러운 보편적 정서적 판단이 아니다. 우리가 원하는 것은 나에게 존경스러운 것 또는 나의 존경을 받을 만한 개별적인 정서적 판단이다. 이런 개별적인 판단이 우리가 각자의 삶에서 의미를 찾을 것인가를 결정하는 것이다. 보편적인 정서적 판단은 개인들 사이의 윤리에서는 중요하지만, 여기서 우리가 다루는 문제는 개인의 윤리이다.

개별성과 상대성의 차이를 알아보기 위해 다음 예를 생각해보자.

A는 맥주를 좋아하고, 포도주는 싫어한다. B는 포도주를 좋아하고 맥주를 싫어한다. A는 맥주가 좋다고 생각하는 반면, B는 그렇지 않다고 생각한다. A의 믿음에 대해 우리는 네 가지 경우를 생각해볼 수 있다.

(1) 모두가 맥주를 좋아한다는 A의 믿음은 참이다.

(2) 모두가 맥주를 좋아한다는 A의 믿음은 그에게 참이다.

(3) 그가 맥주를 좋아한다는 A의 믿음은 그에게 참이다.

(4) 그가 맥주를 좋아한다는 A의 믿음은 참이다.

여기서 우리는 개별성과 보편성, 상대성과 비상대성을 면밀히 구분해야 한다. (1)은 보편적이면서 비상대적이다. 그리고 거짓이다. B는 A에게 동의할 근거가 없으며, 자신이나 모든 사람이 맥주를 좋아한다는 것을 믿지 않는다. 그리고 우리는 그녀가 틀렸다고 생각할 근거가 없다. (2)와 (3)은 모두 상대적이다. 진실에 대한 상대주의를 버리면서 우리는 서술어 '그에게 참이다'도 버렸다. 그리고 (2)와 (3)은 논의할 만한 여지가 없음을 알아야 한다. 하지만 중요한 것은, 이 두 상대주의적 주장과 (4)의 개별주의적 주장은 구분해야 한다는 것이다. (4)는 참이다. (4)의 주장에 대해 토론을 할 수도 있고 심지어 반박을 하는 것이 유용할 수도 있지만, A와 B는 (4)에 동의할 것이다. B라고 해서 A가 맥주를 좋아하지 않는다고 생각할 근거가 없는 것이다. B는 자신이 맥주를 좋아한다고 믿지는 않지만, (4)는 B가 아니라 A의 상황에 달려 있는 것이다. 만약 B가 A의 삶을 살았고 A의 경험을 했더라면 자신도 맥주를 좋아했을 것이라는 점에는 B도 흔쾌히 동의할 수 있다.

사람들은 흔히 그들의 판단, 예를 들어 누가 존경스럽고 무엇이 소중한가에 대한 판단에서 의견이 갈린다. 어떤 사람은 이런 차이를 증거로 내세우며 정서적 판단은 참, 거짓을 구별하는 것이 불가능하다고 주장한다. 하지만 이 의견과 달리, 정서적 판단의 개별성을 강조하더라도 그 의견은 상당한 정도로 일치한다는 것을 명심해야 한다.[6]

실존적 부조리

실존적 부조리는 삶의 유의미함에 대한 마지막 위협이다. 카뮈는 끝까지 이성을 뒤따라가면 우리 자신이 부조리하다는 것을 알게 될 것이라고 생각했다.[7] 우리가 광대하고 가치중립적인 우주를 올바르게 이해한다면 우리의 허세가 어리석고 우습다는 것을 알게 될 것이고, 이성을 발견하면 우리의 무의미함이 드러난다는 것이다.

하지만 무의미함은 여러 정서 중 한 가지일 뿐이다. 로버트 솔로몬은《열정들: 감정과 삶의 의미》에서 이렇게 썼다.

그래서 우리는 카뮈가 한 번도 하지 않았던 의심, 즉 부조리의 원천은 무의미함이 아니라 어떤 특정한 **종류**의 의미라는 의심을 하기 시작한다. 부조리의 대상은 '무심한 우주'나 전화 부스에서 입만 움직이는 사람과 '대면'하는 것이 아니다. 부조리의 대상은 우리의 자아이다. 부조리는 우리 자신을 비하하는 시선이다. 이런 시선은 사랑에 빠졌을 때는 나타나지 않고, 우울증에 빠졌을 때나 분개하고 있을 때는 거의 항상 나타난다. 우울증과 분개는 모두 똑같이 '의미'가 있다. 사실 우울증과 분개는 사랑과 우정의 평온함보다 훨씬 더 우리를 열중시킨다. 차이는 그 의미들 **안**에 있고, 삶의 무의미함은 사실 우리 자신이 무가치하다는 자각을 이 세상에 투사하는 것이다. 우주에 투사된 카뮈의 부조리는 자기 자신을 받아들이기를 거부하는 태도로서, 열등감을 거 짓 숭고함과 권력에 대한 반항으로 대체하려는 시도이다. 그리고 그 권력은 조금 떨어진 곳에서만이 안전하게 비난하고 얕볼 수 있는 권력 이다.[8]

한 인간이 신의 특별한 사랑을 누리지 못하고 있다. 그는 막막한 우 주에 태어났고, 거기서 그의 존재는 하찮고 일시적이다. 그가 보이는 반응은 적대감, 우울증, 열등감, 또는 자존감self-esteem 상실이다. 그는 이런 자기경멸, 자기증오, 자기비하를 안고 마음 편히 살 수 없다. 그 래서 그런 감정을 자신에게 돌리지 않고 우주에 투사한다. 심리학에 서 쓰는 '투사'와 유사한 의미에서 말이다. 책임을 받아들이기보다는 그 문제를 외부의 원인으로 돌린다. 자신감self-worth을 획득해야 하는 과제를 받아들이기보다는 자신의 처지가 본질적으로 무의미해서 자 신이 어찌할 수 없는 것으로 본다.

자존감 또는 그와 유사한 자긍심self-respect이나 자신감은 삶을 의미 있게 느끼기 위해 반드시 필요한 정서이다. 의미 있다는 느낌은 자신 의 인격에 대한 긍지, 자신이 이룬 것에 대한 자부심, 인간관계에 대 한 만족, 미래에 대한 희망, 그리고 자기 자신의 삶이 중요하다는 자 각과 함께 한다.

그렇지만 자존감은 거짓일 수 있다. 자존감이 잘못된 가치판단을 바탕으로 하고 있다면 우리 삶의 유의미함은 의문시된다. 우리의 자 존감이 우리의 수입, 나쁜 친구들의 존경을 받는 것, 애인의 바람을 계속 묵인하는 것, 또는 이런 식의 다른 판단을 바탕으로 하고 있다면, 그 자존감은 거짓 정서일 위험이 있는 것이다.

　삶을 의미 있게 만드는 것은 자존감이 아니다. 그 자존감에 걸맞은 사람이 되는 것이다. 우리가 자존감을 가질 자격이 있는지 그렇지 않은지가 삶에 대해 우리가 내리는 판단이다. 자존감은 자신을 속여서 가질 수도 있는 정서이다. 그러므로 우리의 목표는 자존감을 가질 만한 존재가 되는 것이다.

　그저 자신에게 관심을 집중한다고 해서 자존감을 가질 만한 존재가 되는 것은 아니다. 삶을 고양시키는 어떤 정서에 걸맞은 사람은 자기 자신뿐 아니라 그 외의 사안에 대해서도 올바른 정서적 판단을 내리는 사람이다. 그런 사람은 그런 가치판단에 헌신함으로써 그 가치판단과 자신을 일치시킨다.

　지금까지 우리는 의미 있는 삶이 가능하다는 것을 이해했다. 이제 우리가 할 일은 그 의미를 획득하는 일이다. 그것은 우리 모두가 해야 할 과업이다. 우리는 어떻게 하면 더 나은 사람이 될 수 있는지를 알아내야 하고, 어떻게 하면 더 나은 삶을 꾸려나갈지를 찾아내야 한다. 그런 다음에 그런 사람이 되고 그런 삶을 살아야 한다.

14
정의

"정의로운 삶은 더 훌륭하고 더 행복한 삶입니까? 우리가 한 얘기들은 제 생각에 아무런 의심을 남기지 않지만 좀 더 면밀히 생각해봐야 합니다. 이것은 결코 가벼운 문제가 아니기 때문입니다. 질문은 이겁니다. 어떻게 사는 것이 바르게 사는 것입니까?"

-플라톤, 《국가론》[1]

우리는 여기서 잠시 시간을 갖고 우리가 걸어온 길을 훑어봐야 한다. 이 책의 앞부분에서 우리는 우리 바깥의 활동, 사람, 그리고 사건들에 대해 참된 정서적 판단을 내리는 일을 살펴봤다. 이제 우리의 질문은 우리 자신, 우리의 삶, 그리고 우리의 인성에 대한 정서적 판단으로 방향을 돌리게 될 것이다.

복습

삶의 의미에 대한 탐색은 진정으로 중요한 것이 무엇인가를 찾는 탐색이다. 먼저, 우주적 목적과 인간의 잠재력 개발은 중요한 것이 무엇인가에 대한 질문에 답이 되지 못한다는 것을 알았다. 우주적 목적이나 잠재력 개발에 우리 삶을 일치시키는 것이 우리에게 중요한 일이 아니기 때문이다.

지복至福의 의식이라는 길도 살펴봤다. 그런데 고통과 쾌락은 분명히 중요하지만 우리에게는 이런 의식상태 외에도 중요한 것이 많다는 것을 알게 되었다.

욕망충족이라는 길도 살펴봤다. 욕망은 본질적으로 동기적인 측면이 있기 때문에 현재나 과거의 인물이나 사물이 아니라 미래의 사건만 지향한다는 것을 알았다. 다시 말하지만, 우리에게는 미래의 사건 외에도 중요한 것이 많다.

마지막으로 우리는 정서라는 길을 살펴봤다. 뭔가가 중요하려면 반드시 우리의 정서를 끌어들여야 한다. 정서적으로 중요한 것의 범위는 욕망과 달리 미래의 사건에만 국한되지 않는다. 하지만 우리는 정서적 반응은 무엇이 가치 있는지를 보여주는 증거이긴 하지만 결정적인 증거가 아니라는 것을 알게 되었다. 정서적 판단은 이상적인 조건에서 우리가 갖게 될 정서가 무엇인지에 대한 예측인데, 이는 우리를 가치 있는 것으로 데려가는 안내자다. 예를 들어 뭔가에 대한 감탄으로는 부족하다. 그것이 감탄할 만하다는 것을 확인해야 하는 것이다.

하지만 예측대로, 정서적 판단은 정서가 아니라 믿음이다. 누군가가 존경할 만하다는 가치판단은 그 사람에 대한 우리의 믿음, 즉 그 사람이 우리의 존경을 받을 만하다는 믿음이다. 그리고 믿음은 진실을 목표로 한다.

이 시점에서, 우리는 객관적 사실과 가치를 혼동하는 것 같아 보였다. 가치판단을 믿음으로 이해하면 우리가 가치 있게 생각하는 사람이나 일이 우리에게 왜 중요한지 설명하지 못하게 될 것 같았던 것이다. 참된 믿음이 중요한 이유에 대한 허술한 설명에 의하면, 그 믿음은 '추구해야 할 것'이 내재한 어떤 기묘한 실재에 대응하기 때문이다. 우리는 진리는 신만이 온전히 이해할 수 있는, 실재의 대응이라는 발상과 함께 그런 설명을 버렸다.

우리가 가치 있다고 생각하는 것이 왜 우리에게 중요할까? 우리가 존경할 만하다고 믿는 것을 우리는 왜 존경할까? 그 답은 실재의 본성이 아니라 믿음의 본성에 있다. 믿음과 정서는 서로 얽혀 있다. 믿음은 그 바탕이 되는 증거와도 연관이 있고, 그 믿음을 확고히 해주는 정서와도 연관이 있다. 정서는 믿음에 힘을 주는 요소이다. 정서 때문에 참이라고 추정하는 것과 참이라고 확신하는 것의 차이를 설명할 수 있다. 정서적 판단에 대해 말하자면, 우리가 연관된 정서를 느낀다는 것은 결정적이진 않지만 평가적 믿음의 훌륭한 증거가 된다. 우리가 누군가를 존경한다는 것은 결정적인 증거는 아니지만, 그 사람이 존경할 만하다는 좋은 증거이다. 그 사람이 존경할 만하다고 말하면서 그 사람을 존경하지 않는다는 것은, 가능하긴 하지만 이상한 일이다. 그러기 위해서는 우리의 감정이 동하지 않는 그럴 만한 근거가 있어야 할 것이다. 그 근거로, 믿음에 대한 정서의 반응이 증거에 대한 믿음의 반응보다 더 느리다는 점을 들 수 있다. 하지만 정서적 판단과 실제 정서가 항상 어긋날 수는 없다. 정서적 반응은 정서적 판단을 위해 우리가 가진 근본적인 증거이기 때문이다. 우리가 존경할 만하다고 판단한 사람들을 우리가 한 명도 존경하지 않는다면, 그것이야말로 정말 이상한 일일 것이다.

의미와 자존감

우리 모두가 묻는 거대한 질문The Big Question은 이것이다. 내 삶이 의미가 있는가? 대답은 각자가 자신에 대해 내리는 정서적 판단과 연관된다. 하지만 우리는 삶의 유의미함와 관련된 단 한 가지 정서나 느낌, 그와 연관된 판단에 의지하지는 않는다. 대신 우리는 자기지향적인 수많은 정서와 그에 대응하는 긍정적인 정서적 판단들에 의지한다.

우리는 우리 삶의 유의미함에 대해 결코 통일된 판단을 내릴 수 없다. 통일된 판단을 찾으려 하면 결국 실망하게 될 것이다. 삶의 의미는 일원론적 개념이 아니다. 정서는 다양하기 때문에 삶의 의미도 다양하다. 그 이상을 요구하다 보면 우리의 탐색이 좌절에 빠지게 될 것이다. 거대한 질문을 던지지 않는 것이 낫다. 그 대신 소박한 질문들, 정서적 판단과 연관된 개인적인 질문을 던져야 한다. '내 삶이 의미가 있는가?'라고 묻지 말라. 대신 '내가 나 자신이나 다른 사람들의 존중을 받을 가치가 있는 사람인가? 내가 사랑과 존경을 받을 만한 사람, 존엄과 자긍심을 가진 사람, 참된 자신감을 가진 사람인가?'라고 물으라.

정서적 판단은 내면의 자신을 지향할 수도 있고, 외부의 세상 사람들이나 세상일을 지향할 수도 있다. 자신을 향한 정서적 판단은 이 세상에 대한 정서적 판단에 달려 있다. 우리가 증거도 없이 우리 자신을 판단하지 않기 때문이다. 우리의 자신감을 뒷받침해주는 증거는 우리가 외부세계에 대해 내리는 판단과 그 판단에 대처하는 방식의 질

quality이다. 제대로 살기 위해, 세상에 대한 우리의 평가적 판단은 참이어야 하고, 우리에게 중요해야 하고, 우리의 삶을 안내해야 한다. 그렇게 되면, 우리는 삶을 긍정하는 판단들, 즉 우리 삶이 의미 있다는 판단에 걸맞은 사람이 될 것이다.

어떻게 해서 이런 추론이 가능한지 이해하기 위해, 실제보다 훨씬 단순한 세계를 상상해보자. 이 세계에서는 정서적 반응이 딱 두 가지뿐이다. 사랑과 증오가 그것이다. 그에 따라 우리는 이 세상에 대해 두 가지 판단만 내릴 수 있다. 다른 사람들이 사랑스럽거나 증오스럽거나 둘 중 하나인 것이다. 이 판단을 올바로 내리기 위해 우리는 진실로 사랑받을 만한 사람을 사랑해야 하고 진실로 미워할 만한 사람을 증오해야 한다. 그리고 이런 정서가 우리 삶을 인도하게 해야 한다. 그렇게 한다면 우리는 자신의 사랑을 받을 가치가 있고, 그래서 우리 자신을 사랑할 수 있다. 이 단순한 세계에서 진정한 자기애는 우리 삶을 의미 있게 만들어줄 것이다. 하지만 우리가 실수를 할 수도 있다. 누가 사랑받을 만하고 누가 미움을 받을 만한지 판단을 잘못 내려서, 사랑받을 만한 사람을 미워할 수도 있고 그 반대의 실수를 할 수도 있는 것이다. 또는 사랑과 미움을 부적절한 방식으로 표현할 수도 있다. 이런 실수를 하면 우리는 스스로 미워할 만한 사람이 될 수 있다. 스스로 미워할 만하다면 우리의 삶은 무의미해질 것이다

실제 세계는 이보다 훨씬 더 복잡하다. 현실 속의 사람들은 헤아리기 어려울 정도로 다양한 정서적 반응을 보이고, 그보다 더 다양한 판단을 내릴 수 있다. 그래도 중요한 것은 이런 판단을 올바로 내리고, 그 판단에 헌신하고, 그에 맞춰 우리 삶을 이끌고 가는 것이다. 그렇

게 함으로써 우리 삶을 진정으로 중요하게 만들어줄 자기지향적인 정서적 판단들을 획득하게 된다.

판단을 올바로 내리기 위해서는 많은 지혜가 필요하다. 정서는 복잡해서 적어도 여덟 가지 경우로 잘못될 수 있다. 방향, 원인, 감정, 생리, 관심, 동기, 믿음, 평가가 그것이다. 처음 여섯 가지 난관을 피하기 위해는 우리 자신을 알아야 한다. 일곱 번째 난관을 피하기 위해서는 이 세상과 다른 사람들에 관해 객관적 사실을 알아야 한다. 앞에서, 우리는 자신에 대한 지식과 세상에 대한 지식이 판단에 영향을 준다는 것을 살펴봤다. 여덟 번째 난관을 피하기 위해서는 올바른 평가를 내려야 한다. 이번 장에서 우리는 가치에 대한 지식이 어떤 식으로 판단에 영향을 주는지 살펴보려고 한다.

평가

정서는 인지 측면에서 합리적이기 때문에, 느리긴 하지만 우리가 내린 평가에 반응을 보이기 마련이다. 우리가 상황에 보이는 반응은 흔히 그 상황을 우리가 어떻게 평가하느냐에 달려 있다. 인지치료법 교재인 《기분 다스리기》에 나온 예를 보자.

분노는 자신이 피해나 상처를 입었다는 인식과 중요한 규칙이 파괴되었다는 믿음과 연관된다. 우리는 부당한 대우를 받거나 과도한 상처를 받거나 우리가 성취하리라 기대했던 것이 좌절되었을 때 화가 난다. 우리를 화나게 하는 것은 단순한 상처나 피해뿐만이 아니라 규칙

위반과 기대의 무산이다. 직장을 잃은 사람을 생각해보자. 그 사람은 화가 날까? 상황에 따라 다르다. 직장을 잃었지만, 그가 이것을 공정한 판단이라고 생각한다면(예를 들어 그가 회사 규정을 어겼거나 회사가 파산했다면) 화가 나지 않을 것이다. 하지만 그의 실직이 불공정하다고 생각한다면(예를 들어 다른 사람들도 회사 규정을 어겼는데 그들은 해고되지 않고 특정 인종에 속하는 사람들만 해고되었다면) 그는 틀림없이 분개할 것이다. 마찬가지로, 버스에 오르다 어떤 아이가 당신 발을 밟아서 발이 아팠다고 해보자. 화가 날 것인지의 여부는 그 아이가 일부러 그랬는지, 그리고 그 아이의 태도에서 미안함이 느껴지는지에 따라 달라질 것이다.[2]

화가 날 것인지의 여부는 상처와 피해에 대한 사실에 입각한 믿음, 그리고 부당함에 대한 평가적 믿음 두 가지에 달려 있다. 마찬가지로, 죄책감을 느낄 것인지의 여부는 우리가 저지른 행동에 대한 평가적 믿음이 우리의 행동기준에 맞는지에 달려 있다. 수치심을 느낄 것인지의 여부는 건전한 인간으로서 인간이 어떠해야 하는지에 대한 우리의 기준에 맞게 살고 있는가에 달려 있다. 우리에게 잘못이 있거나 결점이 있다고 믿을 때 우리는 수치심을 느낀다. 마찬가지로, 우리가 이룬 일이 가치 있다고 믿을 때만이 자부심을 느낀다. 정서는 평가적 판단에 좌우되는 경우가 많은 것이다.

단순한 평가적 판단 중 하나가 정서적 판단이다. 어떤 사람을 경멸스럽다고 평가하는 것이 그 예이다. 그것은, 우리에게 정서적 왜곡이 없으면 우리가 그 사람을 경멸할 것이라는 예측이다. 그 예측은 정서의 인지적 합리성을 바탕으로 한다. 예측은 이 합리성 조사에서 얻은 믿음에 우리의 정서가 반응한다는 것을 전제로 한다. 가장 정확한 조사를 위해서는 그 사람에 대해 관련된 정보를 모두 알고, 우리 자신에 대해서도 모르는 게 없고, 우리의 **다른** 평가들도 정확해야 한다.

만약 '**다른** 평가들'을 참고하지 않는다면, 위의 정리는 순환논리에 빠질 것이다. 그 사람이 경멸할 만한 사람이라고 판단하기 위해 우리는 먼저 그를 경멸할 만한 사람으로 정확히 판단을 내려야 하기 때문이다. 하지만 가장 정확한 평가를 내리려면 그 사람의 어떤 점이 경멸할 만한 것인지 전반적으로 따져봐야 할 것이다. 또한 그 사람의 행동이 밉상스럽거나 혐오스럽다, 또는 성격이 잔인하거나 이기적이거나 불공정하다는 평가처럼 여러 가지를 따져봐야 한다. 평가는 순환논리는 아니지만, 한 번에 하나씩 독립적으로 내리지 않는다. 앞에서 봤듯이 평가는 전체론적이다.

우리의 판단, 즉 어떤 사안에 대해 따져본 후 우리가 어떻게 느낄 것인가에 대한 예측은 증거를 바탕으로 해야 한다. 이 증거는 다름 아닌 특정 사안에 대해 우리와 다른 사람이 실제로 느끼는 감정이다. 하지만 우리가 실제로 느끼는 감정은 결코 판단에 대한 결정적인 증거가 될 수 없다. 한 가지 이유는 평가적 판단의 전체성과 연관이 있다. 우리는 앞에서 과학적 추론의 구조를 살펴보면서 이것이 어떤 식으로 작용하는지를 봤다. 정서적 판단은 처음 정서적 반응뿐 아니라 그 밖의 다른 평가적 판단에도 영향을 받는다는 것이다. 우리의 판단은 우리의 반응과도 맞아야 하고 우리의 다른 평가들과도 맞아야 한다. 그러기 위해서는 우리의 처음 반응을 조정하든지 다른 평가들을 조정해야 한다.

어떤 사람이 해고당한 것에 대해 화를 내야 하는지 여부는, 처음에 그의 처음 감정뿐 아니라 그의 해고가 정당한지 부당한지에 대한 그의 평가에 따라서도 달라진다는 것이다. 만일 그가 보기에 상사의 조치가 공정하다면, 처음에 일어난 분노는 해결되어 사라질 것이다. 반대로, 상사에 대한 그의 평가가 달라질 수도 있다. 그동안 상사를 공평하다고 생각했는데 사실은 공평하지 않다고 생각하는 것이다. 하지만 상사에 대해 재평가를 하려면 다른 실마리에도 눈을 돌려야 한다. 과거에 자신을 비롯한 다른 사람에 대해 상사가 보여준 태도, 상사가 받고 있는 압력과 직면하고 있는 책임, 그리고 자신이 생각하는 정의에 대한 개념이 그것이다.

도덕

삶의 의미는 정의와 도덕과 밀접한 관련이 있다. 가학적인 행동은 존경스럽지도 않고 가치 있는 것도 아니다. 정당한 몫보다 더 많은 것을 바라는 것, 다른 사람들의 자유를 줄여야 한다는 주장은 아무런 가치를 보여주지 못한다. 이유는 이렇다. 가치판단은 사실적 지식과 평가적 지식이 모두 갖춰졌다는 가설적 조건하에서 보이게 될 정서적 반응이다. 정서적 반응은 평가적 지식에 달려 있고 그것에 의해 바뀐다. 온전한 평가적 지식에는 공정한 것과 불공정한 것, 도덕적으로 용인할 수 있는 것과 없는 것에 대한 지식이 포함된다. 그래서 가치판단은 도덕적 지식에 따라 달라진다. 잘못된 도덕적 믿음을 바탕으로 한 정서적 판단은 거짓일 것이다. 의미 있는 삶은 정의로운 삶이어야 하기 때문이다.

삶의 의미를 위협하는 것들 중에는 극단적인 것도 있다. 우리는 모두 가학증과 잔인함이 잘못됐다는 데 즉시 동의할 것이다. 잔인한 행동이 즐겁다고 판단하는 사람은 가치 있는 것에 대해 거짓된 판단을 내린 것이다. 그 사람의 판단은 예측이다. 평가의 착오가 없는 조건, 즉 자신의 심리나 이 세상과 다른 사람에 대한 사실들을 빠짐없이 생생하게 알고 있고, 자신의 판단이 다른 평가적 판단들과도 들어맞는 조건에서 그가 잔인한 행동을 좋아할 거라고 믿는다는 것이다.

그는 자신의 비정상적인 심리상태를 제대로 고려하지 못함으로써 잘못된 판단을 내릴 수 있다. 또는 자신의 행동으로 인한 피해자가 그런 잔인함을 개의치 않는다고(심지어 즐긴다고) 착각함으로써 잘못된 판단을 내릴 수도 있다. 잔인함이 어떻게 보면 감탄할 만하다고, 적어도 싫어하거나 혐오스러운 건 아니라고 생각함으로써 잘못된 판단을 내릴 수도 있다. 이처럼 그 사람이 잔인함을 즐긴다는 사실이 잔인함이 즐거움의 가치를 갖고 있다는 증거가 될 수는 없다. 반대되는 근거는 훨씬 많다. 그의 판단은 틀렸기 때문에, 그의 삶은 심각하게 잘못될 것이다. 그가 즐거움을 얻을지는 모르지만 삶의 유의미함은 잃을 것이다.

삶의 의미를 위협하는 것들은 대부분 그보다 덜 극단적이지만, 눈에 잘 띄지 않기 때문에 더 위험하다. 그리고 그런 위협들은 악의보다는 불성실에서 온다. 생각이 부족해서, 조사를 해보지 않아서, 비판적으로 반성하지 않아서 그런 위협이 생기는 것이다. 흔한 경우로 우리가 먹는 음식을 생각해보자. 음식이 어디에서 오고 어떻게 생산되는 지를 빠짐없이 자세히 안다고 해도 지금처럼 그 음식들을 즐길 수 있을까? 우리는 우리가 마시는 커피를 수확하는 남미 농부들의 노동조 건에 대해 충분히 알고 있는가? 대규모 커피농장을 조성하기 위해 산림을 벌채한다는 것은 알고 있는가? 북미와 유럽에서 금지된 유독성 농약을 살포하며 채소를 경작하는 농부들에 대해 우리는 어떻게 생각하는가? 전 세계에서 10억의 인구가 영양부족에 시달리는데, 10억의 영양과잉 인구가 아주 약간만 음식을 양보해도 그 사람들의 기아가 해결될 거라는 사실에 어떤 생각이 드는가? 시리얼과 식용유를 생산하는 데 사용되는 유전자조작의 혜택과 위험에 대해 어떤 생각을 하고 있는가? 또 화학비료를 지속적으로 사용함으로써 초래되는 토지 악화에 대해서는 어떻게 생각하는가? 많은 육식용 동물을 기르는 환경에 대해서는 어떻게 생각하는가? 비좁은 우리에서 지내는 송아지는? 닭장에서 빽빽하게 수용되어 자라는 산란계는? 알을 낳지 못하는 수평아리를 폐기하는 것은? 도살장들의 환경은? 우리가 이런 상황들을 모두 알게 된다면 음식에 대해 우리는 어떤 판단을 내리게 될까? 전통적인 방식으로 재배하고 공정무역으로 수입한 커피를 살까, 아니면 슈퍼마켓의 저가 브랜드 커피를 살까? 유기농 식품을 살까, 아니면 구하기 쉽고 저렴한 대기업 제품을 살까? 방목한 닭이 낳은 계란을 살까, 아니면 양계장 닭의 값싼 계란을 살까?

이런 판단을 잘못 내리면, 혹은 우리의 생활이나 생계와 관련된 그밖의 판단을 잘못 내리면, 자신에 대한 판단도 잘못 내릴 위험이 있다. 우리는 우리의 삶이 진실로 의미 있기를 바란다. 우리 자신에 대해 긍정적인 평가들을 내리고 싶고, 이 평가들이 진실이기를 바란다. 그런데 자기평가의 진실성 여부는 우리가 어떤 사람인지, 그리고 우리가 어떤 삶을 살고 있는지에 따라 달라진다. 우리가 어떤 사람인지는 우리가 내리는 판단들의 진실성 여부에 달려 있다. 우리는 온갖 부주의함의 위험을 무릅쓰고 그런 판단을 내린다.

우리의 가장 지대한 관심사는 우리 자신에게만 관심을 두는 좁은 의미의 이기심이 아니다. 우리 자신이 자부심을 느낄 만하고 존경받을 만하다고 판단하기 위해서는, 전반적으로 다른 사람들과의 인간관계 그리고 이 세상과 맺는 관계에 대해 진실된 판단을 내리고 그 판단에 맞게 살아가야 한다. 도덕은 삶의 의미를 제한한다. 삶의 의미에 대한 탐색은 정의에 대한 탐색으로 이어진다.

15
선택

■■■■■

"자네는 자유네. 그러니 선택하게. 말하자면 만들어내라는 거네."

–장폴 사르트르, 《실존주의는 휴머니즘이다》[1]

"너희는 진리를 알게 될 것이며 진리가 너희를 자유롭게 할 것이다."

–신약성서, 요한복음 8:32

　이제 우리는 탐색의 목표를 더 분명히 알게 되었다. 그 목표란 우리의 판단이 옳다는 전제하에, 자기지향적인 정서들의 가치에 걸맞은 삶을 이끌어가는 것이다. 우리는 스스로 진심으로 존경하고 자부심을 느낄 만한 자아와 성격과 정체성을 만들어가야 한다. 우리는 각자 즐거운 삶을 살아야 하지만 그럴 만한 자격이 있어야 한다.

　우리는 선택을 통해 이러한 정서적 판단들이 지향하는 삶을 구축한다. 이러한 선택들은 외부지향적인 정서적 판단이 유도할 것이다. 다른 사람들이나 일에 관한 올바른 판단들을 통해 우리의 선택이 유도될 때 우리는 자존감에 걸맞은 사람이 되는 것이다. 우리는 존경할 만한 사람을 존경하고 분노할 만한 사람에게 분노함으로써, 그리고 즐거운 활동에 즐거움을 느끼고 역겨운 일에 역겨움을 느낌으로서 선택을 이끌어내야 한다. 우리는 이러한 외부지향적인 정서적 판단을 바탕으로 의미 있는 삶과 정체성을 형성한다. 자기지향적인 정서적 판단의 진실성은 외부지향적인 정서적 판단의 진실성에 달려 있다. 우리 자신에 대해 내리는 정서적 판단은 우리가 이 세상에 대해 내리는 정서적 판단이 우리의 선택을 어떻게 유도하느냐에 달려 있다는 것이다.

전체론

앞 장에서는 이러한 판단을 올바르게 내리는 것이 얼마나 어려운지를 살펴봤다. 평가적 판단의 전체성은 모든 판단은 즉각적인 정서적 반응과도 부합해야 하고 우리가 내린 다른 판단들과도 부합해야 한다는 것을 의미한다. 따라서 우리는 우리 자신, 우리가 처한 상황, 우리가 내린 다른 판단들을 잘 알고 있어야 한다.

정서 대신 색깔과 관련된 비유를 생각해보자. 어떤 사람이 가구점의 전시실에 새로 들여놓을 소파 색깔을 정하려고 한다. 가장 적절한 색깔을 선택하려면 적어도 다음 세 가지 요인을 고려해야 한다.

(1) 그는 자신의 결점을 알아야 한다. 그는 색맹인가? 처음에는 선명한 색인 줄 알고 골랐는데 나중엔 흐릿한 색으로 드러나는 경우가 많은가? 상점주인의 판단에 너무 의지하는가?

(2) 그는 전시실과 내실의 환경을 알아야 한다. 내실의 조명과 비교할 때 전시실의 조명은 어떠한가? 전시실에 놓인 제품들의 색깔은 그

가 보는 소파 색깔에 어떤 영향을 미치는가?

(3) 그는 소파와 조화를 이룰 물건들을 알아야 한다. 어떻게 해야 소파가 벽지와 어울릴 것인가? 소파가 안락의자와 어울릴 것인가? 안락의자를 치우고 소파와 어울릴 다른 의자를 들여놓는 편이 나을 것인가?

실내 장식을 잘하는 것은 어렵지만 삶을 구축하는 것에 비하면 쉬운 편이다.

삶을 구축하기 위해, 올바른 정서적 판단을 내리기 위해, 정서의 왜곡이 없는 조건에서 일어날 정서를 예측하기 위해서도, 우리는 세 가지를 알아야 한다.

(1) 우리 자신에 대한 진실을 알아야 한다. 우리는 처음 일어난 감정과 그것의 원인을 알아야 한다. 그러면 그러한 감정이 처리되어 해소될 때 어떻게 바뀔지 예측할 수 있다.

(2) 세상에 대한 진실을 알아야 한다. 우리는 세상에 대해 그리고 다른 사람들에 대한 우리의 지식을 숙고해봐야 한다. 그런 다음에, 그러한 지식에 비추었을 때 우리의 감정이 어떻게 변할지 예측해야 한다.

(3) 이미 옳은 것으로 검증된 수많은 **다른** 판단들을 알아야 한다. 어떤 것들이 즐겁고 훌륭하고 경멸스럽고 잔인하고 친절한지 등을 알고 있어야 한다는 것이다. 그런 다음에 우리의 감정이 이런 지식에 호응하여 어떻게 바뀔지 예측해야 한다.

진리는 하나의 이상이다. 현실에서 진리의 탐색은 결코 끝나지 않는다. 우리는 위의 세 가지 지식을 끊임없이 추구할 것이고 그것들을 전체지식에 맞추기 위해 분투할 것이다. 그리고 세상에 대한 새로운 지식과 새로운 반응에 맞춰 지속적으로 우리의 판단을 수정할 것이다. 현대 철학에서 자주 쓰이는 비유에 의하면, 우리의 처지는 바다에 배를 띄운 채 수리하고 재건하는 선원과 비슷하다. 배는 항상 가까스로 바다에 떠 있고, 그런 상태에서 우리가 널빤지 하나를 다른 널빤지로 갈아 끼우면서 배는 점점 더 견고해지는 것이다. 정서가 세상에 반응하고 지적인 능력이 그 반응을 처리하기 때문에, 우리는 가슴과 머리를 함께 사용된다.

과소결정

삶의 의미를 찾는 이 탐색에서 우리는 성찰을 멈춘 채 정체성을 구축하고 삶을 이끌어가는 일을 고민하기 시작한다. 이 과정에서 나는 점점 안내자가 아니라 여행의 동반자가 되어간다. 자긍심을 느낄 만한 사람이 되는 것, 그리고 자부심을 가질 만한 삶을 이끌어가는 것은 누구나 달성해야 할 과업이다. 우리는 각자의 선택들이 만들어내는 인간이다. 판단은 선택들을 유도하지만 항상 그 선택들을 결정하는 것은 아니다. 판단은 선택을 제한적으로 결정할 뿐이다.

정서적 판단과 그와 관련된 정서가 어떤 행동의 결정적인 동기가 되는 것은 지극히 단순하고 이상적인 경우뿐이다. 예를 들어 자연탐방로를 따라 펼쳐진 환상적인 풍경에서 도보여행객이 느낀 경이로움은 여행객이 쓰레기를 버리지 않고 가지고 돌아오게 만드는 동기가 된다. 여행객은 자유의지가 있으니 쓰레기를 버릴 수도 있다. 하지만 멋진 풍경을 본 정서와 판단을 고려할 때, 그곳에 쓰레기를 버리기로 선택한다는 것은 위선적이거나 의지박약이거나 비이성적이다.

현실적으로 과소결정underdetermination(어떤 이론이나 현상을 확정적 증명에는 불충분한 증거로써 설명하는 것 – 옮긴이)은 정서적 판단의 애매함 속에 잠재해 있다. 우리가 내리는 비평가적non-evaluative 판단은 애매한 경우가 많다. 가장 대표적인 예가 대머리를 판별하는 일이다. 우리는 대머리인 사람과 아닌 사람을 쉽게 판별할 수 있다. 하지만 어떤 사람들은 그 중간에 해당되기도 하는데, 그럴 때는 판단하기가 애매해진다. '대머리'인 사람과 아닌 사람 사이에 중간지대가 있는 것이다.[2] 대부분은 아니더라도 일상세계를 묘사하는 많은 단어들의 적합성 여부를 뚜렷이 판단할 수 없다. 우리는 초록색과 초록색이 아닌 색을 알고 있다. 하지만 그 사이의 색깔을 구분하는 것은 애매하다. 우리는 키가 큰 사람과 작은 사람을 구별할 줄 알지만 마찬가지로 그 사이의 키를 판단하는 것은 애매하다. 정서적 판단을 적용할 때도 이런 틈이 있다. 온갖 감정을 느끼고 수많은 생각을 하지만, 우리가 의지하고 있는 보조적 판단의 애매함 때문에 우리는 특정 상황에 대해 어떻게 반응할지 예측하지 못할 수도 있다. 우리의 판단이 애매한 경우에도 우리는 선택을 해야 한다.

우리가 내리는 판단이 선택대상들의 중립지대에 속할 때 과소결정은 잠재해 있다. 예를 들어 우리는 어떤 사람은 존경하고 어떤 사람은 경멸하지만, 어떤 사람은 존경도 경멸도 하지 않는다. 그런 사람들에 대해 우리는 중립적인 입장이기 때문에 아무런 감정을 느끼지 않는다. 훌륭함과 비열함은 상반되는 평가라서 서로 절충할 만한 여지가 없다. 어떤 사람이 훌륭하다면 당연히 그 사람은 비열하지 않다. 하지만 어떤 사람이 훌륭하지 않다고 해서 당연히 비열한 것은 아니다. 그가 훌륭하지도 비열하지도 않다면, 우리는 정서적 판단만으로 그 사람이 하는 일을 응원해야 할지 막아야 할지 결정하기 어려울 것이다.

때로는 당연히 복합적인 감정을 느낄 때가 있는데 이런 경우에도 과소결정이 잠재되어 있다. 믿을 만한 사람이지만 좋아하지는 않는 동료가 있다고 생각해보자. 이런 판단들을 어떻게 하나로 종합해서 결정을 내릴 수 있을까? 감정의 세기에 바탕을 두고 대략 판단을 내릴 수 있는 경우가 있다. 그 동료에 대한 믿음은 약한데 미움은 아주 강하다면 판단을 내리기가 용이하다는 것이다. 하지만 문제가 이렇게 간단한 경우는 많지 않다. 평가는 단일하지 않고 다양하기 때문에, 종합적으로 판단해서 결정을 내릴 수 있다고 장담할 수 없는 것이다.

평가적 판단은 정서적 판단이기 때문에, 여러 정서를 통합해서 '좋다' 또는 '가치 있다' 같은 판단을 내릴 수가 없다. 우리는 특정 감정들이 발생하면 그에 따라 다양한 판단을 내릴 뿐 통일된 판단을 내릴 수는 없다. 만일 가치에 관한 쾌락 이론이나 욕망 이론이 옳았다면 상황은 달랐을 것이다. 이런 이론들은 모든 가치를 각각 쾌락과 욕망충족의 세기라는 한 가지 측정 기준으로 판단하기 때문이다. 이 이론들에 입각하면, 우리는 한 가지 기준에 비추어 선택대상들을 비교해서 결정을 내린다. 쾌락 이론이나 욕망충족 이론은 가치 비교가 가능하다고 장담하지만, 유심히 살펴보면 이론 자체의 허약한 호소력과 마찬가지로 그런 장담도 근거가 없다. 거기에 필요한 측정과 비교는 대체로 은유적이며, 이 이론들은 어려운 경우에 직면하면 명확한 답을 제시하지 못한다. 선택지들은 종종 공약불가능incommensurable(동일한 기준으로 비교 불가능한 – 옮긴이)해지는데, 여기에서 '공약불가능'이라는 말은 은유적 측정과 비교 측면에서 '과소결정되는underdetermined'이라는 말과 유사하다.

가치 있는 대상들에서 하나를 선택해야 할 때도 과소결정은 늘 잠재되어 있다. 어떤 사람이 두 직장 중 하나를 결정을 해야 한다고 생각해보자. 두 군데 모두 서로 다른 면에서 가치가 있지만, 한 사람이 그 두 가지 일을 모두 할 수가 없기 때문에 선택을 해야 한다. 하지만 종합적으로 볼 때 아무리 생각해도 하나가 다른 하나보다 더 가치 있다는 판단을 내릴 수가 없다.

유일한 한 가지 삶의 의미란 존재하지 않기 때문에, 삶의 의미가 될 수 있는 작은 일들이 충돌할 가능성은 항상 존재한다. 의미 있을 수 있는 것들은 헤아릴 수 없이 많다. 환희를 주는 여러 원천, 수많은 형태의 자아실현, 욕구를 충족시키는 것, 사랑하는 사람, 우리에게 중요한 프로젝트 들, 이 모두가 의미의 원천이다. 우리에게는 신이 정해준 목적이 없기 때문에, 한 번뿐인 유한한 삶에서 가치 있는 목표의 후보들을 알아내는 것 외에 다른 길은 없다.

하지만 가치 있는 여러 후보들 사이에서도 선택을 해야 한다. 그렇지 않으면 뷔리당의 당나귀 같은 운명을 면하지 못할 것이다. 우화 속에서 뷔리당의 당나귀는 똑같은 크기의 건초더미 사이에서 어느 것을 먼저 먹어야 할지 결정을 내리지 못하고 결국 굶어죽었다.

그럼에도, 선택이 과소결정이라는 판단은 그 자체로 평가적 판단이다. 우리는 무작정 선택하는 것이 아니라 답을 가리키는 증거의 조각들을 빠짐없이 살펴봐야 하고, 선택을 내리기 전에 올바른 정서적 판단을 통해 어느 선택지를 제외할지 신중하게 생각해야 하기 때문이다. 역설적으로, 선택이 과소결정적이라는 판단에는 이런 저런 답이 참이라는 판단만큼이나 심사숙고가 필요하다. 두 경우 모두 똑같은 정도의 관심, 상상력, 비판적 고찰이 필요한 것이다.

자아창조

실존주의자들은 인간의 상황을 다르게 본다. 장폴 사르트르는 '실존은 본질에 앞선다'라는 유명한 실존주의 슬로건을 이렇게 설명한다.[3] 도기 스탠드 같은 인간의 창조물을 생각해보자. 도공은 방을 밝히기 위해 그런 공예품을 디자인한다. 방을 밝히는 것은 그 스탠드의 목적 또는 기능이다. 방을 밝히는 것이 그 스탠드의 핵심적인 속성, 즉 본질인 것이다. 스탠드를 만들 계획을 세울 때 도공의 머릿속에 이런 목적이 있었고, 스탠드를 제작할 때 도공의 머릿속에 이런 설계가 있었다. 방을 밝힌다는 스탠드의 본질은 도공이 스탠드를 실존하게 만드는 동안 그 도공을 인도했다. 따라서 스탠드의 경우 본질이 실존에 앞선다.

신을 믿는 사람들에게, 인간은 신의 창조물이다. 공예가가 공예품을 만들어낼 때처럼 신은 어떤 목적을 가지고 인간을 창조한 것이다. 따라서 신을 믿는 사람들이 인간을 생각할 때, 인간의 본질은 실존에 앞선다.

사르트르에 따르면, 무신론자들은 이런 설명을 받아들일 수 없다. 그들이 볼 때 인간은 신이 미리 계획한 목적을 가지고 태어나지 않고, 과학적 연구를 통해 발견할 수 있는 불변의 본성도 없다. 그들은 인간이 아무 목적도 부여되지 않은 채 홀로 팽개쳐져 있다는 것을 알게 된다. 이처럼 실존주의에서 설명하는 인간은 실존이 본질에 앞선다. 인간은 먼저 자신이 존재한다는 것을 깨닫고, 그다음에 자신의 목적을 만들어 낸다는 것이다.

미리 존재하는 본성이나 예정된 목적이 없기 때문에, 인간은 스스로 목표와 삶을 창조해야 한다. 여기서 사르트르는 목적은 주어지거나 만들어낸다는 이분법적인 상황을 본다. 목적은 주어지지 않기 때문에 우리가 만들어야 한다. 인생의 어려운 결정을 앞둔 한 청년을 상담하면서, 사르트르는 자신이 한 조언을 다음과 같이 기록에 남겼다.

> 자네는 자유네. 그러니 선택하게. 말하자면 만들어내라는 거네. 어떤 일반적인 도덕규칙도 자네가 무엇을 해야 할지 가르쳐줄 수 없네. 이 세상의 어떤 안내판에도 자네가 갈 길은 적혀 있지 않네.[4]

사르트르의 실존주의에서 말하는 자유의 개념은 무척 급진적이다. 결정이 가치를 만들어내기 때문이다. 실존주의자들은 여러 가치들 중에서 단순히 선택만 하는 것이 아니다. 자유는 선을 만들어내는 자유지, 선과 악 사이에서 고르기만 하는 자유가 아니다. 어려운 상황에서 하나의 행동방침을 결정하는 사람들은 다음을 알고 있다.

그 행동은 여러 가능성이 있다는 것을 전제한다. 그리고 사람들은 그것들 중에서 하나를 고르면서 그것은 선택되었다는 이유만으로 가치가 있다는 것을 깨닫는다.[5]

따라서 필연적으로 삶은 고뇌를 가져온다. 선택은 피할 수 없고 급진적이기 때문이다. 선택을 함으로써, 우리는 가치를 만들어내고 그 가치가 우리를 결정한다.

하지만 사르트르는 삶을 이끌어가고 정체성을 구성하는 데서 급진적인 선택의 역할을 과장했다. 급진적 선택, 즉 사르트르가 가치를 만들어낸다고 생각하는 부류의 선택도 사실은 정서적 판단이 설정한 범위 안에서만 작동한다. 우리는 깊은 고민과 판단을 통해 여러 가능성 중에서 특정 행동들을 배제한 후에야 나머지 선택지 중 하나를 선택하는 것이다.

이를 이해하기 위해 사르트르의 철학 상담 사례를 살펴보자.[6] 나치가 프랑스를 점령하던 시기에 한 청년이 사르트르의 조언을 구하러 왔다. 그는 자신의 어머니에게 유일한 정신적 버팀목이었기 때문에 그가 떠나버리면 어머니는 슬픔에 빠질 터였다. 청년은 어머니 옆에 있어줄 것인지 프랑스를 떠나 나치에 맞서는 레지스탕스에 합류할 것인지 선택의 기로에 서 있었다. 하지만 그는 어떤 기준으로 선택을 내려야 할지 도무지 알 수가 없었다. 그의 어머니도 그가 지지하는 대의도 사랑과 의무를 바칠 가치가 있었기에 기독교적 박애는 아무 도움이 되지 않았다. 그가 어머니를 궁극적인 목적으로 대하기 위해서는 레지스탕스 활동을 자유를 위한 단순한 수단으로 여기는 수밖에 없었

다. 어머니에 대한 사랑의 감정은 레지스탕스 전사들에 대한 연대의
식과 비교할 수 있는 대상이 아니었다. 그 청년은 사르트르를 상담자
로 선택할 때 이미 자신이 들을 조언을 선택한 셈이다. 사르트르의 조
언은 급진적인 선택을 하라는 것, 그리고 그 선택이 미래의 그를 창조
해낸다는 것을 깨달으라는 것이었다. 그가 내린 선택이 그 자신을 창
조한다는 의미였다.

   하지만 사르트르의 조언은 초점을 이 두 가지 선택에만 맞출 뿐 고
민의 전체적인 범위는 무시하고 있다. 그 청년은 이미 나머지 선택지
는 모두 오류로 간주하고 거부했다. 그는 나치와 협력할 수도 있었다.
어머니와 동지들을 모두 무시하고 무분별하게 쾌락을 추구하며 살아
갈 수도 있었다. 술주정뱅이가 될 수도 있었고, 아이를 낳아서 자신이
직면한 두 가지 선택지보다 더 무거운 세 번째 의무를 설정할 수도 있
었다. 이런 모든 선택지들을 그는 가치가 없다고 판단했고 그건 옳았
다. 이런 심사숙고 후에야 그는 어머니와 레지스탕스 활동 사이에서
하나를 결정해야 하는 과소결정 상황에 직면한 것이다.

자아구축

   실존주의자들이 쓰는 낭만적인 창조의 비유를 좀 더 평범한 건축의
비유로 교체해보자. 창조는 무에서 유를 만들어낸다는 의미를 함축하
고 있다. 하지만 창조는 삶을 이끌거나 자아를 구축하는 방식이 아니
다. 우리에게 항상 선택을 통해 가치를 부여할 수 있는 자유가 있는
것은 아니다. 우리는 증거와 다른 판단들에 맞춰보면서 찾아낸 수많

은 정서적 판단에서 시작하여, 가능하면 그 판단들에서 방향을 찾고 그 판단들에서 우리 삶을 구축한다. 더 이상 검토할 판단이 남아 있지 않을 때, 오직 그때에만 우리는 선택을 통해 창조할 수 있다.

자아구축self-construction은 집 짓기와 비슷하다. 아무 데서나 시작할 수 있는 게 아니라 단단한 지반이 필요하다. 구름 위에 집을 지을 수는 없으니 말이다. 또한 재료에도 유의해야 한다. 나뭇가지로만 성을 지을 수는 없듯이, 각 재료들은 일정한 하중을 견뎌야 한다. 그래도 집을 설계할 때는 수없이 많은 자유가 있다. 벽은 지붕을 지탱해야 하고 지붕은 벽이 지탱할 수 있는 무게를 넘으면 안 되지만, 그래도 다양하게 지붕을 설계할 수 있다. 각 단계의 설계는 재료의 속성에 의해, 그리고 앞에서 내린 판단에 의해 선택의 폭이 정해지지만 완전히 결정되는 건 아니다. 우리가 쓴 재료가 허용하는 것이 무엇인지 정확히 알기만 하면 자유롭게 지을 수 있는 것이다. 힘없는 지푸라기보다는 나은 재료로 지어야 한다는 것은 건축적으로 잘못된 신념이라고 할 수 없다. 하지만 분홍색 외에 다른 색깔은 쓸 수 없다고 생각하는 것은 잘못된 신념이다.

평가적 판단은 선택을 제한적으로 결정한다. 그리고 이 선택의 과소결정 덕분에 삶의 의미의 개별성이 허용된다. 모든 인간에게 똑같이 적용되는 보편적인 삶의 의미는 존재하지 않는다. 따라서 우리는 의미 있는 삶으로 인도하는 유일한 진리의 길은 찾을 수 없다. 올바른 정서적 판단이라는 재료만 있으면, 의미 있는 삶을 구축하는 길은 수없이 열려 있다. 빅토르 프랑클은 약간의 과장을 섞어서 이렇게 썼다.

삶의 의미는 사람마다, 날마다, 시간마다 다르다. 따라서 중요한 것은 일반적인 삶의 의미가 아니라, 어떤 사람의 특정 순간의 구체적인 삶의 의미이다. 일반적인 조건에서 삶의 의미를 묻는 것은 체스 챔피언에게 이렇게 질문하는 것과 같다. "선생님, 도대체 말을 어디로 옮기는 것이 가장 좋을까요?" 체스 경기의 특정 상황이나 상대방의 성향과 별개로 말의 가장 좋은 이동, 아니 좋은 이동이라는 것도 있을 수가 없다. 인간의 실존에도 똑같은 원리가 적용된다. 우리는 추상적인 삶의 의미를 찾으려 해서는 안 된다.[7]

위의 과장된 설명은 프랑클의 실존주의적 가치관 때문이다. 삶의 의미가 시시각각 변한다는 생각은 자아구축의 과정이 경직된 것이 아니라 끊임없이 스스로 창조해야 한다는 것을 시사한다. 그래도 모든 사람들에게 공통적으로 적용되는 추상적인 삶의 의미를 찾지 말라는 프랑클의 당부는 전적으로 옳다. 대신 우리는 진정으로 중요한 가치의 범위 안에서 각자의 개별적인 삶을 구축해야 한다.

따라서 인간은 다양한 방식으로 의미 있는 삶을 영위할 수 있다. 판단의 진위 여부는 선택범위를 제한하기는 하지만 선택들에 합법성을 부여하지는 않는다. 과소결정이 각자가 다른 선택을 하고 다른 삶을 구축하는 것을 허용하기 때문이다.

삶을 구축하는 동안에는 우리가 중요하다고 판단한 것들이 우리를 인도해야 한다. 심사숙고 끝에 무가치하다고 판단한 선택지들을 폐기했다면, 그다음에는 외부의 근거를 선택해야 한다. 그리고 우리의 선택에 대해 분명히 책임져야 한다는 것을 명심하고 선택해야 한다. 우리가 선택한 것의 결과를 우리가 감수해야 한다는 것이다.

운

무신론자에게는 최고의 입법자나 판관이 존재하지 않는다. 그래서 무신론자들은 살아가면서 애원할 곳이 없다. 결과를 의도하지 않았다거나 미래에 일어날 일을 예상하지 못했다는 변명을 내세우며 선택의 책임을 부인할 수도 없다. 우리가 최선을 다했다는 건 중요하지 않다. 우리의 변명을 받아줄 판관은 존재하지 않고 선과 악의 균형을 맞춰줄 내세도 존재하지 않는다. 세상은 공평하지 않다. 인간은 불평등을 벌충할 사법제도를 통해 삶을 좀 더 공정하게 만들기 위해 노력할 수 있을 뿐이다. 하지만 우리 삶을 판단할 때, 세상의 어떤 지혜로도 운이 차지하는 부분을 제거할 수는 없다.[8]

우리가 태어나는 시점부터 운은 우리의 삶을 가로지른다. 우리는 각자 다른 기질을 갖고 태어나 어린 시절에 저마다의 성격이 형성된다. 이 두 가지에 따라 자부심과 자존감을 느낄 만한 사람이 되는 것이 쉬울 수도 있고 어려울 수도 있다. 폭력과 학대로 얼룩진 집안의 아이는 어른이 되면 학대하거나 복종하는 성향을 보이는 식으로 반응할 것이다. 물론 그렇다고 해서 그가 학대하는 사람이나 복종적인 사람을 존경하지는 않을 것이다. 하지만 그런 사람이 되지 않기 위해서는 애정과 존중이 넘치는 가정에서 자란 사람보다는 더 많은 노력을 해야 할 것이다.

행동의 결과에서도 운은 우리의 삶을 가로지른다. 우리가 항상 선택의 결과를 예상할 수 있는 건 아니다. 또한 부주의함을 항상 피할 수 있는 것도 아니다. 인간은 완벽하지 않기 때문이다. 하지만 사소한 부주의가 있었다 하더라도 대부분은 별일 없이 지나간다. 어떤 사람이 몇 년 동안 주차장에서 차를 뺄 때 늘 백미러로 슬쩍 보고 후진으로 빠져나오곤 했다. 그런데 어느 날 옆집 아이가 그의 차 뒤에서 놀고 있었는데 그는 그 사실을 모른 채 후진했다. 한순간에 인생이 돌이킬 수 없게 된 것이다. 그가 다른 날보다 그날 더 부주의했던 건 아니다. 다만 악운이 끼어들었을 뿐이다.

운은 우리가 직면하는 선택에서도 우리의 삶을 가로지른다. 사르트르를 찾아온 청년은 평화로운 시기라면 만나지 않았을 선택에 직면한 것이다. 네이글은 이 전쟁을 치르는 동안 나치 정권이 평범한 독일인들을 어려운 선택을 해야 하는 입장으로 몰아넣었다고 지적한다.

> 나치 독일의 평범한 시민들에게는 그 정권에 맞섬으로써 영웅적으로 행동할 수 있는 기회도 있었고 부끄럽게 행동할 수 있는 기회도 있었지만, 그들 대부분은 이 시험에 합격하지 못했다는 비난을 받는다. 하지만 다른 나라의 시민들은 그 시험을 치르지 않았고, 그 결과 그들 중 일부는 독일 국민들과 똑같은 처지였더라면 똑같이 부끄럽게 행동했을지라도, 어쨌든 그들은 그런 행동을 하지 않았고 그래서 똑같은 비난을 받지 않는다. 여기서도 인간은 도덕적으로 운명에 좌우된다.[9]

운은 우리가 직면할 결정의 어려움에, 그리고 우리의 삶에 대해 내릴 판단의 어려움에 영향을 미친다.

우리의 목표는 우리가 진정으로 의미 있다고 판단하는 삶을 살아가는 것이다. 우리는 삶을 긍정하는 정서적 판단에 걸맞은 삶을 살아가야 한다. 우리는 수치심과 모멸감이 아니라 자존감과 자부심을 느낄 만한 사람이 되어야 한다. 그런데 의미 있는 삶을 영위하기 위해서는 지혜와 운이 모두 필요하다.

　지혜는 삶을 안내해줄 올바른 정서적 판단을 위해 필요하다. 지혜는 단순한 영리함의 문제가 아니라, 두뇌와 심장 두 가지가 연관된 문제다. 또한 진리는 요원하고 선택은 제한적으로 결정되어야 할 때 판단을 내리는 데에도 지혜가 필요하다.

　그뿐 아니라 우리는 운도 필요하다. 우리가 직면하게 될 선택에서 운이 필요하고, 그러한 선택들의 원천에서도 운이 필요하고, 선택의 결과에서도 운이 필요하다.

16
헌신

"나는 이 믿음 위에 계속하여 굳건히 서 있겠습니다. 나에게 다른 길은 없습니다."

–마르틴 루터(Martin Luther), 1521년 보름스 의회 연설 중

우리는 자신에게 진정으로 중요한 것을 발견함으로써 삶의 의미를 찾는다. 그래서 진정으로 존경스러운 사람, 진정으로 아름다운 장소, 진정으로 즐거운 경험, 진정으로 멋진 프로젝트, 진정으로 애정이 넘치고 행복한 인간관계를 찾아낸다. 이러한 정서적 진실성으로 우리는 의미 있는 삶을 만들어간다. 우리의 목표는 자존감을 느낄 만한 사람이 되고, 자부심을 느낄 만한 삶을 만들어가는 것이다. 그런데 의미 있는 삶은 자존감, 자부심, 자신감이라는 **감정**만으로 이루어지지 않는다. 의미 있는 삶이 되려면 자신을 존중하는 정서적 판단이 **진실**이어야 한다. 우리 자신과 우리의 삶을 긍정하는 정서, 자신을 존중하는 정서에 걸맞다고 믿어야 할 뿐 아니라, 그 믿음이 옳아야 한다는 뜻이다.

진정으로 중요한 것들은 우리가 구축해야 하는 삶을 결정짓지는 않지만, 구축해야 할 토대의 경계선은 정해준다. 숙고할 만큼 했는데도

판단이 서지 않을 때, 그때는 우리가 선택을 해야 한다. 이러한 선택, 판단의 경계선 내에서 내린 선택에 의해 우리는 개별적인 삶을 구축한다. 불확정성indeterminacy 때문에 삶의 개별성은 촉진되고 삶의 의미로 향하는 수많은 길이 허용된다. 따라서 **유일하게** 의미 있는 삶으로 안내하는 길은 없으며, 우리는 선택들을 통해 각자의 정체성을 형성한다.

이 세상에는 각양각색의 사람들이 있다. 사랑스러운 사람도 있고 그렇지 않은 사람도 있다. 판단은 사랑스러운 사람을 찾아내지만, 선택은 그들 중 일부를 우리의 친구나 연인으로 바꾼다. 이 세상에는 창조해야 할 것들, 성취해야 할 과제, 따라야 할 대의명분, 추구해야 할 경력이 수없이 존재한다. 판단은 어떤 것들이 성취할 가치가 있는지를 발견하지만, 선택은 그 중 일부를 우리가 할 사업으로 바꾼다. 이 세상에는 살 만한 곳이 많다. 판단은 살 만한 장소를 찾아내지만, 선택은 그중 한 군데를 우리의 집으로 바꿔놓는다.

선택과 헌신

인간의 삶은 시간을 통해 확장된다. 우리는 지금 이 순간만 사는 게 아니다. 우리에게는 과거와 미래의 삶도 있다. 이 추상적인 사실은 개인적인 삶의 의미를 찾는 데 중요하다. 선택을 하려면 어떤 종류의 선택을 하든 미래를 향해 우리를 내던져야 한다. 의미가 있으려면 지금 내려진 선택이 미래에 우리의 행동을 구속해야 한다. 선택을 내릴 때 우리는 미래의 행동방침에 우리를 맡기는 것이다.[1] 자신을 미래에 맡기지 않는다면, 그것은 진정으로 선택한 것이 아니다.

사르트르에게 조언을 들으러 갔던 청년의 선택을 상기해보자. 나치가 프랑스를 점령한 시기에, 그 청년은 레지스탕스에 가입하는 것과 어머니에게 힘이 되는 것 사이에서 선택을 해야 했다. 사르트르는 청년에게 논리reasons가 바닥났으니 급진적인 선택을 함으로써 스스로 논리를 창조하라고 조언했다. 청년이 레지스탕스에 가입하기로 결정했다고 해보자. 결정한 다음에 그는 기차역으로 가다가, 잠시 후에 어머니에게 돌아왔다. 그리고 다음 기차를 타러 갔다가 다시 돌아왔고, 이런 일을 반복한다. 이처럼 행동방침에서 확고함이 없는 선택은 어리석음이 된다. 선택은 우리를 미래에 구속시켜야 한다. 자신을 바치지 않으면 어떤 선택도 진정한 선택이라고 할 수 없다.

미래는 끊임없이 현재가 되고, 현재는 끊임없이 과거가 되고 있다. 현재의 선택이 미래의 우리를 구속한다면, 과거의 선택은 현재의 우리를 구속해야 한다. 그래서 과거에 했던 선택은 현재의 결정을 인도해야 한다. 다시 말해 우리의 결정은 과거를 보고 있어야 한다.[2] 과거의 헌신은 항상 현재의 결정에서 고려해야 할 근거이다.

사르트르의 예를 다시 생각해보자. 그 청년은 사르트르의 방을 떠나면서 레지스탕스에 가입할 것을 선택할 것이다. 그는 레지스탕스에 투신한다. 그럼으로써 그는 바로 이 선택을 내린 사람, 어머니 옆에 남기로 선택한 사람과는 다른 사람이 된다. 그가 어머니가 있는 집으로 갈 때, 그가 한 약속은 그가 짐을 꾸릴 이유가 되고, 기차표를 사서 남쪽으로 가는 포르투갈행 기차를 탈 이유가 된다. 그의 판단은 적군과의 협력을 배제했고 자기방종도 배제했고, 두 가지 선택지만 남겨두었다. 그는 레지스탕스를 선택함으로써 자신의 삶을 구축하는 일을 진전시켰다. 올바른 판단의 테두리 내에서 구축되었기 때문에 그의 자아는 자존감과 자부심을 느낄 가치가 있다. 슬픔과 애석함을 피할 길이 없기 때문에, 그의 선택은 비극적이다. 그렇지만 자신에 대한 존경, 레지스탕스의 길을 선택한 자신에 대한 존경이 지금은 그의 결정에 영향을 줘야 할 이유이다. 자신의 약속을 번복하는 것은 자부심을 훼손하는 일이기 때문이다.

앞 장에서 언급한 집 짓기를 다시 떠올려보자. 판단은 어떤 재료가 적절한지를 결정하고 그 재료들의 강도를 평가하지만, 그래도 건축의 각 단계에 수많은 선택지들을 남겨둔다. 각 단계에서 내리는 선택에 따라 우리는 선택지 중 하나에 우리를 맡기고, 그러면 다음 단계에서 할 일의 방향이 정해진다. 지붕을 올리려 한다면, 벽과 관련된 선택을 돌아봐야 한다. 지붕 설계와 관련된 선택은 재료의 강도뿐 아니라 벽의 형태와 토대에 관해 앞에서 내린 약속에 의해서도 제한을 받기 때문이다.

약속을 했다 해도 재평가는 가능하다. 삶을 구축하는 과정에서 실수를 하는 것은 집을 짓다가 실수를 하는 것보다 흔한 일이다. 하지만 재평가는 쉽지 않다. 재평가는 항상 부수고 다시 짓는 것을 의미할 뿐 아니라 약속과 충돌하기 때문이다.

자아구축에 비유할 수 있는 것으로 이야기구축story-construction도 있다. 작가가 소설을 쓸 때, 상황과 사건, 인물의 선택은 소설의 진행 방식을 제한하기는 하지만 최종적으로 결정짓지는 않는다. 중요한 것은 소설 장면들이 일관성이 있고, 여러 사건의 발생이 시간적으로 타당하고, 인물들의 언행이 각자의 성격에서 어긋나지 않는 것이다. 우리는 삶을 살아가면서 자신의 역사책을 쓰고 있다. 우리가 이야기를 쓰는 저자이므로, 우리의 삶은 철학자들이 말하는 '서사적 통일성'을 보여 줘야 한다.

엘리자베스 앤더슨이 여기에 도움이 될 만한 사례를 제시한다. 어느 부부가 몇 년 동안 열심히 노력해서 특색 있는 패밀리 레스토랑을 만들었는데, 어느 날 그 레스토랑을 팔라는 제안을 받는다. 구매하려는 측은 그 레스토랑을 사들여 수십 군데의 프랜차이즈 형태로 운영하려는 대기업이다.

부부는 그들의 선택을 다음과 같이 생각할 수도 있다. 그 레스토랑을 팔면 경제적으로 크게 안정이 되겠지만, 그들이 삶을 투자해서 고생한 목적은 손상될 것이다. 그 목적은 돈을 버는 것뿐만이 아니라 그 지역에서 유행하고 있는 평범하고 개성 없는 체인형 레스토랑의 대안을 만들어내는 것이었다. 그러므로 그들이 인생을 건 프로젝트를 포기한다면 그들은 초반기에 분투하여 뭔가를 성취하고 평생의 꿈을 이룬 사람들로 남는 게 아니라, '성공적인' 매각을 성사시킨 사람들로 남을 것이다. 그들이 그동안 열심히 일한 것은 X라는 기업에 몇 백만 달러를 벌어주기 위한 것이 아니었다. 그들이 삶의 서사적 통일성을 중요시하고, 자신들의 과거 행동에서 나온 현재의 선택들을 중요시한다면, 그들은 이성적인 태도로 그 제안을 거부할 것이다.[3]

그런데 위의 레스토랑을 부모한테서 물려받은 두 번째 부부가 있다고 하자. 첫 번째 부부는 여러 가치 있는 프로젝트 중에서 패밀리 레스토랑을 선택하여 거기에 삶을 바쳤다. 하지만 두 번째 부부는 그렇지 않다. 현재 첫 번째 부부에게는 그 사업을 지켜야 할 과거의 이유들, 즉 구속력 있는 선택들을 만들어낼 그들의 능력과 연관된 이유들이 있다. 두 번째 부부는 그렇지 않다. 첫 번째 부부는 자긍심을 수반한 자신과의 약속이 있다. 두 번째 부부는 그 사업체를 세우지 않았고, 그것에 대해 역사가 없고, 그래서 그것을 지켜야 한다는 자신과의 약속도 없다. 두 번째 부부의 삶에서 레스토랑은 별 의미가 없기 때문에 그들은 그 레스토랑을 양심의 가책 없이 팔 수 있다.

헌신과 정서

선택에는 헌신이 필요하고 헌신에는 정서가 필요하다. 헌신은 지적인 숙고에서 비롯될 수도 있지만, 지적인 능력만 포함하는 것은 아니다. 이것은 사적인 인간관계에서 가장 쉽게 이해할 수 있다. 헌신을 위해서는 친구와 연인, 가족, 공동체가 된 사람들과의 정서적 연관성이 있어야 한다. 또한 헌신을 위해서는 우리의 집이 된 장소, 우리의 반려자가 된 동물들, 그리고 우리의 프로젝트가 된 행동방침에 우리의 감정이 연관되어야 한다. 정서는 우리의 선택에 우리를 구속시키고, 그 선택들에 우리가 헌신하게 만든다. 그리고 시간이 지남이 따라 정서는 우리의 선택들이 효력을 발생하게 만든다.

우리가 불확정성을 온전히 인식하고 모든 선택을 내리는 것은 아니다. 우리는 가끔 정서가 우리 대신 선택을 한다는 것을 알고 있다. 사랑하는 사람을 만나면 돌연 다른 사람들의 매력이 눈에 보이지 않는다. 열정에 눈이 멀어 사랑의 탐색을 끝내버리는 것이다. 우리는 선택이 저절로 내려졌다고 느끼지만, 우리가 실제로 선택을 한 게 아니라고 생각해서는 안 된다.

헌신에는 사랑과 비슷한 감정적 속성이 있다. 헌신은 미온적인 상태에서 열정적인 상태로 바뀔 수도 있다. 반대로, 우리의 헌신이 위태로운 상태가 되면 우리는 걱정과 불안함을 느낀다. 사람들이 우리의 헌신에 의문을 제기하면 우리는 신경이 곤두서고 방어적인 상태가 된다. 헌신에 연관된 정서들은 우리의 관심을 집중시키고 방향을 정한다. 앞 장들에서 다룬 이런 정서의 특성과, 결정을 내릴 때 정서가 중요하다는 사실을 다시 떠올려보자. 인간은 정보를 천천히 처리하고, 정서를 이용하여 결정과 관련한 정보 중 일부만 선택한다. 이렇게 정보를 선정한 덕분에 우리는 한정된 시간 내에 결정을 내릴 수 있다. 하지만 대신 다른 정보를 무시하고 부인하고 축소하고 왜곡하는 대가를 치러야 한다. 그래서 심취는 사랑을 찾는 탐색을 끝내지만, 그 심취는 우리의 연인을 이상화하고 불완전함을 못 보게 함으로써 유지된다.

마찬가지로 헌신은 어떤 사람이나 상황, 목표의 일부 특징을 두드러지게 하고 다른 특성을 고려의 대상에서 제외함으로써 유지된다. 고려하는 과정에서 헌신 때문에 다른 특성들이 눈에 들어오지 않는 것이다. 버나드 윌리엄스가 좋은 예를 들려준다. 한 남자가 위험에 처한 두 사람을 봤는데 한 사람밖에 구할 수 없는 처지다. 둘 중 한 명이 자신의 아내라면 그는 누구를 구하려 하겠는가? 여기서 심사숙고를 한다는 건 말이 안 된다. 윌리엄스가 말하듯 "(1) 그것이 내 아내라는 것, 그리고 (2) 이런 상황에서 아내를 구하는 일은 허용된다는 것"이라는 두 가지 생각은 '필요 이상으로 많은 생각one thought too many' 이다.4 그의 아내는 자신에 대한 남편의 헌신이 남편의 다른 심사숙고의 대상을 모두 잠재우리라고 기대할 것이다. 또한 당연히 남편이 단 한 가지 생각만 하리라고, 바로 위험에 처해 있는 그의 아내, 곧 자신을 생각하리라고 기대할 것이다. 그래서 생각할 것도 없이 자신을 구하리라고 기대할 것이다. 아내에 대한 그의 정서적 몰입이 그녀가 처한 곤경에만 주의를 집중시켜 다른 사항들은 생각나지도 않고, 보이지도 않게 만들 것이다.

헌신에 정서가 개입되는 것은 편견에 의해 일어나는 비이성irrationality 이 아니라, 멋진 일이다. 정서적 몰입은 중요한 것을 중요하게 느끼게 해준다. 이에 대해 헵번은 이렇게 썼다.

가치 있는 일을 추구하는 것만이 삶에 의미를 주는 것은 아니다. 그렇다면 톨스토이의 삶의 중지arrest of life나 존 스튜어트 밀의 1826년의 정신적 위기 같은 현상을 설명할 수 없기 때문이다. 더 일반화해서 말하면, 무의미하다는 느낌으로 괴로워하면서도 사무적으로 다양한 가치판단을 내리는 일은 얼마든지 가능하다. 성실하고 유익하고 너그러운 행동들이 가치 있다는 것을 의심하지 않으면서도 그러한 것들이 자신의 삶에 의미나 목적을 준다는 생각 없이 그런 행동들로 하루를 채울 수도 있다는 것이다. 그것은 참으로 지겨운 일일 것이다. 의미를 추구하는 것은 자신의 원칙을 합리화하는 것뿐 아니라 이러한 원칙에서 활력과 에너지를 발견하는 것까지 포함한다. 어떻게 보면 의미를 찾는 것은 이러한 행위를 가치 있다고 판단하는 것이 아니라, 이러한 행위를 추구하는 것을 충만으로 보고, 자기 파괴에 대조되는 자아실현으로 보고, 지겨운 과업과 대조되는 즐거운 과업으로 보는 것이다.[5]

의미 있는 삶은 헌신하는 삶, 우리가 진지하게 받아들이는 삶이다. 삶은 우리 자신을 숨겨두고 연극만 하는 게임이 아니다. 그러므로 삶에 대해 헌신하는 척하면서 마음속으로는 의혹을 품는 냉소적인 태도를 취하면 안 된다. 리처드 로티가 말한 대로 '아이러니스트ironist'로서는 의미 있는 삶을 살아갈 수 없다. 그런 사람들은 '자신을 설명하는 표현들이 늘 바뀐다는 것을 알고 있고, 그들이 마지막으로 쓰는 단어가 늘 불확실하고 덧없다는 것을 알고 있기 때문에 자신을 절대 진지하게 받아들이지 못하는 사람'이다.[6] 곰곰이 생각해서 어떤 판단이 불확실하고 덧없다면, 그것은 불확정적인 판단일 가능성이 크다. 불확정성은 창의적인 자아구축의 기회이다. 선택하라. 헌신하라. 그리고 변화하라.

성격과 정체성

정서는 합리적인 증거가 있는 판단을 채택하고 그 판단을 우리의 신념으로 바꾼다. 또한 우리의 선택을 채택하여 그 선택들을 우리의 임무, 대의, 가장 깊은 인간관계로 만듦으로써 우리를 거기에 구속시킨다. 판단과 헌신을 통해 우리는 삶을 구축한다. 판단과 헌신을 통해 우리는 자아와 성격과 정체성을 구축한다.

성격은 우리를 규정하는 특성들의 집합이다. 우리가 선택하고 행동할 때 성격은 안정적인 배경이 된다. 성격에는 우리의 기질과 개성이 포함되어 있고, 안정적으로 지속되는 정서, 우리의 판단과 헌신, 삶의 계획도 포함되어 있다.

좋은 성격이란 우리 자신의 존경과 자부심과 칭찬을 받을 만한 성격이다. 그런 성격은 정확한 정서적 판단을 토대로 한다. 또한 그것은 정서적 진실성을 획득할 수 있을 때는 정서적 진실성을 바탕으로 한 성격이고, 정서적 진실성을 알 수 없을 때는 선택과 헌신을 바탕으로 한 성격이다.

성격은 세월이 지나도 쉽게 변하지 않는다. 정서적 진실과 헌신이 영속적이기 때문이다. 정서는 믿음과 헌신을 결정하듯 성격도 결정한다. 성격을 정서가 결정한다는 사실은 정체성이 흔들릴 때 분명히 알 수 있다. 그럴 때 우리는 불안하고 방어적이 되고 변화를 두려워한다. 정서가 성격을 결정한다는 것은 선별적인 관심이 주로 어떤 성격을 보존하는지를 보면 뚜렷이 알 수 있다. 성격상 어떤 선택을 완강하게 옹호하는 사람이라면, 그것과 상반되는 선택의 기회에 직면하더라도 원래의 결정을 바꾸지 않을 가능성이 크다. 강력한 대안을 만났을 때 의지가 그 대안을 물리치는 게 아니라, 그 대안이 아예 보이지 않는 것이다. 덕이 있는 성격을 설명하면서 존 맥도월은 이렇게 주장했다.

이러한 관점에 의하면, 덕이 필요한 상황이 온전히 인식된다면 그럴 필요가 없었을 때라면 달리 행동할 이유가 될 심사숙고가 모두 침묵한다. 덕이 필요한 상황에 의해 무시되는 게 아니라 그냥 침묵하는 것이다.[7]

진정으로 너그러운 사람에게는 이기적인 행동이 아예 떠오르지 않는다. 진정으로 용기 있는 사람에게는 위험에서 달아날 생각이 아예 떠오르지 않는다. 그러한 행동은 고려한 다음에 폐기되는 것이 아니라 그냥 '침묵'하는 것이다.

반복되는 관심은 성격을 보존하고, 성격은 정서로 가득 차 있다. 이런 점에서, 성격은 인격과 매우 흡사하다. 인격장애가 있는 사람은 대개 자신에게 그런 장애가 있다는 것을 깨닫지 못한다. 그런 환자는 보통 고독감이나 우울증이나 불안 같은 다른 이유들 때문에 정신과 의사를 찾는다. 의사의 질문을 통해 유치하고 비판적이고 독단적인 핵심 믿음들에 기인한, 인간관계에서의 문제 행동들이 드러난다. 앞에서 설명했듯이, 이러한 핵심 믿음들은 스키마에 의해 고착되고 유지된다. 스키마는 모든 영역에 영향을 미치는 유사 정서, 즉 이름 없는 정서이다. 또한 스키마는 개인마다 다른 선별적 관심의 지속적인 반복이다.[8] 스키마는 틀린 추론을 반복하고 증거에 대해 선별적인 관심을 보임으로써 반증으로부터 핵심 믿음을 보호한다. 스키마에는 부인, 개인화personalization, 성급한 일반화, 그리고 반대 증거의 과소평가도 포함된다. 인격은 역기능을 하는 여러 핵심 믿음들 안에서 발견되므로 스키마에 의해 보호되며, 따라서 바뀌기가 어렵다. 환자는 변화를 무척 두려워하기 때문이다.

정서에 의해 성격이 고착화하면 자기평가와 자기변화가 굉장히 어려워진다. 자신을 평가하는 일이 어려운 이유는 선별적인 관심 때문에 우리 자신의 잘못은 보이지 않기 때문이다. 자부심은 삶을 의미 있게 여기기 위해 가장 중요한 정서인데, 이 자부심이 우리를 기존의 평가에 구속시킨다. 우리는 자부심을 유지하려고 애를 쓰고, 이 자부심은 스키마가 인격장애를 일으키는 믿음들을 보호하듯이 호의적인 자기평가를 보호한다.

스키마의 자기기만적인 속성을 꿰뚫어 보고 변화의 필요성을 인식한다고 해도 자기변화는 여전히 어렵다. 그것은 바로 자신의 정체성을 해체하고 재구축하는 것을 의미하기 때문에 두려운 과업이다. 그 변화가 대규모라면 과거의 자아가 죽고 새로운 자아가 태어나야 하기 때문에 변화가 두려운 것이다. 기독교인들이 말하듯이 우리는 거듭나야 하는 것이다.

그런데 이것은 우리의 탐색이 인도해야 하는 과업이다. 의미 있는 삶을 누리기 위해 우리는 자신의 사랑과 존경과 자부심에 걸맞은 성격을 형성하고 그런 삶을 영위해야 한다. 이것이 결코 쉬운 일은 아니다. 즉 의미 있는 삶을 발견하기 위한 철학자들의 방식은 결코 쉽게 걸어갈 수 있는 길이 아니다. 중요한 것을 잘못 판단하고 진리가 가리키는 방향을 잘못 보는 것이 흔한 일이듯, 길을 잃는 것도 흔한 일이기 때문이다. 올바른 길로 돌아오기 위해서는 자아성찰과 자기변화가 필요하다.

우리는 헌신을 방해하는 끊임없는 재평가와 자기성찰을 방해하는 자기만족적인 헌신 사이의 좁은 길을 걸어가야 한다. 삶이 무의미하다는 느낌이 들어 자신을 재평가해야 할 때 우리는 자신의 정체성을 재생시킬 용기를 내야 한다. 우리에게 필요한 것은 정서적 진실로 인도하는 지혜와 헌신으로 인도하는 사랑, 그리고 변화로 인도하는 용기이다.

"자긍심을 지키려는 것은 분명히 이성적인 것이다. 자신을 가치 있게 느끼는 것은 적극적으로 선을 마음에 품고 그것을 충족시키는 데서 기쁨을 느끼는 사람에게 꼭 필요하다. 자부심은 삶의 합리적 계획의 일부라기보다는 자신의 계획이 실행할 만한 가치가 있다는 의식이다. 그런데 자부심은 보통 다른 사람들의 존경을 바탕으로 한다. 우리의 노력을 다른 사람들이 존경하지 않는다고 느끼면, 우리의 목표가 가치 있다는 신념을 유지하는 것이 불가능하지는 않더라도 어려워지기 때문이다."

−존 롤스, 《정의론》[1]

삶의 의미를 탐색하는 것은 진정으로 자부심, 존경, 사랑, 그리고 그 밖의 긍정적인 정서들에 진정으로 부합하는 자아를 구축하는 것이다. 이것은 자부심을 기르는 심리적 작업만을 의미하지 않는다. 그것은 우리가 진정으로 훌륭하다고 생각하는 삶을 이끌어가는 심리적 작업, 그리고 진정으로 자부심을 느낄 만한 정체성을 구축하는 것을 의미한다. 자부심만으로는 충분하지 않다. 우리는 자부심에 걸맞은 사람이 되어야 한다.

우리는 판단과 선택을 토대로 하여 의미 있는 삶을 구축한다. 판단은 정서적 진실성이 있는 곳과 없는 곳을 알아낸다. 자아구축은 정서적 판단의 진위에 의해 정해진 범위 내에서 진행되는데, 진위를 판단할 수 없는 곳에서는 자아구축이 선택의 문제가 된다.

판단과 선택은 둘 다 정서적 몰입을 포함한다. 정서는 믿음을 고착화하고, 판단을 신념과 이상으로 바꾼다. 정서는 선택을 확정하고, 선택을 태도와 목표와 삶의 목적으로 바꾼다. 정서는 과거의 판단과 선택들을 성격과 정체성으로 고착화한다. 정서적 몰입은 진정으로 가치 있는 삶을 의미 있게 느껴지는 삶으로 바꾼다. 삶의 의미로 가는 길은 비판적 성찰과 정서적 몰입 사이를 구불구불 나아간다. 정서적 몰입은 꿈을 확고하게 하고 인간관계를 깊게 하고 성격을 강화한다. 하지만 관심을 유형화하고 성찰을 왜곡하며 자기평가보다는 자기기만을 더 쉽게 만듦으로써 그렇게 한다. 혹시 비판적 성찰이 성공한다고 해도, 몰입 때문에 자기변화는 여전히 어렵다. 과거 결정들에 대한 긍지, 자만, 또는 후회에 대한 두려움 같은 정서적 몰입이 우리 자신을 무너뜨리고 재구축하는 것을 힘겹게 만드는 것이다.

진실을 찾기 위해, 정서적 판단은 논리와 증거 모두에 반응해야 한다. 전체론적인 판단은 여러 판단이 서로 부합해야 한다. 하나의 판단은 다른 판단의 근거가 되고, 이 논리의 네트워크는 십자말풀이의 단어들처럼 서로를 떠받쳐야 하는 것이다. 하지만 이런 상호보완만으로는 충분치 않다. 십자말 퀴즈를 풀기 위해서는 힌트가 있어야 하듯이 정서적 진실을 찾기 위해서는 증거가 필요하다.

다른 사람들의 증거

정서적 진실을 찾는 과정에서 증거의 한 원천은 실제 체험에 대한 우리 자신의 정서적 반응이다. 뭔가에 대해 두려움을 느낀다는 것은, 결정적인 증거는 아니더라도 그것이 위험하다는 증거이다. 정서적 진실의 탐색에서 두 번째 증거는 다른 사람들의 정서적 반응과 판단이다. 어떤 상황에 대해 다른 사람들이 두려운 반응을 보인다면 우리는 그 상황이 위험하다는 증거를 확보한 것이다. 누군가 어떤 상황이 위험하다고 말하는 것도 그 상황이 위험하다는 증거가 된다. 다른 사람들의 증거도 결정적인 것은 아니지만, 그래도 당연히 고려하거나 폐기해야 할 증거이다.

진리 상대주의를 피하기 위해 우리는 다른 사람들의 반응과 의견을 진지하게 고찰한다. 우리는 이 반응과 의견을 정서적 판단을 내릴 때 증거로 활용해야 한다. 그 판단이 특별히 우리에게만 중요한 것이라 할지라도 타인의 반응을 고려해야 한다. 올바른 정서적 판단은 가능한 한 모든 조사를 행하는 이상적인 조건에서 나오기 때문이다. 오류 없는 환경이란 다양한 문화와 관점에서 나오는 반응을 자유롭게 표현하고 의견을 교환하는 곳이다. 우리에게 진정으로 중요한 것이 무엇인지를 판단하는 이상적인 조건은 다양한 문화를 배경으로 한 시인, 심리학자, 역사가, 예술가, 작가, 과학자, 사회학자, 철학자 들의 의견을 듣는 것이다. 진리탐구는 대화이고, 대화에서는 동의가 가능하다. 우리가 모든 사람들과 이야기를 나눈다면, 그리고 모든 사람들이 열린 마음으로 동참한다면 시간이 지남에 따라 우리의 특정 사안에 대한 반응과 판단이 하나로 일치할 수 있을 것이다.

다른 사람들이 보이는 증거들은 모두 우리와 관련이 있다. 그 증거들은 우리가 판단하고 선택하고 우리 자신을 평가하는 문화적 환경을 형성한다. 다른 사람들이 우리와 이야기할 때, 다른 사람들이 또 다른 사람들에 대해 이야기하는 것을 우리가 들을 때, 그들이 반응하는 것을 볼 때, 그리고 다양한 미디어를 통해 다른 사람들에 대해 보고 읽고 들을 때, 우리의 문화적 환경은 타인의 반응과 견해를 끊임없이 우리에게 노출하는 것이다. 그러한 표현 중에는 사실인 것도 있지만 광고처럼 공공연한 속임수도 있다. 문화적 환경에는 막대한 양의 표현들이 담겨 있으며, 그 모든 것은 잠재적으로 우리가 내리는 평가적 판단과 연관이 있다.

우리는 문화적 환경을 피할 수 없고, 그래서 정서적 판단을 가능하게 하는 대부분의 교육이 이 환경에서 이루어진다. 하지만 문화적 환경은 우리의 평가적 믿음에 위험할 수도 있다. 거짓 증거나 오해를 일으키는 증거가 그 환경을 오염시킬 수 있기 때문이다. 타인의 반응이 잘못되었거나 오해를 불러일으키는데, 우리가 그러한 반응을 바탕으로 판단을 내린다면 진리 탐색에서 실패할 가능성이 크다.

자부심

우리는 두 가지 단계에서 정서적 판단을 내린다. 먼저 어떤 사건이나 사람들이 중요한지, 중요하다면 어떻게 중요한지를 판단한다. 이러저러한 것은 칭찬할 만하고 성실하고 멋지지만, 이러이러한 것은 충격적이고 불쾌하고 역겹다는 식으로 판단하는 것이다. 둘째, 우리 자신과 우리 삶의 유의미성을 판단한다. 우리가 자존감과 자부심을 느낄 만한지, 아니면 부끄러워해야 한다거나 자부심을 회복하기 위해 변해야 하는지를 판단하는 것이다. 그런데 우리 두 번째 단계의 판단은 첫 번째 단계의 판단에 따라 달라진다. 그러므로 의미 있는 것들에 의해 정해진 범위 내에서 우리 삶을 구축해야 한다.

이 두 단계 모두에서 우리는 다른 사람들의 반응을 자신의 판단에 대한 증거로 이용한다. 따라서 두 단계 모두에서 문화적 환경은 우리를 잘못 인도할 수 있다. 이것은 대개 두 번째 단계, 즉 우리 자신과 우리 자신의 가치에 대한 판단에서 쉽게 알 수 있다. 이 장의 첫머리에서 존 롤스는 삶을 이끌어가기 위해 자부심이 중요하다는 것을 강조했다. 또한 자부심이 타인들의 반응에 의존한다는 것도 강조했다. 만일 다른 사람들이 우리를 존경할 만한 가치가 없는 사람으로 인식한다면, 우리는 이것을 우리가 쓸모없는 사람이라는 증거로 받아들일 것이다. 그렇더라도 우리는 이 증거를 검토해야 하고 그것이 틀린 것으로 밝혀진 후에야 버려야 한다. 그 증거가 틀렸는데도 그것을 버리지 못하면, 자신의 삶에 대해 잘못된 판단을 내리게 될 것이다. 찰스 테일러는 사회의 인정에 관한 설명에서 이 점을 지적했다.

우리의 정체성은 다른 사람들의 인정을 통해 또는 오인에 의한 인정의 결여를 통해 형성되고, 그래서 한 개인이나 집단이 주위 사람들이나 사회에 의해 제한당하고 무시받고 경멸받으면 실제로 피해를 입고 실제로 왜곡된다. 누군가를 인정하지 않거나 오인하는 것은 그 사람을 기만적이고 왜곡되고 불완전한 존재로 가둠으로써 피해를 주고 억압할 수 있다. 그래서 일부 페미니스트들은 가부장제 사회에서 여성들은 그들 자신에 대해 경시하는 이미지를 받아들이게 된다고 주장한다. 그들은 열등한 자아상을 내면화했기 때문에 여성들의 발전을 가로막는 객관적인 장애물이 사라져도 새로운 기회를 이용하지 못하거나, 더 나아가 낮은 자존감으로 고통받는 처지가 되기도 한다.[2]

타인의 존엄성을 존중하지 못하는 성향은 인종주의 사회, 성차별 사회, 동성애를 혐오하는 사회에 널리 퍼져 있다. 타인의 존엄성을 인정하지 못하는 사람이 많을수록 폐해는 누적된다. 자부심을 손상시키는 그런 폐해는 특정 개인의 행동으로 생겨나지 않는다. 여자들을 존중하지 않는 남자가 한 명뿐이라면 어떤 여성의 자부심에도 피해를 주지 않는다. 하지만 그런 태도가 사회에 널리 퍼져 있다면, 여성들은 자신들이 존중받을 가치가 없다는 수많은 증거를 만나게 될 것이다.

믿음은 증거에 호응하고, 증거는 누적된다. 가설을 강화하는 사례가 많아질수록 우리가 그 가설을 믿을 가능성은 커진다. 광고업자들은 이런 사실을 잘 알고 있다. 따라서 막대한 비용을 들여서 정서적으로 호의적인 이미지를 그들의 브랜드와 연결시키려 애쓰는 것이다. 우리는 그 브랜드 제품을 담고 있는 이미지에 정서적으로 반응하고, 이런 반응은 그 제품이 그만한 가치가 있다는 판단의 근거로 이용된다. 그리고 이 과정이 여러 번 반복되면서 그런 판단은 강화된다.

물론 나쁜 증거가 아무리 많아도 좋은 증거가 될 수는 없다. 우리는 우리의 반응이 다른 판단과 일관성이 있는지 확인함으로써 나쁜 증거로부터 우리를 보호한다. 예를 들어 과거에 우리의 자부심을 긍정하는 수많은 증거가 있었다면, 우리는 아마 현재의 문화적 환경에서 나타나는 무례함은 무시할 수 있을 것이다. 하지만 잘못된 문화적 증거가 쌓이면 우리의 판단에 해로운 영향을 미친다. 다른 사람들이 우리가 틀렸다는 정서적 반응을 끊임없이 보이면 결국 우리도 심리적으로 지치는 것이다.

다른 사람들의 반응을 보고 어떤 사람은 자신을 실제보다 '덜' 훌륭한 사람이라고 확신할 수 있다. 마찬가지로, 다른 사람들의 반응을 보고 자신을 '더' 훌륭한 사람이라고 확신할 수도 있다. 문화적 환경이 잘못된 삶의 방식을 강화할 수도 있고, 잘못된 자부심을 갖게 할 수도 있다. 예를 들어 우리는 앞에서 욕구와 욕망을 충족시킴으로써 삶의 의미를 찾는 길을 살펴봤다. 그리고 욕구충족 이론이 오류라는 일반적이고 철학적인 이유를 알아냈다. 하지만 우리 사회에는 원하는 것을 획득하는 사람들에 대한 호의적인 정서가 널리 퍼져 있다. 그래서 값비싼 물건을 사는 행태를 부러워하고 부자들을 우러러보는 경향이 있다. 이러한 동경 때문에 많은 사람들이 실제 가치보다 더 많은 존경을 받는다. 그로 인해 그 사람들은 자신에 대해 그리고 자신의 삶에 대해 실제보다 더 훌륭하다는 판단을 하게 된다.

잘못된 자부심은 올바른 자부심만큼이나 기분 좋게 느껴진다. 하지만 거짓 자부심이 아무리 기분 좋게 느껴지더라도, 그것은 위험한 함정에 불과하다. 수입이 높은 전문직 남성을 생각해보자. 그는 동료들이나 사회에서 전반적으로 훌륭한 사람으로 인식되고 자신과 아내에 대해서도 만족하고 있다. 따라서 그는 당연히 자신을 훌륭하게 생각할 것이다. 문화적 환경에서 나타나는 온갖 증거들은 자신에 대한 긍정적인 생각을 더 확고하게 만든다. 그의 자아상에 대한 정서적 몰입 때문에 그가 자신에 대해 달리 생각할 여지는 거의 없다. 이런 시각에 대한 도전이 없기 때문에, 그는 삶의 의미 탐색에서 자신을 진전시킬 비판적 성찰과 자기검토의 필요성을 느끼지 못할 것이다.

자기변화와 문화적 혁신

문화적 환경의 덫에서 탈출하는 것은 아주 어려운 일이다. 문화적 증거는 너무 넓게 퍼져 있고 인간의 추론 능력은 지극히 한정되어 있기 때문이다. 우리가 내린 특정 판단을 주도면밀하게 검토하고, 다른 사람들의 반응을 고려하거나 폐기하는 것이 불가능한 건 아니다. 하지만 우리가 내린 모든 판단을 하나하나 그렇게 검토할 수는 없다.[3] 이런 비유를 생각해보자. 능력 있고 장비도 잘 갖춘 지질학자가 있다. 그는 어떤 암석이든 지구 표면에 드러나 있기만 하면 그 암석의 종류를 알아내서 분류할 수는 있겠지만, 이 지구에 있는 모든 암석을 알아내서 분류할 수는 없다. 그렇게 할 정도로 그의 생애가 길지 않기 때문이다.

결국 의미 탐구는 공동 프로젝트다. 여기에서 정서적 진실의 탐색은 과학적 진리의 탐구와 똑같은 것이다. 어떤 과학자도 과거 과학자들의 업적을 활용하지 않고 우주에 대한 정확한 관점을 세울 수 없다. 또한 동시대 과학자들의 도움 없이 그런 관점을 세울 수도 없다. 우주에 관해 배워야 할 정보의 분량은 너무 방대하고, 인간의 지성은 너무나 보잘것없기 때문이다.

한 개인으로서 우리는 그만큼만 나아갈 수 있다. 우리의 판단은 항상 문화적 환경을 공유하는 타인들의 반응과 견해에 바탕을 둘 수밖에 없다. 증거를 둘러싼 이런 배경은 항상 우리의 판단에 영향을 미칠 것이다. 개인으로서, 우리는 문화적 환경을 완전히 극복할 수 없다. 우리에게 필요한 온전한 지혜를 얻기 위해서는 잘못된 판단과 부적절한 반응을 제거하면서 그 문화적 환경을 집단적으로 개선해야 할 것이다. 완전한 자기변화는 문화의 개선을 이룬 다음에야 가능하기 때문이다.

18
행복

우리는 이것을 '온 생애에 걸쳐서' 해야 한다. 제비 한 마리가 여름을 가져오지 않고 하루아침에 여름이 오지 않듯, 하루 또는 짧은 시간에 인간이 복을 받고 행복해지지는 않기 때문이다.

－아리스토텔레스,《니코마코스 윤리학》[1]

삶의 의미를 탐색하는 여정에서 우리 각자의 행로가 갈리는 지점이 왔다. 우리는 추상적인 철학이 안내해주는 곳까지는 함께 걸어왔다. 그리고 철학을 통해 우리가 찾으려던 것의 윤곽은 알아냈다. 이제 우리를 호출하는 유일한 삶의 길은 없다. 그 대신 정서적 진실이라는 재료에서 각자 삶의 방식을 구축해야 한다. 철학자들의 방법을 연구하는 것은 쉬운 일이었지만, 이제 우리는 각자의 삶을 비판적으로 성찰해보고 그 결과에 따라 자신을 변화시켜야 하는 훨씬 난해한 과업을 앞두고 있다.

많은 사람은 삶의 의미가 아니라 행복을 추구하는 것이 인간의 가장 중요한 과제라고 생각한다. 행복한 삶과 의미 있는 삶은 어떤 관계가 있는 것일까? 우리는 인생에서 의미가 아니라 행복을 추구해야 할까?

예상대로 이 질문에 대한 답은 우리가 행복을 어떻게 이해하느냐에 달려 있다. 이제 우리는 행복에 관한 여러 가지 정의를 살펴보고 그중 하나가 인간의 가장 중요한 목표가 될 수 있는지를 판단할 것이다.

행복, 정서, 판단

어떤 면에서 행복은 좋은 운이라는 판단이다. 'happy'라는 단어는 중세 영어 'hap'에서 왔는데, 이는 '좋은 운' 또는 '행운'이라는 의미다. 'hap'은 'hapless(운 없는, 불행한)'라는 단어에 원래의 뜻이 남아 있긴 하지만 지금은 고어로 취급된다. 하지만 운 좋은 환경을 행복한 환경이라고 말할 때처럼 아직도 관련된 뜻이 남아 있다. 이런 점에서 보면, 행복한 삶은 운이 좋은 삶이다. 그렇지만 이것은 인간의 삶에서 최고의 목표로 생각하고 추구해야 할 행복의 의미가 아니다.

다른 한편, 행복은 일종의 정서이다. 우리는 승진, 결혼기념일, 친구의 성공 같은 사건에서 행복을 느낄 수가 있고, 인간관계에서 행복을 느낄 수도 있다. 때로는 정서적 행복이 어떤 특정 사건과 연관되지 않을 수도 있다. 그렇다면 행복은 슬픔이나 우울함과 상반되는 어떤 기분이라 할 수 있다. 이러한 행복은 정서의 특성을 띤다. 마치 감정처럼 행복하다는 기분을 느끼게 하는 뭔가가 있는 것이다. 행복의 바탕이 되는 것은 우리 자신, 이 세상, 그리고 미래에 대한 믿음과 평가이다. 그리고 우리가 좋아하는 것들에 관심을 집중시켜 기분을 고조시킨다. 행복한 기분일 때 우리는 아름다운 날씨, 우리의 성공 가능성, 친한 사람들에 대한 애정 같은 것만 생각하고, 우리에게 부족한 것들은 생각하지 않는다. 밀린 일이나 충족되지 않은 욕구에 대해서도 생각하지 않는다. 행복이 어느 정도의 평온함을 가져오는 것이다.

하지만 행복은 수많은 강렬한 정서 중 하나에 불과하다.[2] 행복은 감사, 즐거움, 유쾌함보다는 더 강렬한 반면 의기양양, 기쁨, 환희, 희열, 지복, 황홀, 도취보다는 약한 정서다. 행복이 하나의 정서에 불과하다면 이런 정서를 추구하는 것이 어떻게 인생의 올바른 목적이라고 할 수 있겠는가? 유사한 정서 중 환희나 희열 같은 더 강렬한 정서를 추구하면 안 된단 말인가? 비슷한 부류의 정서에서 왜 한 가지만 선택해야 한단 말인가? 열정, 경탄, 존경, 긍지, 경이, 경외 같은 더 강력하고 긍정적인 정서도 체험할 가치가 있다. 이러한 강렬한 정서들도 삶을 의미를 느끼게 해주기 때문이다. 그런데 왜 이런 정서들은 행복만큼 체험할 가치가 없다는 말인가?

마지막으로, 행복을 삶 전반에 대해 내리는 판단으로 볼 수도 있다. 이런 의미에서 보면 행복은 삶에 대한 일종의 평가 또는 확인이다. 의미를 탐색하는 여정은 우리 자신과 우리 삶에 대한 정서적 판단으로 이어졌다. 마찬가지로 행복을 찾는 여정도 우리 삶에 대해 판단을 내리는 지점으로 이끈다. 그것은 어떤 종류의 판단일까? 웨인 섬너는 다음과 같이 주장한다.

이런 점에서 행복하다는 것은 우리 삶에 대해 일종의 긍정적인 태도를 갖는다는 것을 의미하는데, 제대로 된 행복은 그 안에 인지적인 요소와 정서적인 요소를 포함하고 있다. 행복의 인지적 요소는 우리 삶의 조건에 대한 긍정적 평가, 즉 자신의 기준이나 기대에 비추어 모든 것을 고려해보면 적어도 호의적으로는 볼 수 있다는 판단이다. (…) 정서적 요소는 우리가 보통 안녕감sense of well-being이라고 부르는 것이다. 즉 자신의 삶을 유복하거나 보람이 있는 것으로, 또는 만족스럽거나 충만하다고 느끼는 것을 말한다.[3]

행복하다는 것은 우리 삶에 대한 어떤 정서적 반응만은 아니다. 또한 어떤 삶에 대해 장수를 누렸다거나 운이 좋았다거나 훌륭했다는 식으로 빈약하고 추상적으로 판단하는 것만도 아니다. 섬너가 말했듯 행복에는 정서적인 면과 인지적인 면이 있다. 우리 용어로 말하자면 행복하다는 것은 삶에 대한 정서적 판단이다.

정서적 판단이라는 말에는 인지적 특성과 정서적 특성이 모두 포함된다. 정서와 그에 상응하는 판단 사이에는 합리적이고 명확한 관계가 존재한다. 예를 들어 우리가 친구를 존경한다는 것은 그 친구가 존경받을 가치가 있다는 증거이다. 하지만 그것은 확실한 증거가 되지 못한다. 그 친구를 존경할 수 없는 이유도 있을 수 있고, 그 친구에 대해 그가 내린 다른 평가나 그 친구를 아는 다른 친구가 전해준 평가나 반응도 있을 수 있다. 시간이 지남에 따라, 혹은 다른 친구들과 의견을 나누면서 그는 정서와 평가적 믿음을 조화시킬 것이고 그에 대한 이해를 늘려가면서 정서 또는 평가적 믿음을 수정하게 될 것이다. 이런 점에서 정서적 판단에는 감정적 측면과 인지적 측면이 포함되어 있다.

그렇다면 어떤 정서적 판단이 행복을 느끼게 하는 것일까? 분명한 대답은, 삶에 행복을 느낀다는 것은 그 삶이 행복이라는 정서를 느낄 만하다고 판단하는 것이다. 하지만 이 단순한 대답은 행복에 대한 이해의 지평을 별로 넓혀주지 못한다. 그뿐 아니라 노직이 말한 요점, 즉 행복이라는 정서는 삶에서 중요한 의미를 갖는 수많은 정서 중 다소 강렬한 하나의 정서에 불과하다는 지적에 대해서도 반박하지 못한다. 즐거움, 경탄, 만족, 존중, 종견, 혹은 유머는 어떤가? 이것들도 삶 전반에 대해 품을 만한 중요한 정서적 태도 아닌가? 한편, 삶을 두려워하거나 부끄러워하거나 혹은 태어난 것을 원망한다면 행복할 수가 없다. 그러니 삶에서 특정한 정서를 피하는 것도 중요하지 않을까? 왜 우리 삶 전반에 걸쳐 딱 한 가지 정서만 추구해야 한다는 말인가? 행복은 단면적인one-dimensional 판단일까, 아니면 다면적인multi-dimensional 판단일까?

다면적인 행복

흔히 철학자들은 우리가 삶에 대해 만족해야 한다고 생각하며, 삶에 대한 만족의 측면에서 행복을 정의한다. 예를 들어 마크 킹웰은 행복이란 "합리적인 만족감에 대한 자기 기준self-applied criterion이다. 그 기준이란, 나는 내가 스스로 가치 있는 삶이라고 판단하는 인생을 살고 있는가이다"[4]라고 말한다. 또한 "행복은 항상 좋은 기분을 느끼는 상태가 아니다. 그것보다는 우리 삶을 성찰하고 그것이 가치 있다고 느끼는 능력, 즉 우리 인생이 만족할 만하다고 보는 능력인 것이다"[5]라고 했다. 이 정의를 따르면 행복이란 삶 전반이 만족스러운가에 관한 단면적인 판단이 되어버린다. 하지만 그 순간 '만족'을 어떻게 이해해야 하는가라는 의문이 제기된다.

'만족'은 욕구충족을 의미할 수도 있고 정서적 만족을 의미할 수도 있다. 이 두 가지 의미만 다루다 보면 행복을 단면적으로 정의하는 것이 가능하다고 착각하게 된다. 욕구충족 이론은 이미 우리의 문화적 환경에 깊이 파고들었기 때문에 그 용어를 피해 사고하는 것이 어려운 상황이다. 이 가치론은 우리가 살고 있는 자본주의 체제의 바탕을 이룬다. 욕구충족 이론이 문화적 헤게모니를 장악하고 있기 때문에, 우리도 어느새 그 용어를 통해 세상을 보게 된 것이다. 이 이론은 만족을 단면적으로 보게 만든다. 원하는 대상을 얻는 것이 만족이라고 여기게 하는 것이다. 만일 욕구충족 이론이 옳다면, 우리는 삶 전반을 단면적으로 판단할 수 있을 것이다. 하지만 욕구이론이 가진 문제점을 다시 생각해보자. 욕구는 항상 미래를 지향하기 때문에, 잘해야 행복으로 가는 길을 안내하는 부정확한 이정표에 불과하다. 욕구충족만으로는 행복이라 할 수 없다. 때로는 자신이 원하는 바를 잘못 판단한 나머지 나중에 실망하게 될 수도 있기 때문이다. 욕구충족은 행복에 반드시 필요한 것이 아니다. 때로는 원하지 않던 것을 우연히 얻고 나서 그것이 우리를 행복하게 해준다는 것을 깨닫기도 하기 때문이다.

그러므로 삶 전반에 만족한다는 것, 즉 철학에서 말하는 행복은 분명 정서적으로 만족한다는 판단일 것이다. 하지만 그것이 단 하나의 정서와 연관된 판단일 수는 없다. 앞에서 살펴보았듯 그럴듯한 후보는 행복이라는 정서이지만, 행복은 불충분한 후보이기 때문이다. 철학적인 면에서 우리가 행복한가를 판단하는 데는 수많은 정서적 판단이 연관된다. 따라서 우리는 행복이 다면적임을 알게 된다. 우리가 삶을 한 가지 면에서만 판단하지 않는다는 말이다. 행복은 다면적인 것이다.

이제 행복 추구와 의미 탐색의 관계가 보이기 시작할 것이다. 의미를 찾는 철학적 탐색은 의미 있는 삶을 어떻게 이해해야 할지를 가르쳐주었다. 마지막으로 이것을 복습해보자. 특히 행복과 더 쉽게 비교할 수 있는 방식으로 복습하자.

삶의 다면적인 의미

의미를 향한 탐색은 두 단계로 진행되었다. 먼저 우리는 무언가가 진정으로 중요할 수 있는지를 탐구했다. 두 번째로 우리 삶 전반이 어떻게 하면 진정으로 의미 있는 것이 되는지 그 방법을 탐구했다.

의미 탐색의 첫 번째 단계에서, 우리는 진정으로 중요한 것을 추구하는 데 가슴과 머리가 모두 필요하다는 결론을 내렸다. 우리는 개인이나 집단의 정서적 반응에서 드러나는 진정으로 중요해 보이는 것들은, 실제로 그 반응에 부합하는 가치가 있으며 진정으로 중요한 것의 증거라고 받아들인다. 그리고 사물, 사람, 사건들은 각기 다양한 면에서 중요하며, 그것들이 모두 긍정적인 것만은 아님을 알게 되었다. 그것들은 감탄스럽고 경이롭고 기쁘고 즐겁고 매력적이고 명예롭고 사랑스럽고 놀랍고 멋질 수도 있지만, 짜증스럽고 하찮고 실망스럽고 창피하고 무시무시하고 분통 터지고 후회스럽고 슬프고 부끄럽고 걱정스러울 수도 있다. 하지만 이 모든 것이 중요한 의미를 갖는다.

여기서 명심해야 할 점은 이것이다. 중요한 것들은 너무나 다양하기 때문에 다양한 방식으로 중요한 그것들을 한 가지로 뭉뚱그려 판단할 수가 없다. 우리가 정서라는 길을 선택했다는 것은 얼마나 중요한가에 대해 통합적으로 평가하는 방식을 포기했다는 것이다. 어떤 친구에 대해 감탄스럽고 놀랍고 짜증스럽다는 세 가지 판단을 내렸다면 이것들을 한 가지로 종합해서 판단할 방법은 없다. 그 친구가 그저 감탄스럽고 놀랍고 짜증스럽다고 할 수밖에 없는 것이다. 어떤 친구가 우리에게 중요하다는 말은, 그 친구에 대해 부정확하고 애매하게 요약한 판단에 불과하다.

중요성의 다양한 면은 똑같은 척도로 측정할 수 없기 때문에, 그 다양함을 한 가지 판단으로 조합할 수 없다. 이런 비유를 생각해보자. 어떤 사건이 내 오른쪽으로 3미터, 내 머리 위쪽으로 4미터 지점에서 발생했다고 하자. 우리는 공간상의 이 두 차원(가로와 세로)을 종합하여 그것이 얼마나 먼 거리에서 일어났는지를 합산할 수 있다. 답은 내 머리에서 5미터 지점이다. 그런데 그 일이 6분 전에 일어났다고 해보자. 그런 경우에는 (아인슈타인의 특수상대성이론 없이는) 공간 차원과 시간 차원을 조합하여 총괄적인 '거리'(공간상 5미터 시간상 6분)를 산출해낼 수가 없다. 그저 6분 전 5미터 거리에서 일어났다고 할 수밖에 없는 것이다. 우리가 할 수 있는 최선은 거기까지다. 마찬가지로 우리는 친구에 대한 정서도 종합적으로 판단할 수가 없다. 우리가 할 수 있는 최선은 그 친구가 감탄스럽고 놀랍고 짜증스럽다고 판단하는 것뿐이다.

앞에서도 말했지만, 욕구충족 이론이 옳았다면 상황은 달라졌을 것이다. 그랬다면 중요성 판단은 단면적으로만 내려졌을 것이다. 사건들이 우리의 욕구를 얼마나 충족시키는지만 판단하면 되는 것이다. 그러면 우리는 종합적으로 중요성을 판단할 수 있었을 것이다.

하지만 욕구충족 이론은 옳지 않다는 것이 드러났다. 충족된 욕망은 막다른 길로 이어진다. 그래서 우리는 중요한 것에 대한 종합적인 판단을 내릴 수 없다. 사실 의미 탐색을 중요한 것을 찾는 탐색이라고 말하면 오해를 불러일으킬 수 있다. 그렇게 말하면 '중요함'을 모든 정서적 판단들을 요약한 말로 이해할 수 있기 때문이다.

의미 탐색의 두 번째 단계에서, 우리는 삶 전반에 대한 정서적 판단을 검토했다. 그리고 우리의 임무는 삶을 긍정하는 정서적 판단에 진정으로 부합하는 인간이 되는 것임을 이해했다. 우리의 임무는 감탄, 존경, 사랑, 존중을 받을 가치가 있는 인간이 되는 것이고, 감탄, 즐거움, 자부심의 가치가 있는 삶을 살아가는 것이다. 또한 비열하고 짜증스럽고 굴욕적이고 후회스럽고 슬프고 창피한 삶을 살아가지 않는 것이다.

다시 강조하지만, 유의미 또는 무의미를 구분하는 단면적인 기준은 존재하지 않는다. 따라서 우리는 모든 것을 포괄하는 종합적인 판단은 내리지 못하고, 존중이나 존경, 수치심 같은 개별적인 판단을 내릴 뿐이다. 우리는 우리 삶에 대해 빈약하고 추상적인 한 가지 정서적 판단만 내리는 것이 아니라, 각양각색의 충실하고 구체적인 정서적 판단을 내린다. 다시 말하지만 '유의미함'이라는 용어는 이런 각양각색의 특정 판단들을 요약한 말에 불과하다. '의미'에는 본질이 없다. 따라서 '유의미함'이라는 용어에도 정의가 없다.

'유의미함'이라는 용어는 '승자'라는 용어와 성격이 비슷하다. 우리는 체스게임에서 이기는 것, 축구에서 이기는 것, 또는 카드놀이에서 이기는 것이 무엇을 의미하는지 알고 있다. 각 게임에는 승리에 대한 명확한 기준이 있지만, 그 기준은 게임마다 다르다. 축구에서 이기는 것은 카드놀이에서 이기는 것과 다르다. 승자가 된다는 것에는 본질이 없다. '승자'라는 용어는 각 게임에서 벌어진 일들을 막연하고 부정확하게 요약한 것에 불과하다. 각 게임에 적용되는 승리의 기준만 있다면, 승리 일반에 대한 기준이 없다는 것은 별 문제가 아니다.

우리는 오직 한 종류의 정서적 판단, 즉 유의미함이라는 정서적 판단만을 검토한 것은 아니다. 의미 있게 느껴진다고 할 만한 단일한 정서를 찾을 수 없기 때문이다. 의미 있다고 느끼는 것은 단지 수많은 정서 중 단 하나의 정서일 뿐만 아니라, 다른 정서보다 어떤 식으로든 더 중요한 정서도 아니다.

행복, 의미, 진리

이제 우리는 의미 탐색과 행복 추구가 어떤 점에서 유사하고 어떤 점에서 다른지를 이해할 수 있을 것이다. 그 두 가지가 유사한 이유는 삶을 행복과 불행으로 판단하는 일이나 삶을 유의미와 무의미로 판단하는 일은 모두 정서적 판단을 수반하기 때문이다. 하지만 만족 여부도 의미 있음의 여부도 한 가지 정서적 판단으로만 결정되지 않는다. 적절히 표현하면, 만족과 의미는 정서적 삶의 전체 영역 및 그 영역에서 우리가 내리는 판단들을 모두 끌어들인다.

하지만 행복과 의미는 다음과 같은 점에서 갈라진다. 행복과 달리,

의미 있는 삶을 위해서는 정서적 판단이 참이어야 한다. 우리의 정서적 판단이 틀렸더라도 삶에 대해 행복을 느끼는 것은 가능하다. 섬너는 이렇게 썼다.

　　몇 달 또는 몇 년 동안 남편이 바람을 피우고 이기적으로 살았는데도 그의 헌신적인 사랑을 믿고 그에 의지해온 여성을 생각해보자. 삶의 가장 중요한 조건, 즉 자신의 세계에 대한 그녀의 믿음은 틀렸다. (…) 이 기간에 그녀에게 행복하냐고 묻는다면 그녀는 그렇다고 대답할 것이다. 사는 게 생각대로 잘 되고 있느냐고 묻는다면 그녀는 그렇다고 대답할 것이다. 하지만 허상이 드러난 후에 같은 기간을 어떻게 생각하느냐고 묻는다면 그녀는 아마 그 기간이 그녀에게 비참한 사기로 보이고 그녀의 삶이 그만큼 황폐해졌다고 말할 것이다. (…) 그녀는 교묘한 속임수에 속아 자신이 행복한 것처럼 착각했다고 분개하겠지만 그때는 늘 행복했다. 그렇지 않은가?[6]

　　그렇다. 남편과 그런 관계에 있는 동안 그녀는 모든 정서적 판단을 종합하여 자신의 삶이 행복하다는 결론을 내렸다. 각 경우의 정서적 판단은 그녀가 자신의 삶을 제대로 이해했다는 것을 전제로 예측한 정서이다. 그녀가 얻은 증거들을 바탕으로 하면 이런 예측을 정당화할 수도 있다. 하지만 그녀의 예측은 틀렸다. 그리고 틀렸기 때문에 그녀의 삶은 의미가 없었다. 그녀가 자신이 처한 진짜 상황을 알았다면 그 삶이 황폐해졌다고 판단하고, 그녀의 남편을 사랑하는 것이 아니라 원망했을 것이다.

의미 탐색은 행복 추구보다 더 엄격하고 어렵다. 의미 있는 삶은 이성적으로 삶을 가치 있는 것으로 판단할 뿐 아니라 그 판단이 정확할 것을 요구하기 때문이다. 의미 탐색을 위해서는 우리 자신과 우리 삶에 대해 비판적으로 성찰해야 한다. 그런 다음에 정확한 정서적 판단과 부합하도록 우리 삶을 재구축해야 한다. 의미 있는 삶, 즉 정서적 진실에 맞춰 변화하는 삶은 행복한 삶이다. 하지만 그 역은 성립하지 않는다. 거짓을 바탕으로 한 행복에서는 의미가 생겨나지 않기 때문이다. 거칠게 요약하면, 의미는 진정한 행복이다.

삶의 유의미함은 근본적으로 다양하다. 모든 인간의 삶에 해당하는 단 하나의 의미는 없다. 의미는 보편적이지 않고, 각 개인마다 **개별적**이기 때문이다. 개인의 삶에서도 유일하게 중요한 것One Big Thing이 의미의 원천이 될 수 없다. 삶의 의미가 무척 **다양**하기 때문이다. 그뿐 아니라 사건과 인생은 단 한 가지 방식으로만 의미 있는 것이 아니다. 의미는 우리가 판단을 내리는 근거인 감정만큼이나 **다원적**이기 때문이다.

의미가 다원적이라는 마지막 문장을 제대로 이해하는 것은 굉장히 중요하다. 우리가 좋아함/싫어함, 삶을 긍정함/삶을 경멸함, 가치 있음/가치 없음, 소중함/쓸모없음, 또는 유의미/무의미를 나누는 기준인 정서적 판단 외에는, 어떤 다른 기준도 존재하지 않는다. 이런 판단들은 어떤 특성들을 설명 없이 대략 표현한 것뿐이다. 삶이 가치 없다거나 무의미하다고 말하는 것은 삶이 부끄럽다고 판단하는 데 아무 도움이 되지 않는다. 오히려 반대로 설명하는 것이 옳다. 우리는 어떤 대상이 수치스럽고 경멸스럽고 역겹기 때문에 그것이 의미 없다고 이해하는 것이다. 정서적 판단 자체가 유의미와 무의미를 가르는 기준이기 때문이다.

드디어 삶의 의미를 찾는 탐색 자체의 성격이 바뀌었다. 이제 우리는 의미라는 단 한 가지만 찾을 필요가 없다. 대신 의미 탐색이라는 추상적인 임무를 수많은 개별적인 임무로 대체해야 한다. 우리는 진정으로 놀랍고 숭고하고 경외스러운 것을 찾아야 한다. 우리는 진정으로 사랑과 존경을 받을 만한 사람, 진정으로 기쁨과 즐거움을 주는 일을 찾아야 한다. 그리고 진정으로 존경과 자부심을 받을 만한 성격을 형성하고 그런 삶을 이끌어가야 한다. 의미를 찾는 탐색은 이런 개별적인 임무에서만 성공할 수 있을 것이다.

인용 출처

1장

1 Dante. 1954. *The Inferno*. Translated by John Ciardi. New York: Mentor, p.28.

2장

1 Sartre, Jean-Paul. 1948. *Existentialism and Humanism*. Translated by Philip Mairet. London: Eyre Methuen, pp.26-28.

2 Aristotle. 1953. *The Nicomachean Ethics*. Translated by David Ross. Oxford: Oxford University Press, I.7.

3 Dawkins, Richard. 1995. "God's Utility Function". *Scientific American* 273 (5), p.81.

4 Aquinas, St. Thomas. 1993. "That All Things Are Directed to One End, Which is God". In *Life and Death*, edited by J. Westphal. Indianapolis: Hackett, p.32.

5 Russell, Bertrand. 1981. "A Free Man's Worship". In *The Meaning of Life*, edited by E. D. Klemke. Oxford: Oxford University Press.

6 Nagel, Thomas. 1987. *What Does It All Mean? A Very Short Introduction to Philosophy*. New York: Oxford University Press, p.100.

3장

1 Tolstoy, Leo. 1929. *My Confession, My Religion, The Gospel in Brief*. New York: Charles Scribner, p.20.

2 Epicurus. 1940. "The Extant Writings of Epicurus". In *The Stoic and Epicurean Philosophers*, edited by W. J. Oates. New York: Random House, pp.30-31.

3 Lucretius. 1940. "On the Nature of Things". In *The Stoic and Epicurean Philosophers*, edited by W. J. Oates. New York: Random House, p.134.

4 Nagel 1987, op. cit., p.96.

5 Nagel, Thomas. 1979. *Mortal Questions*. Cambridge: Cambridge University Press, p.12.

6 ibid., p.11.

7 ibid., pp.14-15.

8 Goleman, Daniel. 1995. *Emotional Intelligence*. New York: Bantam Books, p.15.

9 Yalom, Irvin. 1980. *Existential Psychotherapy*. New York: Basic Books.

10 Edwards, Paul. 1981. "The Meaning and Value of Life". In *The Meaning of Life*, edited by E. D. Klemke. Oxford: Oxford University Press, p.125.

11 Yalom, op. cit., pp.159-160.

4장

1 Jean-Jaques Rousseau, *La Nouvelle Héloïse*, cinquième partie, lettre 3. Quoted in Hurka, Thomas. 1993. *Perfectionism*. New York: Oxford University Press, p.14.

2 Nozick, Robert. 1981. *Philosophical Explanations*. Cambridge: Harvard University Press, p.516.

3 Hurka, op. cit., p.11.

4 Nozick 1981, op. cit., pp.515-516.

5 Hurka, op. cit., p.15.

6 McKinnon, Christine. 1999. *Character, Virtue Theory, and the Vices*. Peterborough: Broadview Press.

5장

1 Mill, John Stuart. 1972. *Utilitarianism, On Liberty, and Considerations on Representative Government*. Edited by H. B. Acton. London: J. M. Dent & Sons, p.6.

2 Freud, Sigmund. 1958. "Formulations on the Two Principles of Mental Functioning". In *The Standard Edition of the Complete Works of Sigmund Freud*, edited by J. Strachey. London: The Hogarth Press, p.219.

3 ibid., p.223.

4 Jones, Ernest. 1964. *The Life and Work of Sigmund Freud*. Harmondsworth: Penguin books, pp.655-656; Griffin, James. 1986. *Well-Being: Its Meaning, Measurement, and Moral Importance*. Oxford: Clarendon Press, p.8.

5 Frankl, Victor E. 1959. *Man's Search for Meaning*. New York: Washington Square Press, pp.136.

6 Nozick, Robert. 1989. *The Examined Life*. New York: Simon and Shuster, pp.104-105.

7 Griffin, op. cit., p.9.

8 Ramachandran, V. S. 1998. *Phantoms in the Brain*. New York: William Morrow, pp.174-175; Buckman, Robert. 2000. *Can We Be Good Without God? Behaviour, Belonging and the Need to Believe*. Toronto: Viking, pp.113-146.

9 Moore, G. E. 1903. *Principia Ethica*. 1971 ed. Cambridge: Cambridge University Press, pp.12-13.

10 Sidgwick, Henry. 1962. *The Methods of Ethics*. 7th ed. London: Macmillan, p.127.

6장

1 Thomas Hobbes, Leviathan (London, 1651), ch.6, p.24. Reference from Gauthier, David. 1986. *Morals by Agreement*. New York: Oxford University Press, p.51.

2 Myers, David G. 1992. *The Pursuit of Happiness: Who is Happy- and Why*. New York: William Morrow, pp.41-43.

3 Sumner, Wayne. 1996. *Welfare, Happiness, and Ethics*. Oxford: Oxford University Press, pp.128-129.

4 ibid., p.129.

5 Griffin, op. cit., pp.10-20.

6 Griffin, op. cit., p.11.

7 Brandt, Richard. 1979. *A Theory of the Good and the Right*. Oxford: Clarendon Press, p.119.

8 ibid., p.113.

9 Railton, Peter. 1986. "Facts and Values". *Philosophical Topics* 14 (2):5-31, p.16.

7장

1 Hume, David. 1888. *A Treatise of Human Nature*. Edited by L. A. Selby-Bigge. Oxford: Clarendon Press, pp.416-417.

2 Gaus, Gerald. 1990. *Value and Justification: The Foundations of Liberal Theory*.

Cambridge: Cambridge University Press, p.101.

3 Camus, Albert. 1955. *The Myth of Sisyphus and Other Essays*. Translated by Justin O'Brien. New York: Vintage Books.

4 Taylor, Richard. 1970. *Good and Evil: A New Direction*. London: Collier Macmillan, p.259.

5 Blackburn, Simon. 1998. *Ruling Passions*. Oxford: Clarendon Press, pp.121-137.

6 Sumner, op. cit., pp.128-133.

7 Anderson, Elizabeth. 1993. *Value in Ethics and Economics*. Cambridge, MA: Harvard University Press, p.130.

8장

1 Hume 1888, op. cit., p.415.

2 Ledoux, Joseph. 1996. *The Emotional Brain*. New York: Simon & Schuster, p.11.

3 Solomon, Robert. 1993. *The Passions: Emotions and the Meaning of Life*. Indianapolis: Hackett, pp.96-102.

4 Nozick 1989, op. cit., p.88.

5 Damasio, Antonio. 2003. *Looking for Spinoza: Joy, Sorrow, and the Feeling Brain*. Orlando: Harcourt, pp.83-133.

6 Damasio, Antonio. 1994. *Descartes' Error: Emotion, Reason, and the Human Brain*. New York: Putnam; Goleman, op. cit.; Ledoux, op. cit.

9장

1 Aristotle, op. cit., IV.5.

2 de Sousa, Ronald. 1987. *The Rationality of Emotion*. Cambridge: The MIT Press, pp.192-196.

3 Damasio 1994, op. cit., pp.170-175.

10장

1 Quine, Willard van Orman. 1953. "Two Dogmas of Empiricism". In *From a Logical Point of View*. Cambridge: Harvard University Press, § 6.

2 Railton, op. cit., p.9.

3 Smith, Michael. 1994. The Moral Problem. Oxford: Blackwell, pp.4-13.

4 Gibbard, Allan. 1990. *Wise Choice, Apt Feelings*. Cambridge: Harvard University Press, pp.71-75.

5 Haack, Susan. 1993. *Evidence and Inquiry*. Oxford: Blackwell, pp.84-86.

11장

1 Hume 1888, op. cit., p.415.

2 Misak, Cheryl. 2000. *Truth, Politics, Morality: Pragmatism and Deliberation*. London: Routledge, pp.73-78.

3 Ramachandran, op. cit., p.298, n.13.

4 Beck, Aaron, John Rush, Brian Shaw, and Gary Emery. 1979. *Cognitive Therapy of Depression*. New York: Guilford Press, pp.12-16.

5 Young, Jeffery. 1999. *Cognitive Therapy for Personality Disorders: A Schema-Focused Approach*. Third ed. Sarasota: Professional Resource Press.

6 Tolstoy, Leo. 1960. *The Death of Ivan Ilyich and Other Stories*. New York: Signet Classics, pp.131-132. Cited in Yalom, op. cit., pp.117-118.

7 de Sousa, op. cit., p.196.

8 Elgin, Catherine. 1996. *Considered Judgment*. Princeton: Princeton University Press, p.151.

12장

1 Misak, op. cit.

2 Mackie, J. L. 1977. *Ethics: Inventing Right and Wrong*. London: Penguin Books, p.40.

3 Lewis, David. 1973. *Counterfactuals*. Oxford: Blackwell.

4 Hardin, C. L. 1988. *Color for Philosophers: Unweaving the Rainbow*. 2nd. ed. Indianapolis: Hackett, pp.2-7.

5 Blackburn, Simon and Simmons, Keith, ed. 1999. *Truth*. Oxford: Oxford University Press, p.7.

6 요한복음 18:37-38(공동번역).

7 Horwich, Paul. 1998. *Truth*. 2nd ed. Oxford: Oxford University Press, p.2.

13장

1 Blackburn, Simon. 1984. *Spreading the Word.* Oxford: Clarendon Press.

2 Hume, David. 1998. *An Enquiry Concerning the Principles of Morals.* Edited by T. Beauchamp. Oxford: Oxford University Press, p.163.

3 Campbell, Joseph. 1991. *Reflections on the Art of Living: A Joseph Campbell Companion.* Edited by D. K. Osbon. New York: HarperCollins, p.16.

4 McDowell, John. 1997. "Projection and Truth in Ethics". In *Moral Discourse and Practice,* edited by S. Darwall, A. Gibbard, and P. Railton. Oxford: Oxford University Press, pp.218-221.

5 Mackie, op. cit., p.40.

6 Smith, op. cit., pp.188-189.

7 Camus, op. cit.

8 Solomon, op. cit., p.51.

14장

1 Plato. 1941. *The Republic of Plato.* Translated by F. M. Cornford. Oxford: Oxford University Press, p.37.

2 Greenberger, Dennis and Padesky, Christine A. 1995. *Mind Over Mood.* New York: The Guilford Press, pp.193-194.

15장

1 Sartre, op. cit.

2 Horwich, op. cit., pp.80-81.

3 Sartre, op. cit., pp.26-29.

4 ibid., p.38.

5 ibid., p.32.

6 ibid., pp.35-38.

7 Frankl, op. cit., pp.130-131.

8 Nagel 1979, op. cit., pp.28-37.

9 ibid., p.34.

16장

1 Anderson, Elizabeth. 1996. "Reasons, Attitudes, and Values: Replies to Sturgeon and Piper". *Ethics* 106, p.542.

2 ibid., p.541.

3 ibid., pp.34-35.

4 Williams, Bernard. 1981. *Moral Luck: Philosophical Papers 1973-1980*. Cambridge: Cambridge University Press, p.18.

5 Hepburn, R. W. 1981. "Questions About the Meaning of Life". In *The Meaning of Life*, edited by E. D. Klemke. Oxford: Oxford University Press, pp.212-213.

6 Rorty, Richard. 1989. *Contingency, Irony, and Solidarity*. Cambridge: Cambridge University Press, pp.73-74.

7 McDowell, John. 1978. "Are Moral Requirements Hypothetical Imperatives?". *Proceedings of the Aristotoelian Society* 52 (suppl. vol.), p.26.

8 Beck, op. cit., p.12.

17장

1 Rawls, John. 1971. *A Theory of Justice*. Cambridge: Harvard University Press, p.178.

2 Taylor, Charles. 1992. *Multiculturalism and "The Politics of Recognition"*. Princeton: Princeton University Press, pp.25-26.

3 Kernohan, Andrew. 1998. *Liberalism, Equality, and Cultural Oppression*. Cambridge: Cambridge University Press, pp.22-23.

18장

1 Aristotle, op. cit., I.7.

2 Nozick 1989, op. cit.

3 Sumner, op. cit., pp.145-146.

4 Kingwell, Mark. 1998. *Better Living: In Pursuit of Happiness from Plato to Prozac*. Toronto: Viking, p.305.

5 ibid., p.306.

6 Sumner, op. cit., p.157.

참고문헌

Anderson, Elizabeth. 1993. *Value in Ethics and Economics*. Cambridge, MA: Harvard University Press.

Anderson, Elizabeth. 1996. "Reasons, Attitudes, and Values: Replies to Sturgeon and Piper". *Ethics* 106:538-554.

Aquinas, St. Thomas. 1993. "That All Things Are Directed to One End, Which is God". In *Life and Death*, edited by J. Westphal. Indianapolis: Hackett.

Aristotle. 1953. *The Nicomachean Ethics*. Translated by David Ross. Oxford: Oxford University Press.

Beck, Aaron, John Rush, Brian Shaw, and Gary Emery. 1979. *Cognitive Therapy of Depression*. New York: Guilford Press.

Blackburn, Simon. 1984. *Spreading the Word*. Oxford: Clarendon Press.

Blackburn, Simon. 1998. *Ruling Passions*. Oxford: Clarendon Press.

Blackburn, Simon and Simmons, Keith, ed. 1999. *Truth*. Oxford: Oxford University Press.

Brandt, Richard. 1979. *A Theory of the Good and the Right*. Oxford: Clarendon Press.

Buckman, Robert. 2000. *Can We Be Good Without God? Behaviour, Belonging and the Need to Believe*. Toronto: Viking.

Campbell, Joseph. 1991. *Reflections on the Art of Living: A Joseph Campbell Companion*. Edited by D. K. Osbon. New York: HarperCollins.

Camus, Albert. 1955. *The Myth of Sisyphus and Other Essays*. Translated by Justin O'Brien. New York: Vintage Books.

Damasio, Antonio. 1994. *Descartes' Error: Emotion, Reason, and the Human Brain*. New York: Putnam.

Damasio, Antonio. 2003. *Looking for Spinoza: Joy, Sorrow, and the Feeling Brain*. Orlando: Harcourt.

Dante. 1954. *The Inferno*. Translated by John Ciardi. New York: Mentor.

Dawkins, Richard. 1995. "God's Utility Function". *Scientific American* 273 (5):80-85.

de Sousa, Ronald. 1987. *The Rationality of Emotion*. Cambridge: The MIT Press.

Edwards, Paul. 1981. "The Meaning and Value of Life". In *The Meaning of Life*, edited by E. D. Klemke. Oxford: Oxford University Press.

Elgin, Catherine. 1996. *Considered Judgment*. Princeton: Princeton University Press.

Epicurus. 1940. "The Extant Writings of Epicurus". In *The Stoic and Epicurean Philosophers*, edited by W. J. Oates. New York: Random House.

Frankl, Victor E. 1959. *Man's Search for Meaning*. New York: Washington Square Press.

Freud, Sigmund. 1958. "Formulations on the Two Principles of Mental Functioning". In *The Standard Edition of the Complete Works of Sigmund Freud*, edited by J. Strachey. London: The Hogarth Press.

Gauthier, David. 1986. *Morals by Agreement*. New York: Oxford University Press.

Gaus, Gerald. 1990. *Value and Justification: The Foundations of Liberal Theory*. Cambridge: Cambridge University Press.

Gibbard, Allan. 1990. *Wise Choice, Apt Feelings*. Cambridge: Harvard University Press.

Goleman, Daniel. 1995. *Emotional Intelligence*. New York: Bantam Books.

Greenberger, Dennis and Padesky, Christine A. 1995. *Mind Over Mood*. New York: The Guilford Press.

Griffin, James. 1986. *Well-Being: Its Meaning, Measurement, and Moral Importance*. Oxford: Clarendon Press.

Haack, Susan. 1993. *Evidence and Inquiry*. Oxford: Blackwell.

Hardin, C. L. 1988. *Color for Philosophers: Unweaving the Rainbow*. 2nd. ed. Indianapolis: Hackett.

Hepburn, R. W. 1981. "Questions About the Meaning of Life". In *The Meaning of Life*, edited by E. D. Klemke. Oxford: Oxford University Press.

Horwich, Paul. 1998. *Truth*. 2nd ed. Oxford: Oxford University Press.

Hume, David. 1888. *A Treatise of Human Nature*. Edited by L. A. Selby-Bigge. Oxford: Clarendon Press.

Hume, David. 1998. *An Enquiry Concerning the Principles of Morals*. Edited by T. Beauchamp. Oxford: Oxford University Press.

Hurka, Thomas. 1993. *Perfectionism*. New York: Oxford University Press.

Jones, Ernest. 1964. *The Life and Work of Sigmund Freud*. Harmondsworth: Penguin books.

Kernohan, Andrew. 1998. *Liberalism, Equality, and Cultural Oppression*. Cambridge: Cambridge University Press.

Kingwell, Mark. 1998. *Better Living: In Pursuit of Happiness from Plato to Prozac*. Toronto: Viking.

Ledoux, Joseph. 1996. *The Emotional Brain*. New York: Simon & Schuster.

Lewis, David. 1973. *Counterfactuals*. Oxford: Blackwell.

Lucretius. 1940. "On the Nature of Things". In *The Stoic and Epicurean Philosophers*, edited by W. J. Oates. New York: Random House.

Mackie, J. L. 1977. *Ethics: Inventing Right and Wrong*. London: Penguin Books.

McDowell, John. 1978. "Are Moral Requirements Hypothetical Imperatives?". *Proceedings of the Aristotoelian Society* 52 (suppl. vol.):13-29.

McDowell, John. 1997. "Projection and Truth in Ethics". In *Moral Discourse and Practice*, edited by S. Darwall, A. Gibbard, and P. Railton. Oxford: Oxford University Press.

McKinnon, Christine. 1999. *Character, Virtue Theory, and the Vices*. Peterborough: Broadview Press.

Mill, John Stuart. 1972. *Utilitarianism, On Liberty, and Considerations on Representative Government*. Edited by H. B. Acton. London: J. M. Dent & Sons.

Misak, Cheryl. 2000. *Truth, Politics, Morality: Pragmatism and Deliberation*. London: Routledge.

Moore, G. E. 1903. *Principia Ethica*. 1971 ed. Cambridge: Cambridge University Press.

Myers, David G. 1992. *The Pursuit of Happiness: Who is Happy - and Why*. New York: William Morrow.

Nagel, Thomas. 1979. *Mortal Questions*. Cambridge: Cambridge University Press.

Nagel, Thomas. 1987. *What Does It All Mean? A Very Short Introduction to Philosophy*. New York: Oxford University Press.

Nozick, Robert. 1981. *Philosophical Explanations*. Cambridge: Harvard University Press.

Nozick, Robert. 1989. *The Examined Life*. New York: Simon and Shuster.

Plato. 1941. *The Republic of Plato*. Translated by F. M. Cornford. Oxford: Oxford
    University Press.

Quine, Willard van Orman. 1953. *From a Logical Point of View*. Cambridge:
    Harvard University Press.

Railton, Peter. 1986. "Facts and Values". *Philosophical Topics* 14 (2):5-31.

Ramachandran, V. S. 1998. *Phantoms in the Brain*. New York: William Morrow.

Rawls, John. 1971. *A Theory of Justice*. Cambridge: Harvard University Press.

Rorty, Richard. 1989. *Contingency, Irony, and Solidarity*. Cambridge: Cambridge
    University Press.

Russell, Bertrand. 1981. "A Free Man's Worship". In *The Meaning of Life*, edited
    by E. D. Klemke. Oxford: Oxford University Press.

Sartre, Jean-Paul. 1948. *Existentialism and Humanism*. Translated by Philip Mairet.
    London: Eyre Methuen.

Sidgwick, Henry. 1962. *The Methods of Ethics*. 7th ed. London: Macmillan.

Smith, Michael. 1994. *The Moral Problem*. Oxford: Blackwell.

Solomon, Robert. 1993. *The Passions: Emotions and the Meaning of Life*. Indianapolis:
    Hackett.

Sumner, Wayne. 1996. *Welfare, Happiness, and Ethics*. Oxford: Oxford University Press.

Taylor, Charles. 1992. *Multiculturalism and "The Politics of Recognition"*. Princeton:
    Princeton University Press.

Taylor, Richard. 1970. *Good and Evil: A New Direction*. London: Collier Macmillan.

Tolstoy, Leo. 1929. *My Confession, My Religion, The Gospel in Brief*. New York:
    Charles Scribner.

Tolstoy, Leo. 1960. *The Death of Ivan Ilyich and Other Stories*. New York: Signet
    Classics.

Williams, Bernard. 1981. *Moral Luck: Philosophical Papers 1973-1980*. Cambridge:
    Cambridge University Press.

Yalom, Irvin. 1980. *Existential Psychotherapy*. New York: Basic Books.

Young, Jeffery. 1999. *Cognitive Therapy for Personality Disorders: A Schema-
    Focused Approach*. Third ed. Sarasota: Professional Resource Press.

옮긴이의 말

"증거가 부족했다고요!"

무신론자였던 버트런드 러셀이, 죽은 후에 혹시 하느님을 만난다면 뭐라고 해명하겠냐는 질문에 대답한 말이다. 무신론자들의 입장을 참으로 정당하고 재치 있게 대변하는 말이 아닐 수 없다. 그는 신이 존재한다면 이 세상은 올바른 방향으로 흘러가야 하고, 선은 보상을 받고 악은 응징을 받아야 하며, 혹시 고통이 있다면 그만한 의미가 있어야 한다고 생각했을 것이다. 그의 생각은 대부분의 무신론자들과 크게 다르지 않다. 종교는 그 종교 안에서의 논리에 충실할 뿐 전제가 다른 관점에서 제기하는 문제에는 속 시원히 대답하지 못하는 것 같다.

이 책을 집어 든 독자 중에는 종교 밖의 목소리에도 귀를 기울이는 신앙인도 있겠지만, 대부분은 종교가 삶에 해답을 주지 못한다고 생각하는 사람들일 것이다. 무신론자도 한 번뿐인 삶을 의미 있게 살고 싶어 한다. 신의 존재를 믿지 않는다고 해서 신의 가르침과 반대로 살고 싶어 하는 것은 아니다. 신의 가르침만으로는 삶에서 부딪치는 의문을 해결할 수 없기 때문에 다른 방식으로 삶의 의미를 모색해보고 싶은 것이다. 물론 경전에 적힌 대로 의심하지 않고 믿는 사람들은 더 이상의 혼란은 없을 것이다. 하지만 저자가 말한 대로 혹시 그것이 답이 아닐 때 우리가 치러야 할 대가는 엄청나다.

저자가 이 책을 쓴 것도 이런 고민에서 출발했다. 그리고 어떻게 살 것인가라는 질문에 흔히 거론되는 가치들을 하나씩 살펴보며 그 답을 찾아간다. 여기서 탐색의 대상이 되는 가치는 자아실현, 쾌락, 욕망, 이성, 행복 등인데, 저자는 이런 요소들이 왜 '진정으로 중요한 것' 즉 삶의 의미가 되지 못하는지를 논리와 증거로 설명한다. 예를 들어 쾌락이 삶에서 진정으로 중요한 것이 되지 못하는 이유를 설명하면서 인간이 쾌락을 느끼는 과정을 생리학적인 관점에서도 살핀다. 그리고 뇌의 특정 부분에 전기자극을 가하는 것만으로 쾌락의 경험을 생성할 수 있다는 것을 지적한다. 실제로는 쾌락을 느낄 만한 일이 없는데도 경험할 수 있는 것이다. 쾌락을 삶에서 가장 중요한 가치로 생각하는 사람이라도 평생 쾌락을 마음대로 생성시킬 수 있는 기계를 뇌에 꽂고 살아가고 싶지는 않을 것이다. 그것은 실제 삶이 아니기 때문이다.

저자는 이런 방식으로 다른 가치들을 철저히 분석하여 그것들이 삶에서 궁극적으로 중요한 것이 아니라는 것을 보여준다. 때로는 치밀한 논리를 추구하는 방식이 지나치다고 느껴지기도 하지만, 그러한 방식이 아니면 반박할 수 없는 논리를 원하는 무신론자들에게 설득력을 갖기 어려울 것이다.

그리하여 저자가 내린 결론을 간단히 정리하면 '삶의 의미'라고 느끼는 각자의 정서를 길잡이로 삼되, 그것이 과연 편견 없이 옳은 것인지를 이성으로 판단하라는 것이다. 아무리 감정적으로 삶의 의미로 느껴지더라도 그것이 이성에 비추어 옳지 못하다면, 또는 이성적으로 아무리 유의미한 일이라도 자신이 기쁨을 느끼지 못한다면 그것은 우리가 추구해야 할 궁극적인 목표가 아니다. 흔히 말하는 대로 감정과 이성을 모두 동원하여 삶의 의미를 찾으라는 것이다.

너무 허무한 결론인가? 그렇게 보일 수도 있을 것이다. 하지만 어느 정도 예상했던 결과 아닌가? 이 책에서 중요한 것은 결론보다는 결론에 이르게 된 과정이다.

다행인 것은 삶의 궁극적인 의미를 찾아가는 데 활용할 나침반이 우리의 감정이라는 점이다. 상황에 따라 왜곡되기도 하지만, 감정은 우리가 쉽게 인식할 수 있는 것이며, 우리가 기쁨을 느끼는 대상이 삶의 의미로 안내하기도 한다니 정말 신 나는 일 아닌가. 인생의 과제가 반쯤은 해결된 듯하다. 물론 그 감정이 정당한 것인지 이성적으로 끊임없이 성찰해야 할 임무가 남지만 말이다.

신을 믿는 사람들은 이 책을 읽고 난 후 불편함을 느꼈을지도 모르겠다. 하지만 신의 뜻을 따르지 않고 다른 방식으로 삶의 길을 찾는 것을 불경하게 생각할 것이 아니라, 신이 부여한 의심하고 회의하는 능력을 활용하는 것도 신의 피조물로서 어쩔 수 없는 운명이라고 생각하는 것은 어떨까. 러셀의 변명을 들은 하느님은 어떤 반응을 보였을까. 무작정 노여워하지만은 않았으리라는 게 (나만의) 생각이다. 아마 러셀은 이렇게 덧붙였을 것 같다.

"그래도 하느님이 바라신 삶과 제가 살아온 삶이 그렇게 크게 다르진 않잖습니까."

찾아보기

종교의 바깥에서 의미를 찾다

초판1쇄 발행 | 2011년 11월 14일

지은이 | 앤드루 커노한
옮긴이 | 한진영
펴낸이 | 이은성
펴낸곳 | 필로소픽
편집 | 이상복
디자인 | 드림스타트

주소 | 서울시 동작구 상도2동 184-21 2층
전화 | (02) 883-3495
팩스 | (02) 883-3496
이메일 | philosophik@hanmail.net
등록번호 | 제379-2006-000010호

ISBN 978-89-92168-76-2 03100

필로소픽은 푸른커뮤니케이션의 출판브랜드입니다.